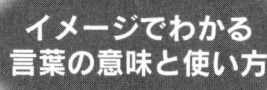

イメージでわかる
言葉の意味と使い方

日本語多義語学習辞典
名詞編

A Learner's Dictionary of Multi-sense Japanese Words: Nouns

アルク

はじめに

　この辞書は、現代日本語の基本語の中でも、特に多義性が高く、包括的な理解が困難であると思われる語を選び、中心義を中心とした語義のネットワークを示し、学習者および日本語教師に対し、語の理解を深め、運用を容易にすることを目的に作られています。同時に本辞書は、日本語辞書における新しい記述の方法を提案するものでもあります。第1巻では名詞121、第2巻（2011年12月発売予定）では形容詞・副詞84、第3巻（2012年1月発売予定）では動詞104を選び掲載しています。

　従来、語彙は授業で扱われることが少なく、語彙学習は辞書などを用いながら、学習者が自分で行うことが少なくありませんでした。初級の学習者は教科書巻末の単語訳や対訳辞書、中級以降の学習者は電子辞書など日本人向けの大辞典を利用して、独学で語彙学習を行っていることが多いと思います。そのような中、学習者が一人でも語彙学習を進められるような有効な辞書はほとんど開発されてきませんでした。日本語の教員も語彙をどのように教えたらいいかと日々悩みつつも、参考とすべき辞書を見つけ出せずにいたのではないでしょうか。

　いわゆる日本語や国語の大辞典と呼ばれるものは、語義を古い順から記載したり、例文も日本語母語話者用のものであったりして、学習者の理解や運用に十分供するものとは言えませんでした。増え続ける語義をただ羅列することは語義のインフレーションを招き、学習者にさらなる負担を与えるのみで、意義の関連や全体的な意義像を示しえていないのが現状です。
　とりわけ基本語彙は数多くの語義が辞書に掲載されており、学習者は中心義のみを覚えてその他の派生義は一向に覚えない、母語の対応語が有する語義は覚えるが、そうでない語義は覚えられない、教えられた語義は覚えるが、その他の語義は覚えられないなどといった困難を感じてきました。さらにその語が持っている文化的な背景知識などについてはほとんど学ばれることなく置き去りにされていました。

そこで私たちは多義語に関する認知言語学の理論を用いて、学習者にとって真に重要な基本語のみを厳選し、その上で、中心義は何か、派生義にはどのようなものがあるか、語義の派生はどのような理由で展開したかを明示することで、複雑な多義語の意味を「意味のネットワーク」として一まとめに記述する辞書を編集しました。これにより、学習者は上述の語彙学習の困難点を克服し、中心義から派生義に至る語義全体を見通すことが可能になります。併せて本辞書では例文も学習者の視点から使用頻度やコロケーション（共起）、難易度を考慮して選ばれていますから、読んで理解しやすく、かつ実際の言語運用にすぐ用いることができます。また現代では用いられなくなった用法や、学習者にとってニーズの低い用法などはあえて掲載しないようにしていますから、最も効率よく語彙学習を進めていくことを可能にしています。さらに必要に応じて語の説明の最後には文化ノートや用法ノートを付し、その語が持っている文化的な背景知識や注意すべき文法項目も知ることができるようになっています。

　私たち編集委員はこの試みを極めて意義あるものと捉え、出版元である株式会社アルクの全面的な協力の下、4年の月日を費やして世界中の学習者および先生方に歓迎される辞典を作成したいと考え本辞書を執筆してまいりました。最後になりましたが、このような執筆の機会を与えて下さった株式会社アルク日本語書籍編集部の大塚武司氏、田桑有美子氏に心から感謝いたします。

　　　　　　　　　　　　　森山　新（主幹）・荒川　洋平・今井　新悟

目　次

はじめに	2
本書の構成	6

あいだ	22
あいて	25
あし	27
あじ	31
あたま	34
あと	39
いなか	43
いま	45
うえ	47
うしろ	51
うち	55
うで	60
うら	63
おとこ	66
おとな	69
おもて	70
おわり	72
おんな	74
かお	77
かぜ	81
かたち	83
かど	85
かね	87
かべ	89
からだ	91
かわ	94
き	95
きゃく	100
ぎゃく	102
ぐあい	104
くすり	106
くち	108
くに	115
くび	118
くるま	121
け	123
こえ	125
こころ	127
こと	132
ことば	137
こども	139
ごはん	141
さかな	143
さき	145
さけ	149
じかん	151
しごと	153
した	155
じだい	158
じぶん	160
しゅじん	162
しゅみ	164
しょうねん	165
しる	166
しるし	168
すえ	170
すじ	173
すみ	176
せかい	178

せき	180
せわ	182
せんせい	184
そこ	186
そと	188
ただ	191
たね	193
たま	196
ちから	199
ちち	202
ちゃ	203
つき	206
て	208
てん	215
てんき	218
とおり	220
とき	222
どく	225
ところ	227
とし	231
とり	234
なか	235
なま	238
なみ	241
にもつ	244
ねつ	246
ばか	249
はな（花）	252
はな（鼻）	254
はなし	256
はは	259

はんたい	261
ひ（火）	263
ひ（日）	267
ひかり	270
ひだり	273
ひと	274
ひとり	280
びょうき	283
べつ	284
ほう	286
ほか	288
ほし	289
まえ	292
まわり	295
みぎ	298
みず	300
みち	303
みな	307
みみ	309
むかし	312
むし	314
むね	318
め	321
もの	326
もん	330
もんだい	332
やすみ	334
やま	336
やみ	339
ゆめ	341
わき	343

本書の構成

見出し語
基本名詞のうち、多義性の高い名詞 121 語からなる。

見出し語のレベル
見出し語のレベルを5段階に分け、易しいものから順に⑤～①で示す。

漢字
見出し語に対応した漢字を表示した。太字の漢字は、見出し語の意味を最もよく表しているものである。漢字の上の［・］は、常用外漢字であることを示す。

読み
上段の太字の漢字に関して、音読みはカタカナ、訓読みはひらがなで示した。（ ）内は読みの例を示す。
なお、見出し語が音読みの場合は、ここにもその音読みと例を示す。

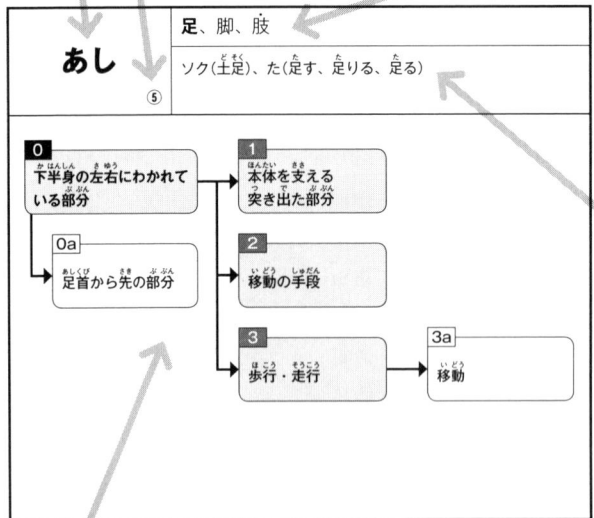

ネットワーク図
一つ一つの語義が中心義からどのように派生しているかを矢印で図示した。実際の派生はここで示したものより複雑であるが、学習辞典という性格上、主要なものをできるだけ簡略化して平易に図示した。

中心義：**0** で示した。現代語における語義のうち、中心的で派生の起点となると考えられる語義である。
一次派生義：中心義 **0** から拡張した主要な語義。**1** **2** **3** のように数字で示した。
二次派生義：主要な語義、すなわち中心義 **0**、および一次派生義 **1** **2** **3** から拡張した語義。意味変化が比較的小さく、独立した派生義とするに及ばないものなので、**0** **1** **2** **3** に属する下位の語義と考え、**0a** **1a** **1b** **1c** のように数字にa,b,cのアルファベットを添えて示した。

語義
ネットワーク図の枠内で示した語義をここでも示す。
語義は英語、韓国語、中国語に翻訳し、学習者が理解しやすいようにした。

上位概念との関係
中心義 ⓪ から一次派生義がどのように派生したかについて解説している。
二次派生義については一次派生義からどのように派生したかについて解説している。

---

2 ある期間の中
during ／어떤 기간 내／某个期间内
❷ 挟まれた空間を区切られた期間と見なしたから

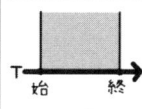

- 夏休みの間に、自動車免許をとった。
- 彼が買い物に行っている間に、部屋の掃除を済ませておこう。

□ 合間：物事と物事の間の何もない時間
　例）仕事の合間にお茶を飲むべきで、逆じゃだめだ。

句 間が持たない：うまく会話が続かず気まずくなる
　例）弟は無口なので、二人でいると間が持たない。
句 間を持たせる：空いた時間に別のことをして暇でないようにする
　例）講師が来るまで、司会者がうまく間を持たせてくれたのでほっとした。

例文
各語義に対応した例文を示す。

合成語、慣用表現など
学習者に知っておいてほしい合成語や慣用表現などを列挙した。

イラスト
語義の説明を補足するためのイラストを掲載した。
語義をイラストにするのが難しい場合は、例文の中で最初に示されているものをイラスト化した。
同時に、ほとんどの見出し語では、イラスト全体を見渡すことで、それぞれの語義が共有している共通の意味（スキーマ）を抽出しやすいように工夫した。

用法ノート✏️　「女」はくだけた会話などで使う。それ以外は「女性」「女の人」などを使い、恋愛対象には「彼女」を使う。

文化ノート✏️　「女子」は、かつては高校3年生くらいまでの女性を指していたが、現在では40代の女性までを指すことがあり、女性だけのパーティーが「女子会」という名で盛んに行われている。

☞ おとこ (p.66)

用法ノート
見出し語について、使い分けや、使い方に注意を要する場合は、ここに記載した。

文化ノート
見出し語の背景に存在する日本文化特有の背景知識などについて記載した。

参照
本書に掲載された見出し語のうち、参考になると思われる類義語、対義語などの語とそのページを記載した。

■ 漢字の使い分けについて

「見出し語」に対応する漢字が複数ある場合（例「あし」→「足」「脚」「肢」）、その使い分けについては、各派生義の例文を参考にしてほしい。また、特に重要な使い分けであると思われるものについては、補足説明（＊）で触れた。

■ イラストについて

① 対比など（例、以下の「男女」のイラスト）、一つのイラスト内に複数の要素がある場合、基本的には語義を表しているものを右側に、または濃く示し、場合によってはその両方の措置を用いている。（以下参照）

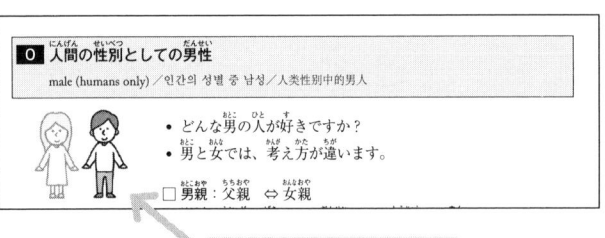

語義 ❶「人間の性別としての男性」を表している。

② 左側に［T］と表記されている矢印（以下参照）は、時間軸を表す。

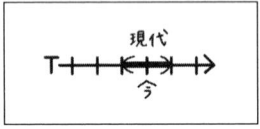

記号について

□	合成語など
句	慣用句、慣用表現、ことわざ
＊	補足説明
⇔	対義語
☞	参照
cf	転成語（動詞→名詞、名詞→動詞など、品詞に変化があったもの）
／	同レベル、入れ替え可能なものを並列する　例）口に合う／合わない
コ	コロケーション（連語）　例）ごはん　コ 朝／昼／晩ごはん
≒	類義語
[ ]	省略可能を表す　　例）風上に[も]置けない
( )	場面・状況の補足　　例）（会社で）部長、お客様です。

品詞の表示について

□で示した「合成語など」については、名詞以外の品詞名を以下に従って示す。

イ	イ形容詞
ナ	ナ形容詞
副	副詞
体	連体詞
スル	スル動詞
動Ⅰ	五段動詞（1グループ動詞）
動Ⅱ	一段動詞（2グループ動詞）
動Ⅲ	不規則動詞（3グループ動詞）

Structure of This Book

Entry
121 basic nouns with many meanings are presented as target words.

Difficulty level
Each entry is assigned a difficulty rating of 1 to 5, with 5 being the easiest.

Kanji
Kanji representations of the entry are listed here. The one in boldface best expresses the entry's meaning. Kanji capped with a dot are not Jōyō Kanji.

Readings
The readings of the boldface kanji are listed in katakana for on-yomi and in hiragana for kun-yomi. Examples are given in parentheses.
When the entry is a kun-yomi word, it is listed here again, along with an example.

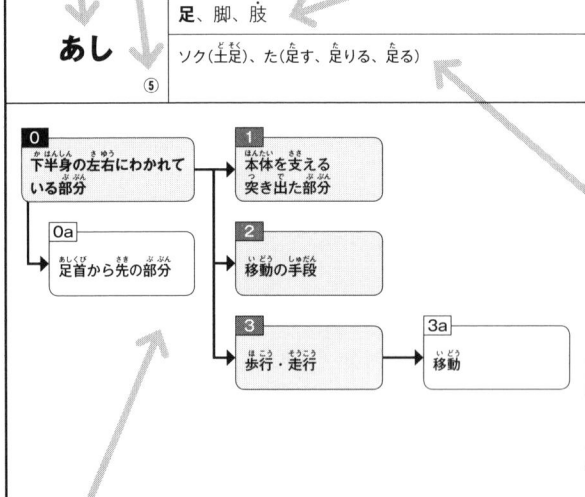

Network diagram: The way that each meaning derives from the core meaning is shown with arrows. The actual derivations are more complicated than indicated, but have been simplified where possible in keeping with this book's design as a learner's dictionary.

Core meaning: This is the meaning in modern usage that is considered the central meaning from which other meanings derive. It is marked with 0 .
Primary derivatives: These are the major meanings that derive from the core meaning, 0 . They are marked with numerals, as in 1 , 2 , 3 .
Secondary derivatives: These are extended meanings that stem from the core meaning or the primary derivatives. Since they represent comparatively slight differences in meaning that do not qualify as stand-alone derivatives, they are subordinated to 0 , 1 , 2 , 3 , etc. and are marked with letters of the alphabet, as in 0a , 1a , 1b , 1c .

Meaning
Each meaning presented in the boxes in the network diagram is listed here again. To facilitate understanding, translations are provided in English, Korean, and Chinese.

Relationship with superior meaning
This line describes how the meaning derives from the core meaning or the primary derivative.

Example sentences
Example sentences are provided for each meaning presented.

Compounds, idioms, etc.
Compound words, idioms, and other expressions the learner should know are also given.

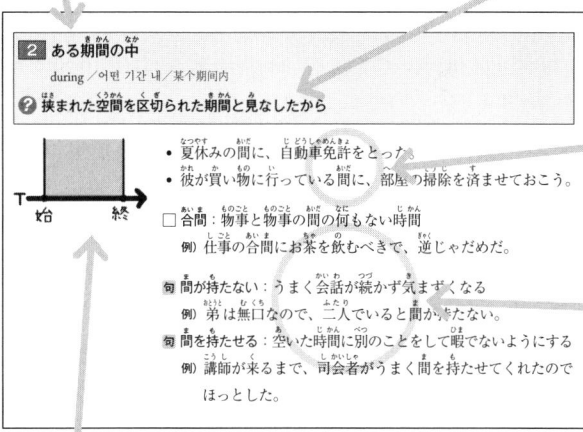

Illustration
An illustration is provided to clarify the meaning. When the meaning cannot be easily depicted, the first example sentence is used as the basis for the illustration.

Also, for most entries, the illustrations can be used as a quick guide to the common meaning (schema) shared by the various meanings of the entry.

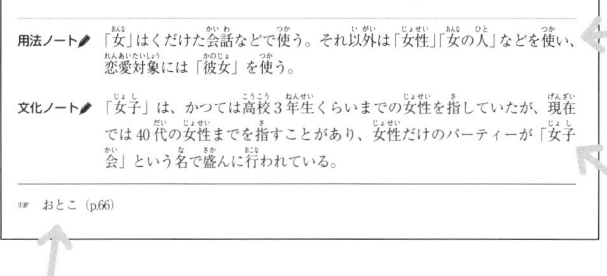

Usage notes
Distinctions in usage and other pointers on usage of the entry are given here.

Culture notes
This section provides background information on how the entry is used in the context of Japanese culture.

Cross-reference
Other entries that can be of reference (synonyms, antonyms, etc.) are listed here with their page number.

Distinctions in kanji usage

In cases where an entry has multiple kanji listed for it (e.g., あし：足 脚 肢), users should refer to the example sentences to gain an understanding of the distinctions in usage between those kanji. Particularly important distinctions are explained in the supplementary information (marked with asterisks).

Illustrations

(1) In illustrations that contain multiple elements, such as contrasts (as in the male/female illustration shown below), the element that depicts the target meaning is generally placed on the right and/or rendered in darker shading (see below).

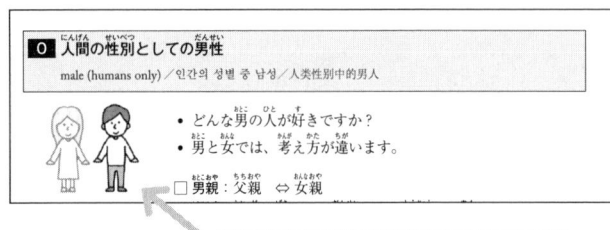

This illustration conveys the target meaning 人間の性別としての男性.

(2) Arrows with a "T" on the left represent time frames that help express the meaning.

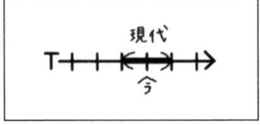

Symbols

□	Compound words, etc.	
句	Idioms, proverbs	
＊	Supplementary information	
⇔	Antonyms	
☞	Cross-reference	
cf	Transmuted words (changed into a different part of speech, such as: verb to noun, or noun to verb)	
／	Words that can be used in the same pattern　Ex: 口に合う／合わない	
コ	Collocations　Ex: ごはん　コ 朝／昼／晩ごはん	
≒	Synonyms	
[ ]	Omissible words/particles　Ex: 風上に［も］置けない	
( )	Contextual description　Ex: (会社で)「部長、お客様です。」	

Parts of speech

For compound words, etc. (marked with □), the following symbols are used to indicate the parts of speech other than noun.

イ	*I*-adjective
ナ	*Na*-adjective
副	Adverb
体	Adnominal
スル	*Suru*-verb
動Ⅰ	*U*-verb (Group I verb)
動Ⅱ	*Ru*-verb (Group II verb)
動Ⅲ	Irregular verb (Group III verb)

이 책의 구성

표제어
기본 명사 중에서, 다의성이 큰 121 개의 명사로 구성되어 있다.

표제어의 레벨
표제어의 난이도를 5 단계로 나누어, 쉬운 단어 순으로 ⑤~①까지 표시하였다.

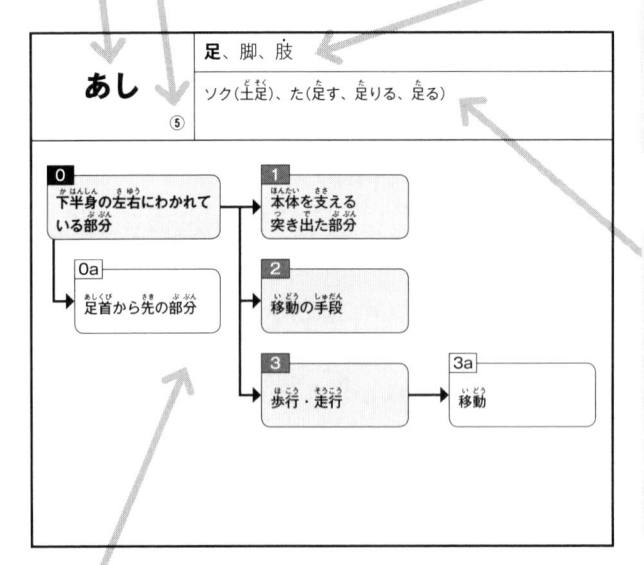

한자
표제어에 해당되는 한자를 나타내었다. 굵은 글씨의 한자는 표제어의 의미를 가장 잘 나타내는 한자이다. 상용 한자가 아닌 경우에는 한자 위에 [·] 을 찍어 표시하였다.

あし ⑤	足、脚、肢
	ソク(土足)、た(足す、足りる、足る)

0 下半身の左右にわかれている部分 (かはんしん・さゆう・ぶぶん)

0a 足首から先の部分 (あしくび・さき・ぶぶん)

1 本体を支える突き出た部分 (ほんたい・ささ・つ・で・ぶぶん)

2 移動の手段 (いどう・しゅだん)

3 歩行・走行 (ほこう・そうこう)

3a 移動 (いどう)

한자 읽기
상단의 굵은 글씨의 한자를 읽을 때, 음독하는 경우는 가타가나로, 훈독하는 경우는 히라가나로 표시하였다. ( ) 안은 각각의 사용례를 나타낸다.
음독 표제어의 경우도 한자음과 사용례를 표기하였다.

네트워크 도식 : 표제어의 하부 의미가 중심 의미로부터 어떻게 파생되었는지를 화살표로 나타내었다. 실제는 이보다 더 복잡한 파생 구조를 가지지만, 학습사전이라는 특성상 주요 부분만을 간략하게 도식화하였다.

중심 의미 : **0** 으로 표시하였다. 현대어에서 쓰이는 여러 의미 중, 가장 중심적이고 파생의 기점이라고 생각되는 의미이다.

일차 파생 의미 : 중심 의미인 **0** 으로 부터 확장된 주요 의미. **1** **2** **3** 과 같이 숫자로 표시하였다.

이차 파생 의미 : 주요 의미, 즉 중심 의미인 **0** 과 일차 파생 의미인 **1** **2** **3** 으로 부터 파생된 의미. 의미의 변화가 비교적 작아 독립된 파생 의미로 보지 않으며, **0** **1** **2** **3** 의 하부 의미로 간주하여 0a 1a 1b 1c 와 같이 숫자에 알파벳을 붙여 표시했다.

의미

네트워크 도식안에 명시된 의미를 여기에도 기재하였다.
또 학습자의 이해를 돕기 위해, 영어, 한국어, 중국어 번역을 덧붙였다.

상위 개념과의 관계

중심 의미 **0** 으로 부터 일차 파생 의미가 파생되는 원리를 설명하고 있다.
또한 일차 파생 의미로부터 이차 파생 의미가 파생되는 원리를 설명하고 있다.

---

2 ある期間の中
during / 어떤 기간 내 / 某个期间内
❓ 挟まれた空間を区切られた期間と見なしたから

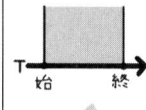

- 夏休みの間に、自動車免許をとった。
- 彼が買い物に行っている間に、部屋の掃除を済ませておこう。

□ 合間：物事と物事の間の何もない時間
　例) 仕事の合間にお茶を飲むべきで、逆じゃだめだ。

句 間が持たない：うまく会話が続かず気まずくなる
　例) 弟は無口なので、二人でいると間がもたない。

句 間を持たせる：空いた時間に別のことをして暇でないようにする
　例) 講師が来るまで、司会者がうまく間を持たせてくれたのでほっとした。

예문

각 의미에 해당하는 예문을 제시하였다.

합성어, 관용 표현 등

학습자가 알아두어야 할 합성어와 관용 표현을 열거하였다.

일러스트

의미의 보충 설명을 위해 일러스트를 게재하였다.
의미 자체를 일러스트로 표현하기 어려운 경우는, 첫 예문을 일러스트로 나타내었다.
그리고 표제어 내의 일러스트 전체를 훑어 보았을 때, 각각의 의미들이 가지는 공통된 의미 (스키마) 가 연상되도록 고안하였다.

用法ノート 「女」はくだけた会話などで使う。それ以外は「女性」「女の人」などを使い、恋愛対象には「彼女」を使う。

文化ノート 「女子」は、かつては高校3年生くらいまでの女性を指していたが、現在では40代の女性までを指すことがあり、女性だけのパーティーが「女子会」という名で盛んに行われている。

☞ おとこ (p.66)

용법 노트

활용법 및 사용법에 유의해야 하는 표제어는, 여기에 자세히 설명하였다.

문법 노트

표제어의 배경에 존재하는 일본 문화 특유의 배경지식을 기재하였다.

참조

이 책에 게재된 표제어 중, 참고가 되리라고 생각되는 유의어, 반대어 등의 페이지를 기재하였다.

한자의 구별법에 대해

「표제어」에 해당하는 한자가 여럿일 경우에는 (예 「あし」 → 「足」「脚」「肢」), 각 파생 의미의 예문을 참고로 구별해서 사용하기 바란다. 특히 주의해서 사용해야 하는 표현은 보충 설명 (*) 을 덧붙였다.

일러스트에 대해

① 대비와 같이 (예, 아래의 「남녀」 일러스트), 한 일러스트 내에 복수의 요소를 표현한 경우는, 기본적으로 그 의미에 해당되는 일러스트를 오른쪽에 배치하거나 진한색으로 나타내었다. 경우에 따라서는 두가지 방법을 모두 사용하기도 했다. (아래 그림을 참조)

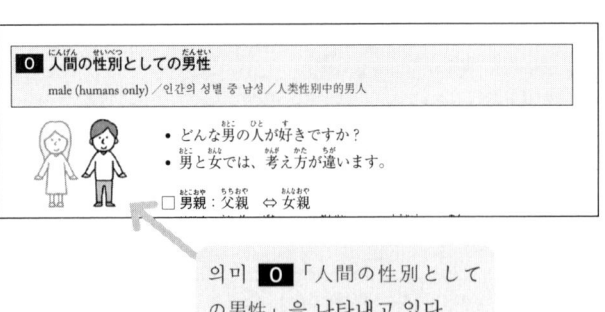

② 왼쪽에 [T] 라고 표기되어 있는 화살표 (아래 그림을 참조) 는 시간축을 나타낸다.

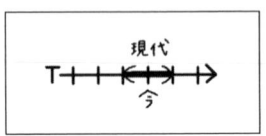

기호에 대해

□	합성어 등
句	관용구, 관용 표현, 속담
*	보충 설명
⇔	반대어
☞	참조
cf	전성어 (동사→명사, 명사→동사 등, 품사가 바뀐 말)
／	같은 레벨, 대체 가능한 단어를 나열함　　例) 口に合う／合わない
コ	콜로케이션 (연어)　　例) ごはん　　コ 朝／昼／晩ごはん
≒	유의어
[ ]	생략 가능한 단어　　例) 風上に［も］置けない
( )	시추에이션 및 상황을 보충 설명함　　例) (会社で) 部長、お客様です。

품사의 표시에 대해

□로 표시된 「합성어 등」에 관해서는, 명사 이외의 품사명을 다음과 같이 표시하였다.

イ	イ형용사
ナ	ナ형용사
副	동사
体	연체사
スル	スル동사
動Ⅰ	5단 동사 (1그룹 동사)
動Ⅱ	1단 동사 (2그룹 동사)
動Ⅲ	불규칙 동사 (3그룹 동사)

凡例

词条
本词典从基本名词中选收了 121 个词汇，均为词义率很高的多义词。

字条的难易度
字条的难易度分成 5 个等级，⑤〜①逐级自易到难。

汉字
汉字与词条相对应。粗体汉字是最为确切地表达了汉字意思的。汉字上面的'‥'表示该汉字为不经常使用汉字。

读音
上面一排的粗体汉字，音读用片假名标示，训读用平假名来标示。（ ）内表示该读音的举例。
不过，如果字体为音读，这里也列出该词的音读和举例。

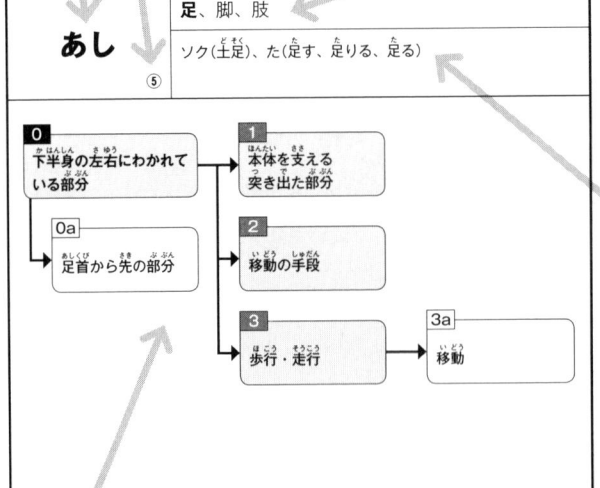

关联图：用箭头表示一个一个词义是如何从本义派生出来的。实际的派生要比本词典列出的更为复杂，基于本词典是学习词典这一特点，主要的都尽量地简易明了地用箭头表示。

本义：以 **0** 表示。一般是指在现代词语中处于中心位置而又是引起派生的词义。
第一派生义：从本义 **0** 扩张开来的主要语义。以 **1** **2** **3** 数字来表示。
第二派生义：从主要词义、也就是本义 **0**、以及第一次派生义 **1** **2** **3** 扩张开来的词义。意思变化比较小，又不能成为独立的派生义，所以一般认为是次于 **0** **1** **2** **3** 的词义，像 **0a** **1a** **1b** **1c** 那样在数字后面加上 a,b,c 等小写字母来表示。

词义
关联图框内表示的词义在这里也标示。
词义都翻译成英语、韩语、汉语、以方便学习者理解。

与上一层概念的关系
解说第一次派生义是如何从本义 **0** 派生出来的。
解说第二次派生义又是如何从第一次派生义那里派生出来的。

---

2 ある期間の中
during ／어떤 기간 내／某个期间内
❓ 挟まれた空間を区切られた期間と見なしたから

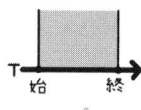

- 夏休みの間に、自動車免許をとった。
- 彼が買い物に行っている間に、部屋の掃除を済ませておこう。

□ 合間：物事と物事の間の何もない時間
例）仕事の合間にお茶を飲むべきで、逆じゃだめだ。

慣 間が持たない：うまく会話が続かず気まずくなる
例）弟は無口なので、二人でいると間がもたない。

慣 間を持たせる：空いた時間に別のことをして暇でないようにする
例）講師が来るまで、司会者がうまく間を持たせてくれたのでほっとした。

例句
表示的例句与各词义相对应。

合成词、惯用表现等
列举了希望学习者了解的合成词、惯用表现等。

图解
印有图解，以补充说明词义。当词义难以用图解来表示的话，以例句中最初列出的来图示。
同时，纵观所有的图解，几乎对所有的词条上都考虑得很仔细，非常容易抽出各个词义所共有的相同的意思。

用法ノート▶ 「女」はくだけた会話などでつかう。それ以外は「女性」「女の人」などを使い、恋愛対象には「彼女」を使う。

文化ノート▶ 「女子」は、かつては高校3年生くらいまでの女性を指していたが、現在では40代の女性までを指すことがあり、女性だけのパーティーが「女子会」という名で盛んに行われている。

☞ おとこ (p.66)

使用方法注释
词条的区别使用、用法，如有提请注意时一般都写在这里。

文化方面注释
介绍词条背后所存在的日本文化固有的背景知识。

参照
本书列出的词条中认为值得参考的近义词、反义词等词语就印在这一栏里。

关于汉字的区别使用

　　如果与"词条"相对应的汉字有复数以上的话（例如"あし"→"足""脚""肢"），其区别使用方法，请参考各个派生义的例句。另外，认为特别重要的用法区别在补充解释里已作解释（＊）。

有关图解

①对比等（例、下面的"男女"图解）、一个图解内有复数以上的要素存在的话，一般表达词义的放在右侧，或者加深颜色、有时也同时采用这两种措施。（参照下面）

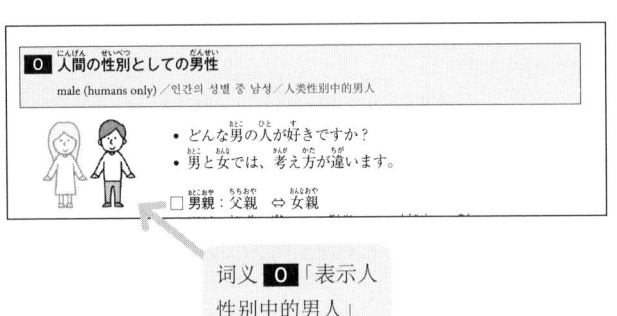

②左侧用"T"表示的箭印（参照下面）表示时间轴。

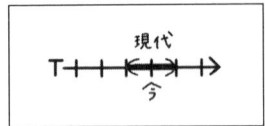

关于记号

□	合成词等
句	惯用语、惯用表现、谚语
＊	补充说明
⇔	反义词
☞	参照
cf	词性转变词（动词→名词、名词→动词等词性发生变化）
／	把处于同一层次，又可以替换使用的排列在一起　　例)口に合う／合わない
ユ	排列（连词）　　例)ごはん　　ユ 朝／昼／晩ごはん
≒	近义词
[ ]	表示可以省略　　例)風上に［も］置けない
( )	场面・情况的补充　　例)(会社で)部長、お客様です。

关于词性的表示

有关□表示的「合成词等」、除了名词以外的词性名称如下所示。

イ	イ形容词
ナ	ナ形容词
副	副词
体	连体词（定语）
スル	スル动词
動Ⅰ	五段动词（1组动词）
動Ⅱ	一段动词（2组动词）
動Ⅲ	不规则动词（3组动词）

あいだ

あいだ ④	間
	カン(間接)、ケン(世間)、ま(客間)

```
[0] 二つに挟まれた所
  ├→ [1] ある集団の中
  ├→ [2] ある期間の中
  ├→ [3] 二つの中間点
  └→ [4] 両者の仲・関係
```

0 二つに挟まれた所
located between (two people/things/etc.) ／두 물체 사이의 공간／夹在两个之间的地方

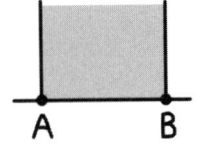

- 私は父と母の間に座った。
- 今、犯人の車は川崎と横浜の間を走っている。

句 垣間見る：物事の一部分をうかがい知る
例）彼の発言から、その事件の重大さが垣間見えた。

句 間髪を入れず：まったく時間を置かずにすぐ
例）大臣は、記者の質問に間髪を入れず答えた。

あいだ

1 ある集団の中

among ／어떤 집단 내／某个集体内

❓ 二つを多数に拡大して考えているから

特定の集団

- この商品は、外国人観光客の間で土産物として人気がある。
- そのアーティストなら、この街の若者の間ではすでに有名人だ。

2 ある期間の中

during ／어떤 기간 내／某个期间内

❓ 挟まれた空間を区切られた期間と見なしたから

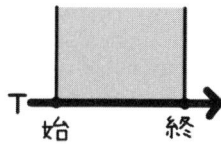

- 夏休みの間に、自動車免許をとった。
- 彼が買い物に行っている間に、部屋の掃除を済ませておこう。

☐ 合間：物事と物事の間の何もない時間
　例）仕事の合間にお茶を飲むべきで、逆じゃだめだ。

句 間が持たない：うまく会話が続かず気まずくなる
　例）弟は無口なので、二人でいると間が持たない。
句 間を持たせる：空いた時間に別のことをして暇でないようにする
　例）講師が来るまで、司会者がうまく間を持たせてくれたのでほっとした。

3 二つの中間点

middle ground, midpoint ／둘의 중간점／两者的中间点

❓ 中間点は間における典型的なものと考えられるから

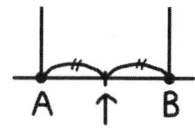

- 二人の意見の間を取って、このような結論に達した。
- じゃあ、間を取って、謝礼は二万円とします。

＊ 3 の用法では、「間を取る」という形で用いる。

☐ 中間：二つの物のほぼ真ん中

4 両者の仲・関係

relationship between (two people/things/etc.) ／양자의 사이・관계／两者的交情、关系

❓ 空間を挟んで向き合った結果だから

- この事件が二人の間を大きく隔ててしまった。
- 日本と韓国の間には、さまざまな習慣の違いがある。
- 夢と現実の間のギャップは大きかった。

句 間に立つ：対立している二者の間に関わって、事態を収める
例）議論の末、結局、夫婦の間に弁護士が立った。

あいて

相手 ③

```
┌─────────────┐      ┌─────────────┐
│ 0           │ ───→ │ 1           │
│ 何かを一緒に行う │      │ 一緒に何かをする │
│ もう一方      │      │ 付き合い      │
└─────────────┘      └─────────────┘
                     ┌─────────────┐
                  ─→ │ 2           │
                     │ 対抗する人や団体 │
                     └─────────────┘
                     ┌─────────────┐
                  ─→ │ 3           │
                     │ 働きかける対象  │
                     └─────────────┘
```

0 何かを一緒に行うもう一方

partner, the other party ／어떤 행동을 함께하는 상대／一起做事的另一方

- 結婚相手は年上がいい。
- ちゃんと目を見て話さないと、相手に対して失礼です。

あいて

1 一緒に何かをする付き合い

companion ／함께 무언가를 하는 행위／一起做事的伙伴

❓ 相手と一緒に行う行動だから

- 連休中はずっと子供の相手だった。
- 核家族化で、お年寄りの相手ができない若者が増えた。

2 対抗する人や団体

opponent ／대항하는 사람이나 단체／対抗的人和団体

❓ 相手の中で、特に試合などの対抗する場合に意味を絞ったから

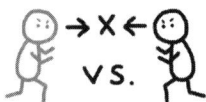

- 次の試合の相手は強いらしいよ。
- 相手が弱いからといって、手を抜いては勝てない。

3 働きかける対象

target of some action ／힘을 행사하여 그 힘이 작용하는 대상／工作的対象

❓ 相手の中で、特にこちらから働き掛けを行う場合に意味を絞ったから

- 相馬氏は自分を懲戒免職にした会社を相手に、裁判を起こした。
- 彼女は週一回、留学生を相手に茶道を教えている。

あし

あし ⑤	足、脚、肢
	ソク(土足)、た(足す、足りる、足る)

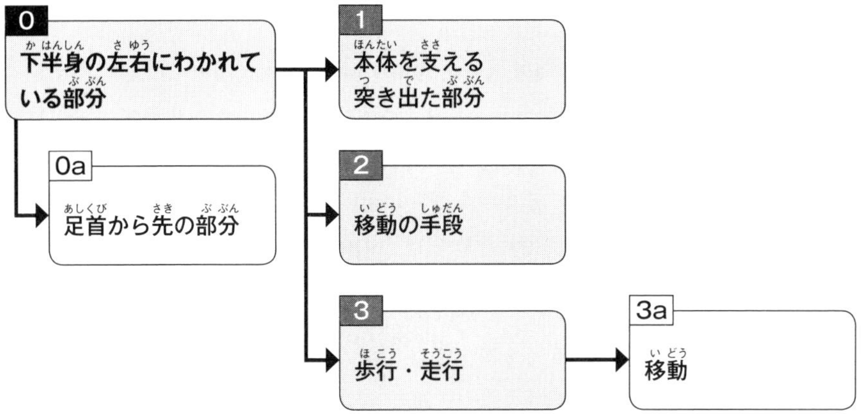

0 下半身の左右にわかれている部分
→ **1** 本体を支える突き出た部分
→ **0a** 足首から先の部分
→ **2** 移動の手段
→ **3** 歩行・走行 → **3a** 移動

0 下半身の左右にわかれている部分

leg (of a human/animal) ／하반신의 좌우로 나뉘어진 부분／下半身左右分开的部分

- 彼女はモデルのように足が長い。
- そこに横になって足を伸ばしてください。

□ 足跡：①歩いた後に残った足の形
例）これは恐竜の足跡ではないだろうか。
②人が残した業績
例）博士の考察は、化学の発展に大きな足跡を残した。
＊この場合、普通「そくせき」と言う。

□ 足音：歩行・走行時の足の音
□ 足手まとい ナ：手や足にまつわりついて行動の自由を妨げる

あし

こと
- 例）子供が足手まといで、ゆっくり買い物ができなかった。
- □ 足場：高所での作業用に組み立てた構造物
- □ 後ろ足：四本足の動物の後ろの方の足　⇔　前足
- □ 片足：どちらか一方の足
- □ 素足：靴や靴下を履いていないそのままの足
  - 例）素足のままで砂浜を歩くと気持ちがいいよ。
- □ 生足：ストッキングやタイツを履かない状態の、主に女性の足　＊新語
- □ 義足：足を失った人が用いる人工の足
- □ 土足：汚れた靴や足で室内に入り込むこと
- 句 足が出る：予算より出費が多くなる
  - 例）結局、ヨーロッパ旅行では三万円の足が出た。
- 句 足を洗う：悪い行為を改める
  - 例）彼はかつての仕事から足を洗って、今では立派な看護士だ。

0a 足首から先の部分

foot／발목의 끝에 달린 부분／脚脖子到脚趾的部分

❓ 足の中で、特にこの部分に意味を絞ったから

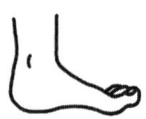

- サッカーをしているときに足をひねり、怪我をしてしまった。
- こんな小さなスニーカーでは、足に合うわけがない。

1 本体を支える突き出た部分

leg (of an object)／본체에서 뻗어나와 본체를 지지하는 부분／支撐本體的突出部分

❓ 足のように下から本体を支えているから

- この机は脚が丈夫だ。
- ベッドの脚が折れてしまった。

あし

2 移動の手段

means of transportation／이동의 수단／移动手段

❓ 交通は足のように移動できるという働きを持っているから

- 最後の電車を逃してしまい、家に帰る足がなくなった。
- 大雨で通勤の足が乱れた。

3 歩行・走行

walking, running／보행・주행／步行、行走

❓ 足が持つ主な働きは歩くことや走ることだから

- 通行人は足を止めて、その騒ぎを見ていた。
- 駅まで大人の足で10分かかる。
- 高橋さんは足が速いから、リレーの選手になった。

□ 足取り：①足を動かしているときの状態、歩調
　　例）初デートで相手と口論になった彼は、足取りも重く帰宅した。
　　②歩いた道筋
　　例）横浜を最後に、失踪した老人の足取りはぷつりと消えている。
□ 足並み：集団で歩いたり、走ったりするときの足の動き方
　　グループでの行動のまとまり
　　例）一度、皆で集まらないことには、研究の足並みが揃わない。
□ 急ぎ足：急いでいる足の状態
　　例）彼女は姉の容態が気がかりで、急ぎ足で家路についた。
□ 駆け足：走ること。急ぐこと
□ 客足：店やイベントに客が来る状態や度合い
　　例）雨が降っているので、一日中、客足が悪い。
□ 千鳥足：酔ってまっすぐな歩行ができない状態
□ 無駄足：出かけたことが無駄に終わること
　　例）雨の中を出向いたのに留守だなんて、無駄足を踏んでしまった。
□ 遠足：集団で出かける日帰りの学校活動

あし

- 句 足が早い：食品・食べ物が腐りやすい
  - 例) 刺身は足が早いから、今日のうちに食べるしかない。
- 句 足を引っ張る：進行・成功を邪魔する
  - 例) あの人が足を引っ張ったので、また試合に負けてしまった。
- 句 二の足を踏む：実行のための決心ができない
  - 例) ずっと自分の会社を持ちたいと思っているのだが、つい二の足を踏んでしまう。

3a 移動

movement／이동／移动

❓ 足で歩くことだけでなく、移動全体に意味が広がった

- 句 足が向く：知らず知らずその方向へ向かう
  - 例) あのレストランはおいしいので、つい足が向いてしまう。
- 句 足を伸ばす：ある地点に着いた後、さらにそこから遠くへ行く
  - 例) 京都へ行ったついでに、大阪まで足を伸ばした。
- 句 足を運ぶ：用事のある場所へ出向く
  - 例) ネットでの買物が普及して、客は直接店に足を運ばなくなった。

＊ 3a の用法では、慣用句のみ。

文化ノート　靴や靴下など、対になって足に着用する物を数えるときの助数詞は「足」である。　例) 靴下が3足で1,000円なんて、安いですね。

あじ

あじ ④	味
	ミ(味覚)、あじ(味わう)

- **0** 飲食物を舌で味わう感覚
  - **1** 物事の趣・味わい
  - **2** 体験で得る感覚
  - **3** 料理・食材

0 飲食物を舌で味わう感覚
taste, flavor ／음식물을 혀로 맛볼 때의 감각／品尝饮料食品的味觉

- 変な味の薬を飲む。
- この料理は味が少し濃い。
- 彼女は味をみることなく、そのカレーを彼に食べさせた。

  □ 味見 スル：少し食べたり飲んだりして、味を確かめること
  □ 薄味：薄い味　例) このスープはずいぶん薄味だ。
  □ 下味：調理の前に材料に付けておく味
  □ 味覚：味を知る感覚

あじ

1 物事の趣・味わい

attractiveness, style ／사물의 정취・묘미／事情的趣味

❓ 風情も味も、どちらもよい感覚を体に伝えるものだから

- この革のかばんは、使えば使うほど味が出てくる。
- この作家はなかなか味のある文を書く。

句 味も素っ気もない：面白みが全くなくて、つまらない
例）新製品のことでメーカーに提案書を出したが、返事は味も素っ気もないものだった。

2 体験で得る感覚

sense gained from experience ／체험을 통해 얻는 감각／体验到的感觉

❓ 物を食べて味を感じるように、経験していろいろなことを感じるから

- 子供の頃、家が貧しかったので、彼は貧乏の味を知っている。
- 懐かしさと恥ずかしさ、それが初恋の味というものだ。

□ 切れ味：①刃物の切れ具合
例）切れ味のいいナイフを使うと、肉のおいしさも変わる。
②技術の鋭さ

句 味をしめる：一度いいことを体験して、その感覚を次も期待すること
例）一度ギャンブルで勝った弟は、それに味をしめて、大金を失うことになった。

3 料理・食材

cooking, food ／요리・식재료／菜肴、食品材料

❓ 味は料理が持っているものだから

- 一人暮らしをしていて、外食が多いので、ふるさとの味がなつかしい。
- 家庭の味といえば、みそ汁が代表的だ。

□ 薬味：料理に添える刻んだ野菜や香辛料

文化ノート 伝統的な日本料理には、砂糖、塩、酢、しょうゆ、みそ、日本酒などの調味料が使われる。食材は魚や野菜が中心で、それらの味を生かすため、薄い味つけにすることが多い。

あたま

あたま ⑤	頭
	トウ(頭部)、ズ(頭脳)、ト(音頭)、かしら(頭)

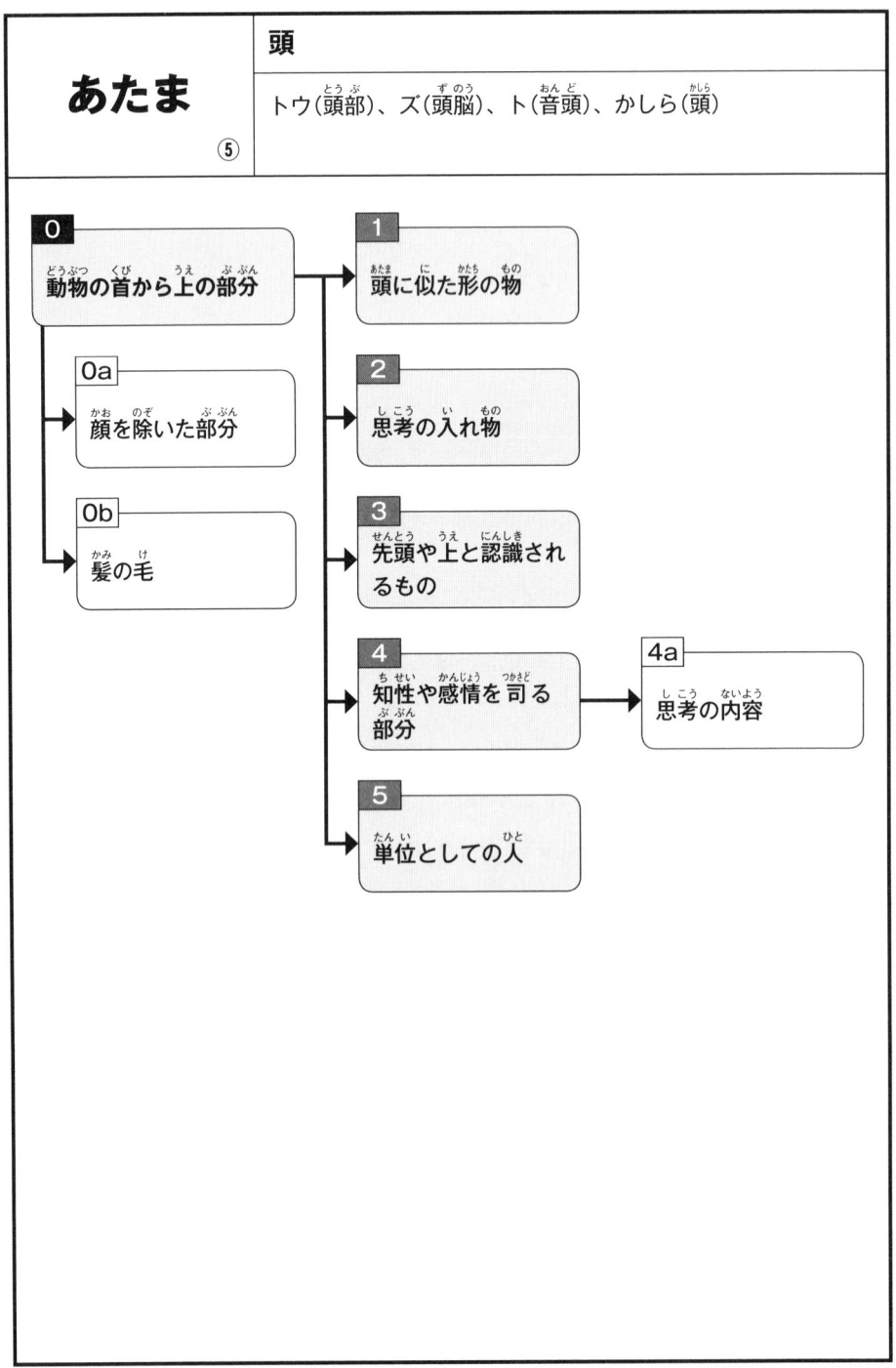

- 0 動物の首から上の部分
  - 0a 顔を除いた部分
  - 0b 髪の毛
- 1 頭に似た形の物
- 2 思考の入れ物
- 3 先頭や上と認識されるもの
- 4 知性や感情を司る部分
  - 4a 思考の内容
- 5 単位としての人

あたま

⓪ 動物の首から上の部分

head／동물의 목 윗부분／动物脖子以上的部分

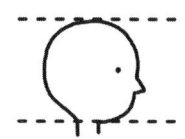

- 山田さんは頭を振ってほこりを払った。
- この犬はずいぶん頭が大きいね。

⓪a 顔を除いた部分

head (excluding the face)／얼굴을 제외한 부분／脸以外的部分

❓ 頭の中で、特に上部の目立つ部分に意味を絞ったから

- 島倉さんは困ったように笑うと頭をかいた。
- 風邪を引いたようで、ちょっと頭が痛い。

☐ 頭痛：頭が痛いこと

句 頭が下がる：素晴らしいと思って感心する
例）苦学していながらボランティアも続けるなんて、彼女の努力には頭が下がる。

⓪b 髪の毛

hair (on the head)／머리카락／头发

❓ 頭の中で、特に一番上に集まって存在している物に意味を絞ったから

- シャンプーが切れたので、今日は頭が洗えない。
- 頭を流すときはシャワーを使ってください。

句 頭をまるめる：髪の毛を剃る
例）彼は頭をまるめて、反省の意を表した。

あたま

1 頭に似た形の物

head/top (of an object)／머리와 형태가 비슷한 것／形状类似头部的东西

? 頭に形が似ているから

- くぎの頭を打ったときに、指を怪我してしまいました。
- 雪の間から、つくしの頭が見えた。

＊「つくし」= horsetail ／〈식물〉쇠뜨기／笔头菜

2 思考の入れ物

brains, mind／생각이 담겨 있는 곳／思考的脑袋

? 頭という容器で、思考という中身を表す

- あいつは何も考えておらず、頭が空っぽだ。
- 明日のデートのことで頭がいっぱいだ。

句 頭に入れておく：覚えておく
例）複雑な仕事だから、必要な手順を頭に入れておこう。

3 先頭や上と認識されるもの

tip, beginning／앞이나 윗부분으로 인식되는 부분／认为是开头以及上面的部分（头部、顶端、头领、头目）

? 体の先・一番上が頭であるように、ある物の先・一番上

- 山田さんは鼻の頭に触った。
- 曲の頭からもう一度練習しましょう。

☐ 頭金：何回かに分けて払う代金の内、最初に払う金額
  例）頭金として1割を用意しない限り、その家は買えません。
☐ 頭文字：ある語の最初の文字
☐ 語頭：語の最初の部分
☐ 先頭：一番前。一番先
☐ 文頭：文の最初の部分

あたま

4 知性や感情を司る部分

brain, mind ／지성이나 감정을 다스리는 부분／控制感觉及感情的部分

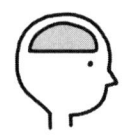

❓ 知性や感情は頭が果たす主要な働きだから

- あの留学生は本当に頭がいい。
- 学習者の頭で考えれば、いい教材が作れるはずだ。

句 頭が切れる：頭の働きが早く、有能だ
　例) あの弁護士は親切なだけでなく、たいそう頭が切れる。

句 頭にくる：怒る
　例) 親の悪口まで言われたので、さすがに頭にきた。

句 頭に血がのぼる：感情が高ぶる

句 頭を抱える：考え込む。困り果てる
　例) 多くの経営者はこの不景気に頭を抱えている。

句 頭を冷やす：冷静になる。興奮を抑える
　例) ちょっと深呼吸でもして、頭を冷やそうじゃないか。

4a 思考の内容

thinking ／생각의 내용／想法、念头

❓ 思考は頭を使った結果、生まれるものだから

- 頭を切り替える。

□ 石頭：考え方が固いこと
　例) あの人は何度言ってもまるで聞く耳を持たず、本当に石頭だ。

あたま

5 単位としての人

per person／머릿수, 인원수／人数

❓ 人の数は、頭の数を数えると分かるから

- 今日のパーティーの会費は、一人あたま 2,000 円です。
- 今回の費用は頭割りにしよう。 ＊「頭割り」＝均等に割ること

☐ 頭数：人の数
例）うちは小さな大学だから、選手の頭数をそろえるだけで大変だ。

☞ あし (p.27)、かお (p.77)、からだ (p.91)、くび (p.118)、こころ (p.127)、て (p.208)

あと

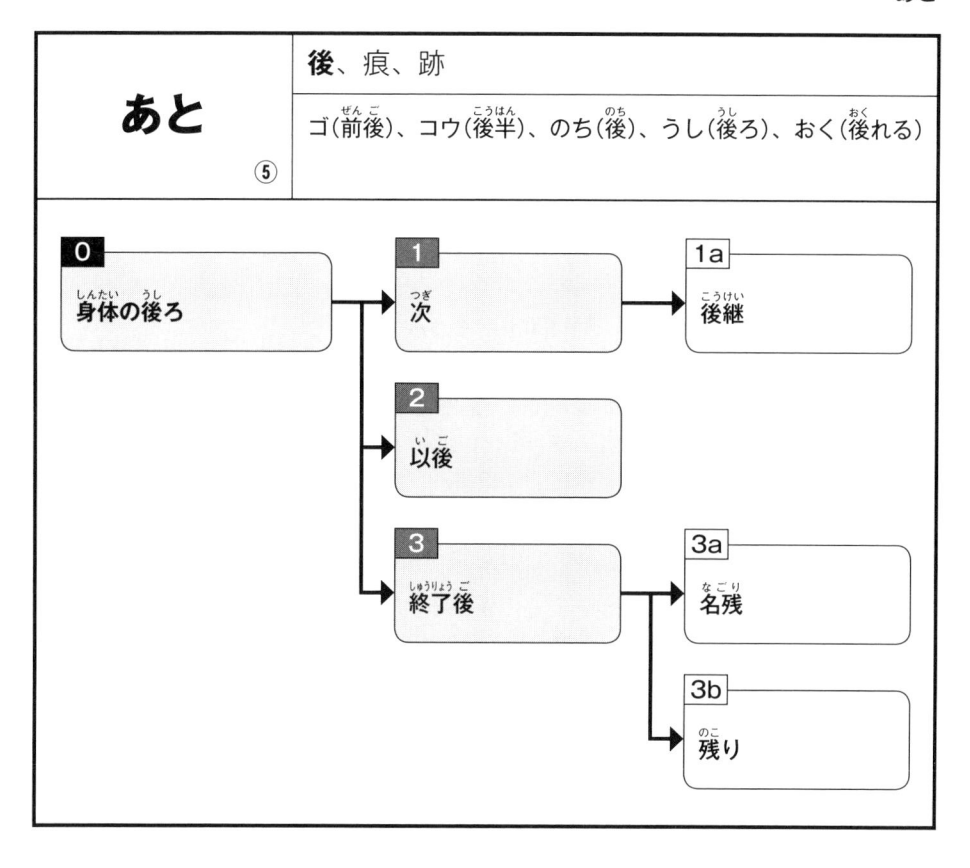

あと ⑤	後、痕、跡
	ゴ(前後)、コウ(後半)、のち(後)、うし(後ろ)、おく(後れる)

```
[0]                [1]                [1a]
身体の後ろ  ───→   次          ───→   後継

                   [2]
                ─→ 以後

                   [3]                [3a]
                ─→ 終了後    ───→    名残

                                      [3b]
                                      残り
```

0 身体の後ろ

behind (a person) ／신체의 뒤쪽／身体的后面

- 私は三年前、故郷を後にした。
- その子猫は鳴きながら彼女の後をついてきた。

□ 後押し スル：人を援助すること
　例) 自治体の後押しを受けて、彼らは事業に乗り出した。
□ 後ずさり スル：前を向いたまま少しずつ後退すること
　例) 山で熊に会ったら、大きい音を出しながら後ずさりしろ。
□ 後戻り スル：①来た道を戻ること
　例) もう一度後戻りして、駅からここまで探してみよう。
　②元の悪い状態に戻ること

あと

例) 景気が後戻りしたので、また給料が下がった。

句 後に引けない：やめられない
例) 自分でやると言ったからには、もう後には引けない。

1 次

next, following ／다음／后面、接下去

❓ 身体の前後を順番の前後という意味に広げたから

あと　基準

- 佐藤さんの後に、鈴木さんが出発した。
- この章のすぐ後に結論を書くのは早い。
- 後から後からクレームが来て、もう疲れた。

☐ 後者：二つに分けたもののうち、後の方　⇔　前者
☐ 後世：自分たちが生きている時代の後の時代
☐ 後輩：学校や職場で後から入った人　⇔　先輩

1a 後継

successor ／후계／接班人

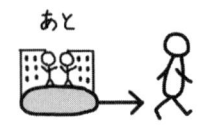

❓ 順番の中で、特に就任順における「次」に意味を絞ったから

あと

- 私は来月で退職するので、後を頼みます。
- 3月で社長がやめることになっていますが、後は誰ですか？

☐ 後釜：誰かが辞職したときの、後継者
例) 田中社長の後釜は、どうやら鈴木専務らしい。
☐ 後任：後を継ぐこと。また、その人

あと

2 以後

later (on) ／이후／以后

❓ 身体の前後を時間の前後という意味に広げたから

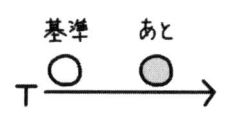

- 今勉強しないと、後で困るよ。
- 試験は半年後だから、今は少し遊ぼう。

☐ 後追い スル：①後を追うこと
　　　　　　　②人の行いや作品を真似ること
　例）この本はあのベストセラーの後追いどころか、全く同じ構成だ。
☐ 後出し スル：じゃんけんなどで人の後で出すこと
☐ 後払い スル：後で払うこと　⇔　前払い、先払い
☐ 後回し：順番を変えて、のちに行うこと
　例）その仕事は大事だから、後回しなんてだめだ。

句 後先[も]考えず：後でどのような結果になるかを考えないで
　例）彼女はいつも後先も考えず行動する。
句 後の祭り：時機を逃して手遅れであること

3 終了後

after ／종료 후／结束后

❓ 身体の後ろを特定の時間の後ろという意味に広げたから

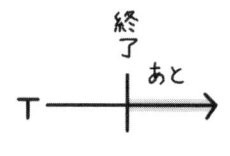

- 番組の後で、視聴者の皆さんに素敵なプレゼントのお知らせがあります。
- 今、彼が死んだら、後に残された家族はどうすればいいのだろうか。

☐ 後味：知覚したあとに残る感じ
　例）儲かったものの、私にとっては後味の悪い仕事だった。
☐ 後書き：手紙や著書の終わりに書き添えた文
☐ 後片付け スル：何かが終わったあとに、散らかっているものをきれいに片付けること

あと

- □ 後始末 スル：何かが終わったあとに片付けること
- □ 後妻：離婚や死別などで妻と別れた男性が、その後で迎えた妻のこと ⇔ 先妻
- □ 後日：その日より後の日
- □ 後悔 スル：後になって悔いること
- □ 産後：出産したあと ⇔ 産前
- □ 食後：食事が終わったあと ⇔ 食前
- □ 生後：産まれてから
- □ 戦後：戦争の後。特に第二次大戦の後 ⇔ 戦前
- □ 直後：終わってからすぐ ⇔ 直前
- □ 放課後：授業が終わってから帰宅までの時間

3a 名残

lingering, endless ／여운／痕迹、遗迹

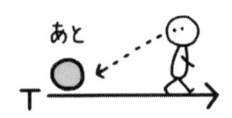

❓ 人は何かの終了後でも、そのことに思いを残すから

- このピーナツせんべいはつい後を引く。
- 祖父の三回忌に皆で集まり、後をしのんだ。

3b 残り

remainder ／나머지／剩余

❓ 定められた時間・空間の中で進行中のことが終わったときに、そこに残っている時間や空間を指す

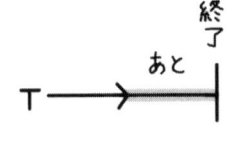

- 試験時間はあと5分です。
- このエレベーターにはあと3人乗れます。

＊ 3b の用法では、副詞として用いる。

☞ うしろ（p.51）、さき（p.145）

いなか

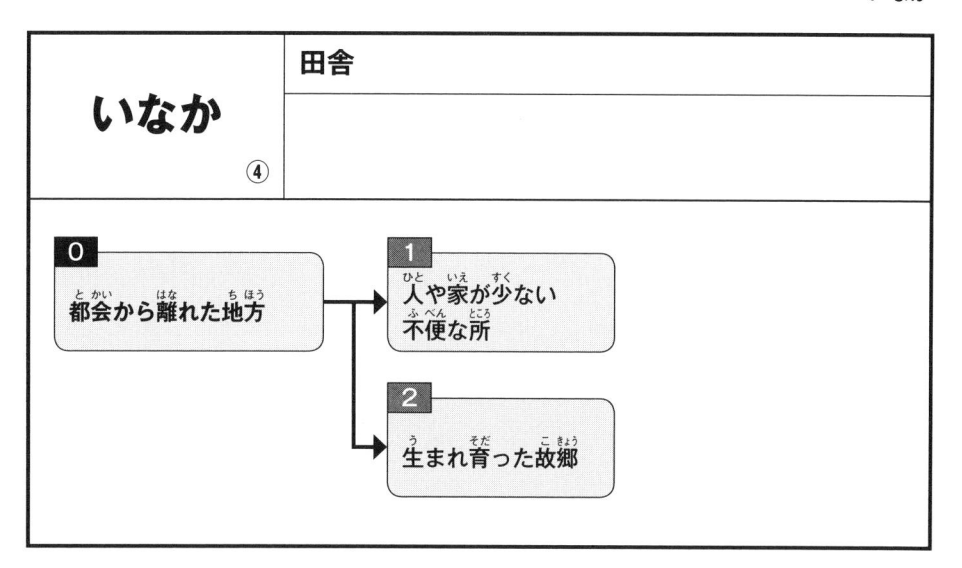

いなか ④	田舎

```
  ┌─ 0 ─────────────┐       ┌─ 1 ─────────────┐
  │ 都会から離れた地方 │ ────→ │ 人や家が少ない    │
  │                  │       │ 不便な所         │
  └──────────────────┘       └─────────────────┘
         │
         │                   ┌─ 2 ─────────────┐
         └─────────────────→ │ 生まれ育った故郷 │
                             └─────────────────┘
```

0 都会から離れた地方

countryside／도시에서 떨어져 있는 지방／城市以外的地方

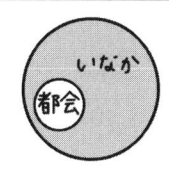

- 田舎の静かな生活に慣れると、もう都会には住みたくない。
- 田舎の生活は、車を抜きにしては考えられない。

□ 田舎者：都会的に洗練されていない人
　例）18歳まで都会に出たことのない田舎者ですが、どうぞよろしくお願いします。

□ 片田舎：都会から遠く離れた交通不便な土地
　例）人はここを片田舎と呼ぶが、魚も野菜もびっくりするほどおいしい。

1 人や家が少ない不便な所

sparsely populated and inconvenient area／사람이나 인가가 적은 불편한 곳／人烟稀少、不便之处

❓ 都会からの距離に関係なく、田舎と特徴が似ている所だから

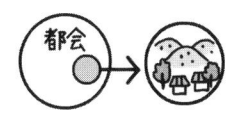

- あそこは東京の田舎だ。
- この町は昔より便利になったが、まだまだ田舎だ。

いなか

2 生まれ育った故郷

hometown／태어나고 자란 고향／生长的故乡

❓ 人は地方に生まれ、都会に出て来ることが多いから

- 正月には田舎へ帰るつもりだ。
- 田舎は埼玉の北ですから、電車で1時間乗れば帰れます。

いま

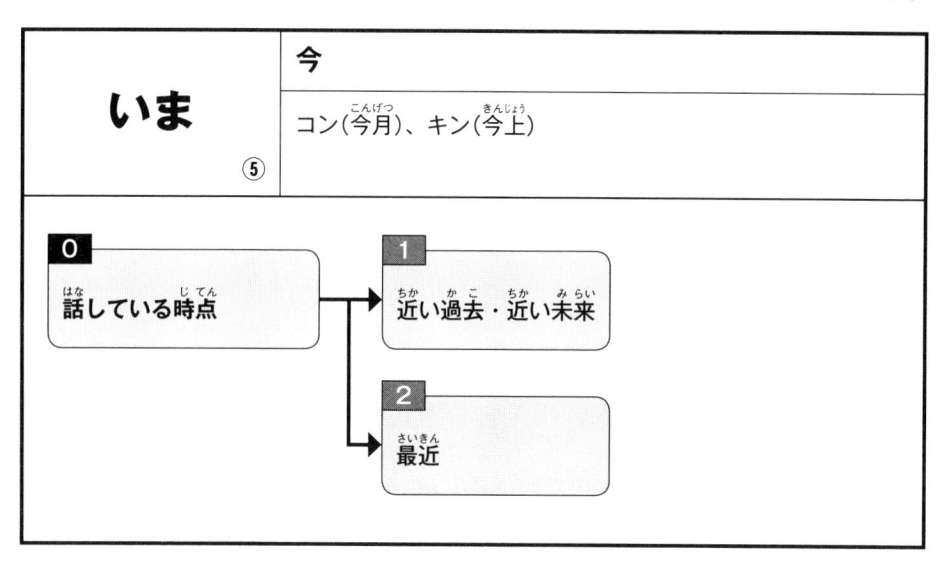

いま ⑤	今
	コン(今月)、キン(今上)

```
    ┌─────────────┐      ┌─────────────┐
    │ 0           │ ───► │ 1           │
    │ 話している時点 │      │ 近い過去・近い未来 │
    └─────────────┘      └─────────────┘
                    │
                    │     ┌─────────────┐
                    └───► │ 2           │
                          │ 最近         │
                          └─────────────┘
```

0 話している時点

now (immediate present)／말하고 있는 시점／说话的时间

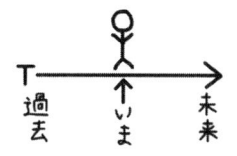

T 過去 ← いま → 未来

- A：今、何時ですか。　B：今、9時です。
- A：今は何をしているの。
  B：夕食を作っているところだよ。

□ **今頃**：①ほぼ今の時刻に当たる時
　例）昨日の今頃はまだ夕食を食べていた。
　②時間・時期をはずした相手に対して、あきれた気持ちをこめて使う
　例）今頃書類を持ってきても、締め切りは過ぎているぞ！

□ **今日**：現在のこの日。本日
□ **今朝**：今日の朝
□ **今年**：現在の年
□ **今月**：現在の月

いま

1 近い過去・近い未来

just now (recent past), soon (near future) ／가까운 과거・가까운 미래／刚才、马上

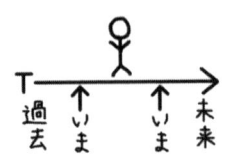

? 今現在に非常に近い時間だから

- A：いつ来ましたか。　B：今、来たばかりです。
- A：早く来て！　B：ごめん、今行くよ。

2 最近

recently ／최근／最近

? 昔から現在までの長い時間の中で捉えた今に近い時間だから

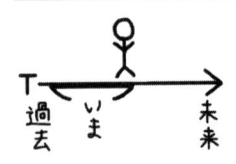

- 今は簡単な病気なら薬で治ってしまう時代だ。
- 景気を考えると、今の若者は内向きにならざるを得ない。

☐ 今時：現代。最近
  例）今時の親は教師の意見を無視するきらいがある。

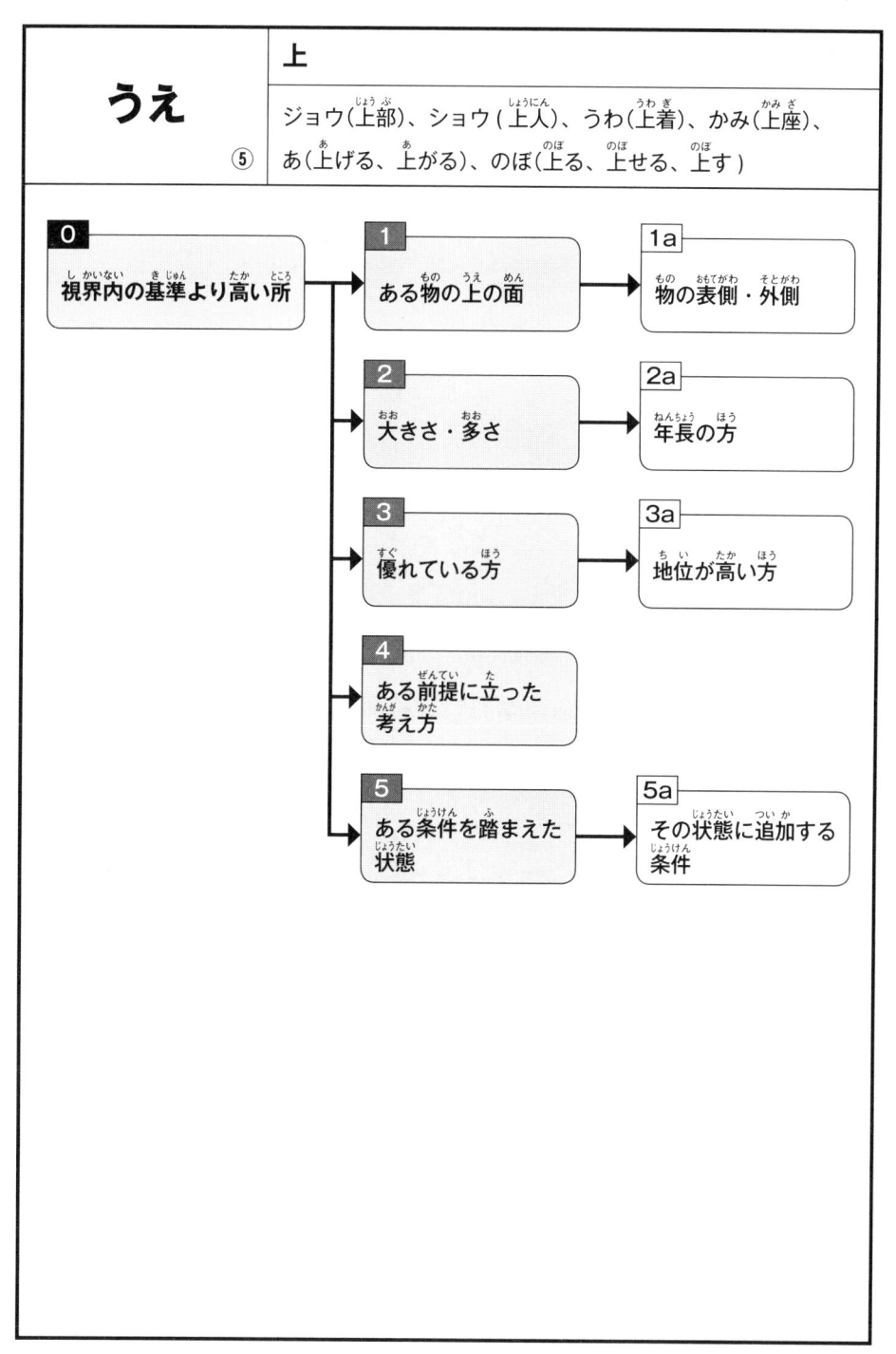

うえ ⑤	上
	ジョウ(上部)、ショウ(上人)、うわ(上着)、かみ(上座)、あ(上げる、上がる)、のぼ(上る、上せる、上す)

- **0** 視界内の基準より高い所
  - **1** ある物の上の面
    - **1a** 物の表側・外側
  - **2** 大きさ・多さ
    - **2a** 年長の方
  - **3** 優れている方
    - **3a** 地位が高い方
  - **4** ある前提に立った考え方
  - **5** ある条件を踏まえた状態
    - **5a** その状態に追加する条件

うえ

0 視界内の基準より高い所

above/on (vertical location) ／시야 내의 기준보다 높은 곳／高于视觉内基准的地方

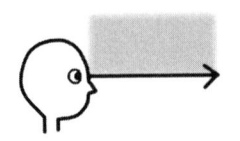

- 彼はアパートの上の階に住んでいる。
- 通帳の上の余白に暗証番号を書くなんて、無用心極まりない。

□ 上下：①高い所と低い所　② スル 上がったり下がったりすること

1 ある物の上の面

top, upper surface ／어떤 물체의 윗면／某个事物上面

❓ 物の中で高い位置にある部分だから

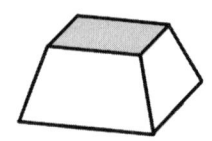

- 机の上に教科書とノートがある。
- 橋の上から、見るともなく風景を眺めていた。

□ 地上：地面の上

句 上前をはねる：他人に取り次ぐ賃金や代金の一部を自分のものとする

句 机上の空論：頭で考えただけの、実際には役立たない理論や考え

句 俎上に載せる：物事を議論や批評の場に取り上げる

1a 物の表側・外側

on/over (outer surface), above ／물체의 표면・바깥쪽／表面、外側

❓ 内部や裏面は下、外部や表面は上であることが多いから

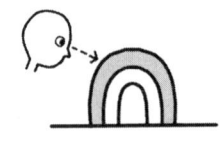

- 寒かったので、シャツの上に厚手のセーターを着た。
- 日本では本の表紙の上にさらにブックカバーをかけることが多い。

□ 上着：重ねて着る服の中で外側に来るブルゾン、ジャケットなど

2 大きさ・多さ

larger (size, quantity) ／큼・많음／大、多

❓ 上 - 下の関係を、大きさの大 - 小や、数量の多 - 少の関係に広げたから

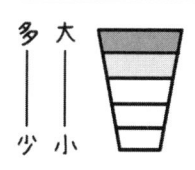

- 数学のテスト結果は、平均よりも 10 点上だった。
- うちの子も大きくなったから、一つ上のサイズの服を買わなくちゃ。

2a 年長の方

older ／연령이 높은 쪽／年长者

❓ 多 - 少の関係を生まれてからの時間の長 - 短に絞ったから

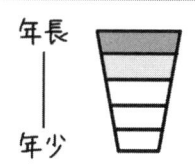

- 一番上の兄はもう独立している。
- 上の子はもう大学生ですが、することはまるで子供です。

□ 年上：年齢が上であること　⇔　年下

3 優れている方

better, best ／능력이 뛰어난 쪽／优秀人才

❓ 上 - 下の関係を優 - 劣の関係に広げたから

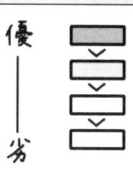

- 設計技法に関しては、私より彼の方が上だ。
- 上から 2 番目の点だったが、満足するに足る成績ではない。

うえ

3a 地位が高い方

superior (in rank/position)／지위가 높은 쪽／地位高的人

❓ 優 - 劣の中で、特に地位が高いことに意味を絞ったから

- 最終的な責任を取るのが、上に立つ者の宿命だ。
- 上からの指示といえども、不正な行いなら断るべきだ。

□ 目上：地位や年齢が自分より高いこと ⇔ 目下
□ 上司：自分や相手より役職が上位の人

4 ある前提に立った考え方

in terms of／어떤 전제를 바탕으로 한 생각／立足于某个前提的想法

❓ 前提は地面のように思考の根本にあり、その「上」を表す

- 暦の上ではもう春だ。
- 奨学金があるとはいえ、快適な生活をする上でアルバイトは欠かせない。

5 ある条件を踏まえた状態

after (doing something)／어떤 조건을 갖춘 상태／某个条件下的状态

❓ 諸条件は何かをするときの土台となり、その「上」を表す

- この書類に住所、氏名、年齢を記入の上、提出してください。
- 会社を辞めるのは、十分に考えた上での結論だ。

5a その状態に追加する条件

in addition／현 상태에 추가하는 조건／在前一个状态上的累加

❓ 物を積み重ねるように、条件や状況をさらに追加する場合

- 彼女はまじめな上、才能もある。
- 突然お邪魔した上に、夕食までご馳走になってしまい、ありがとうございます。

うしろ ⑤

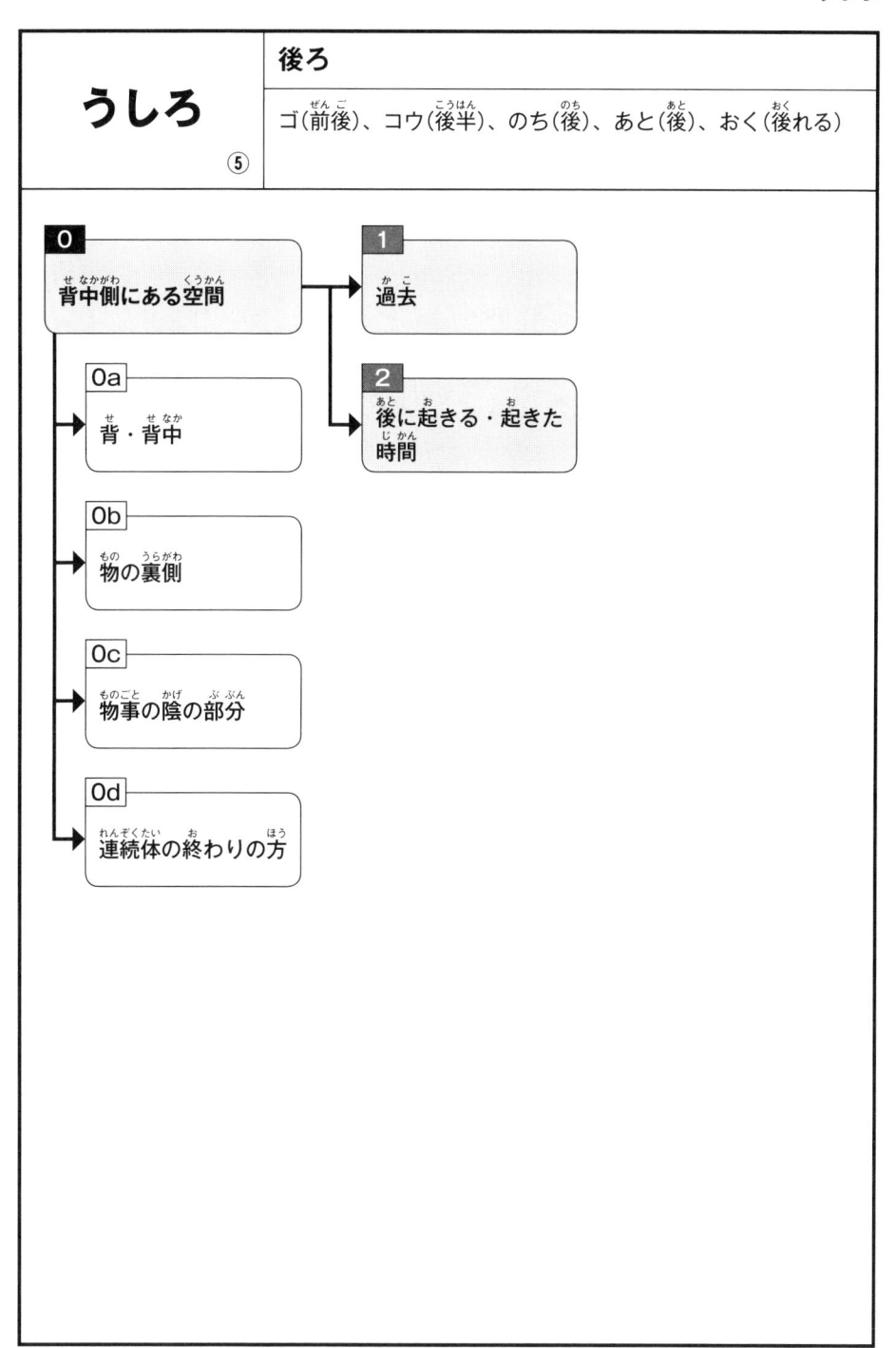

後ろ
ゴ(前後)、コウ(後半)、のち(後)、あと(後)、おく(後れる)

0 背中側にある空間

- **0a** 背・背中
- **0b** 物の裏側
- **0c** 物事の陰の部分
- **0d** 連続体の終わりの方

1 過去

2 後に起きる・起きた時間

うしろ

0 背中側にある空間
behind (one's back) ／등 쪽에 있는 공간／背面一侧的空间

- 大統領の後ろには護衛が二人立っている。
- 自転車がぶつかってきて、頭から後ろにひっくり返ってしまった。

□ 後退 スル：後ろに下がること
□ 最後：物事の一番あと。末尾
句 後ろ指を指される：後ろから指を指され、悪口を言われること

0a 背・背中
back (of body) ／등／背、背面

❓ **0** の空間に隣接した身体の部分だから

- 戦いでは敵に後ろを見せてはならない。

□ 後ろ前：後ろと前が逆になること
□ 後ろ向き：①背を相手に向けること　②消極的なこと
　⇔ ①② 前向き

0b 物の裏側
backside ／물체의 뒤쪽／物品的背面

❓ 物を身体に例えたときに背に当たる所だから

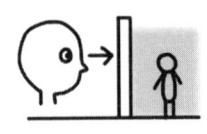

- カーテンの後ろに隠れた。
- 探していたペンは、棚の後ろに落ちていた。

うしろ

0c 物事の陰の部分

behind (the scenes) ／사물의 드러나지 않는 부분／事物的背光部分

❓ 物事を身体に例えたときの表面化しない部分だから

- この事件の後ろには、有名な政治家がいた。
- 誰かが後ろで糸を引いている疑いを禁じ得ない。

☐ 後ろ暗い イ：何かやましい所がある
☐ 後ろめたい イ：何かやましい所があって気がとがめる
☐ 後援 スル：後ろ盾となって応援すること

0d 連続体の終わりの方

end (of a line), in back ／연속된 물체의 끝 부분／一个连续体的终结方

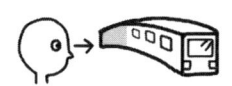

❓ 背中が身体の後方にあるように、連続する空間の後方の部分だから

- 電車の一番後ろの車両には母が乗っている。
- 一つ後ろの車両に移動したら、有名な女優がいた。
- 疲れをものともせず、子供たちは列の後ろを歩き続けた。

☐ 後ろ足：動物の下半身側の足 ⇔ 前足
☐ 後半：一続きになったものを前後に分けたときの後ろの方 ⇔ 前半 ☞ 2
☐ 最後：一番後ろ

句 後ろ髪を引かれる：心残りがする

1 過去

the past ／과거／过去

❓ 未来という前方を向いたときに後方にあるものだから

- 後ろを振り返らずに生きよう。

うしろ

2 後に起きる・起きた時間

after, later／일이 나중에 일어남・일어난 시간／以后会发生或已经发生的时间

❓ やってくる時間を人に例えたときの後方に当たるものだから

基準　うしろ

- その俳優の登場シーンは、映画のかなり後ろの方だった。

□ 後半：一続きになった時間を前後に分けたときの後ろの時間
　⇔ 前半　☞ Od
　例）試合の後半、相手チームに続けざまに２点取られた。

句 後手に回る：相手に先に行動を起こされ、対応が遅れる
　例）政府は外交問題で後手に回り、苦境に立たされた。

☞　あと（p.39）、まえ（p.292）

うち ④

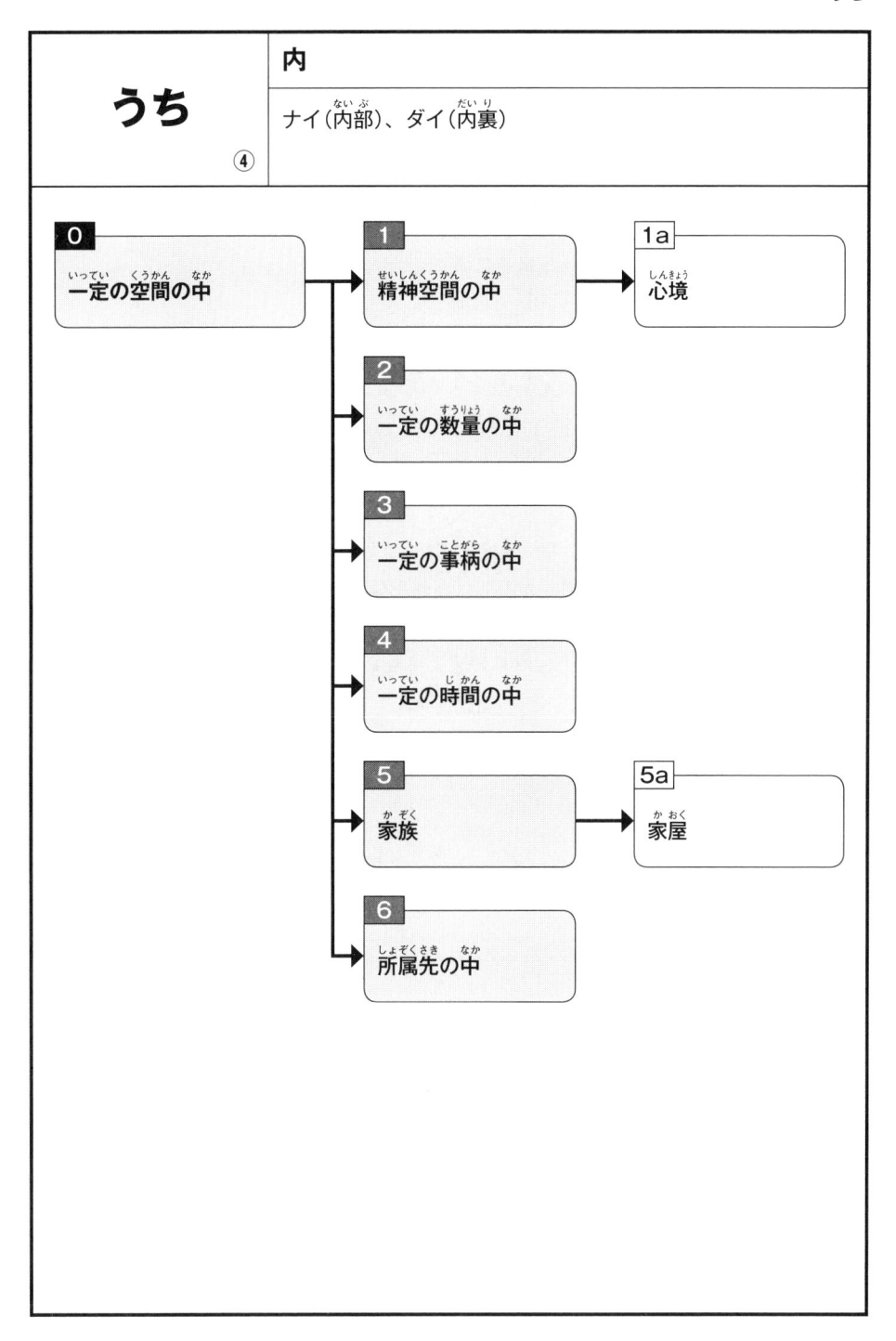

内
ナイ(内部)、ダイ(内裏)

- **0** 一定の空間の中
  - **1** 精神空間の中
    - **1a** 心境
  - **2** 一定の数量の中
  - **3** 一定の事柄の中
  - **4** 一定の時間の中
  - **5** 家族
    - **5a** 家屋
  - **6** 所属先の中

うち

0 一定の空間の中

inside／일정한 공간의 안／一定的空間内

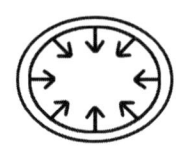

- この建物は内も外も非常にきれいだ。
- その機械は外側より内の方にお金がかかっている。

□ 内側：空間の範囲の中　⇔　外側
□ 内外：内側と外側
□ 内閣：国の行政権を担当する最高の機関
□ 内臓：動物の胸部・腹部にある器官
□ 内定 スル：公表する前に、一部の人の間で決定すること
　例）彼女は優秀で、すでに数社から就職の内定をもらったそうだ。
□ 内部：物や組織の中　⇔　外部
　例）機械の内部は高熱を発しているので注意してください。
□ 内容：文章や会話の中で書かれたり話されたりする事柄
□ 内陸：海岸から遠く離れた陸地
　例）岩手県の内陸は例年、雪が多く降る。
□ 車内：電車や自動車などの中　⇔　車外

1 精神空間の中

inner self／정신적 공간의 안／精神空間内

❓ 心を空間に例えた時の内部だから

- 彼はおとなしい性格だが、内に闘志を秘めている。
- 時には内にこめた感情を表に出すのも重要ですよ。

□ 内気 ナ：おとなしく、気が弱い性格
　例）弟は内気でなかなか人と親しくなれない。

うち

1a 心境

feelings ／심경／心境

❓ 心を一定の空間に例えたとき、そこにある中身だから

- 他人の心の内は分からない。
- 監督は悔しい胸の内を私に語ってくれた。

2 一定の数量の中

among/out of a certain number ／일정한 수량 내／一定数量之内

❓ 一定の数や量を、区切られた空間と見なしたから

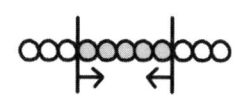

- 今日の授業は、20人のうち8人がインフルエンザで欠席した。
- 今まで旅行した国のうちで、私が最も気に入ったのはチェコだ。

＊ 2 の用法では、通常はひらがなで表記する。

3 一定の事柄の中

a part of ／어떤 사항에 속함／一定的事态之内

❓ 一定の事柄を、区切られた空間と見なしたから

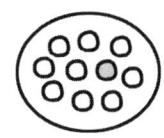

- 正月に実家に帰ることも、親孝行のうちに入る。
- 仕事のうちとはいえ、取引先の接待は苦手だ。

＊ 3 の用法では、通常はひらがなで表記する。

うち

4 一定の時間の中

within a certain time frame ／일정한 시간 내／一定的時間之内

❓ 時間を空間と見なしたときの、その中だから

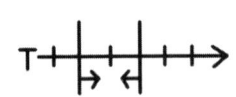

- 若いうちに、いろいろな経験がしたい。
- 今年のうちに、お見舞いかたがた叔父に会ってこよう。
* 4 の用法では、通常はひらがなで表記する。

　□ 以内：ある数量の範囲内
　　例）こんな仕事は三日以内に終わると思いきや、一週間もかかってしまった。
　□ 年内：その年が終わるまで

5 家族

family ／가족／家庭

❓ 家族は、人にとって最も関わりがある集まりの中身だから

- 君のうちは何人家族だったっけ？
- 彼はうちが貧しく、若い頃はずいぶん苦労したそうだ。
* 5 の用法では、通常はひらがなで表記する。

5a 家屋

house ／집／房子

❓ 家族という中身を入れる入れ物だから

- あの一帯は、昔から大きなうちが並んでいる。
- 彼は車はおろか、家まで売り払ってしまった。
* 5a の用法では、ひらがな、または「家」と表記する。

6 所属先の中

in one's group／소속한 집단 내／所在单位内

❓ 組織や親しい人々の集まりを空間と見なしたときの中身だから

- うちの若手社員は本当に優秀だ。
- 他のチームのことは気にせず、うちはうちのやり方で練習を進めましょう。

＊ 6 の用法では、通常はひらがなで表記する。

□ 身内：家族や親族、または親しい関係の人

用法ノート 関西では「うち」を自称に用いる地域があり、関東でも女性に広がりつつある。
例）うちね、今日は新しい服着て来たよ。

☞ そと（p.188）、なか（p.235）

うで

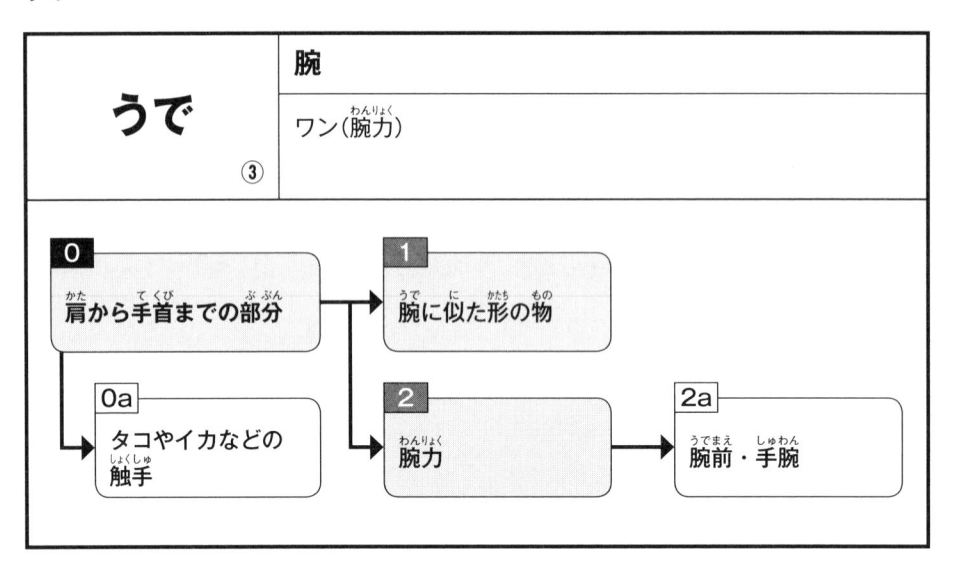

うで ③	腕
	ワン(腕力)

```
[0] 肩から手首までの部分 ──→ [1] 腕に似た形の物
     │
     ↓
   [0a] タコやイカなどの触手    [2] 腕力 ──→ [2a] 腕前・手腕
```

0 肩から手首までの部分

arm (of a human/animal) ／어깨에서 손목까지의 부분／肩膀到手腕的部分

- あの選手は腕も足も長い。
- 彼はいつも右の腕に時計をしている。

□ 腕組み スル：両方の腕を胸のところで組み合わせること
□ 腕相撲：台の上にひじをついて、相手と手のひらを合わせて腕を押し伏せ合う遊び
□ 腕っぷし：腕の関節。腕力 ⇨ 腕っぷしが強い
□ 腕まくら：腕を曲げてまくらの代用にすること
□ 片腕：左右どちらかの手 ☞ 2a
□ 利き腕：自分がより上手に使える方の腕
□ 二の腕：肩から肘までの部分
□ 細腕：細いやせた腕 ☞ 2a
□ 腕章：衣服の腕に巻く印

句 腕をこまねいて：自分では何もせずに傍観して
例）役員たちは会社が乗っ取られるのを、腕をこまねいて見ていた。

うで

0a タコやイカなどの触手

tentacle, feeler ／문어나 오징어 등의 촉수／章鱼、墨鱼等触手

❓ 腕と似た形や機能をしているから

- タコの腕には、人間のように利き腕はない。　＊タコの触手を「腕」と呼ぶのは特別な用法であり、一般的には「足」と呼ぶ。
- ヒトデの名の由来は、5本の腕が手のひらのように見えるからだ。

1 腕に似た形の物

arm (of an object) ／팔과 형태가 비슷한 것／形状类似手臂之物

❓ 腕と見た目が似ており、本体から突き出た部分だから

- 建設中のビルからクレーンの腕が落下する事故があった。
- その塗装ロボットは腕が長いので、全面に色をつけることができる。

2 腕力

physical strength ／완력／腕力

❓ 腕が持っている働きだから

- 彼は腕にものを言わせて、屈強な男たちを従わせた。
- 看守は囚人のたばこを腕ずくで取り上げた。

□ 腕試し スル：腕力や腕前を試すこと

2a 腕前・手腕

skill ／실력・수완／手腕、本領、本事

❓ 腕前・手腕は、実際の力と似ているから

- 手作りのシチューなら、少しは腕に自信がある。
- 社長の説得となれば専務の腕の見せどころだ。

うで

- □ 片腕：有能な補佐役 ☞ ❶
  - 例）高橋氏は社長の片腕として15年間頑張ってきた。
- □ 凄腕：並外れた能力。また、その人
  - 例）今度、凄腕の為替トレーダーが入社するそうだ。
- □ 細腕：乏しい生活力 ☞ ❶
  - 例）女の細腕で3人の子を大学までやるとは見上げたものだ。
- □ 手腕：物事をうまく進める能力

句 腕が上がる：技術が上達する

句 腕が鳴る：腕前や技量を発揮したくて、うずうずする
  - 例）次の試合の相手は手ごわそうだが、腕が鳴るなあ。

句 腕次第：物事の結果がその人の腕前で決まること
  - 例）この新規事業の成否は、君たちの腕次第だ。

句 腕によりをかける：腕前を十分に発揮する
  - 例）彼女は腕によりをかけてこの料理をふるまったのだが……。

句 腕を磨く：上達するように努力する

うら ④

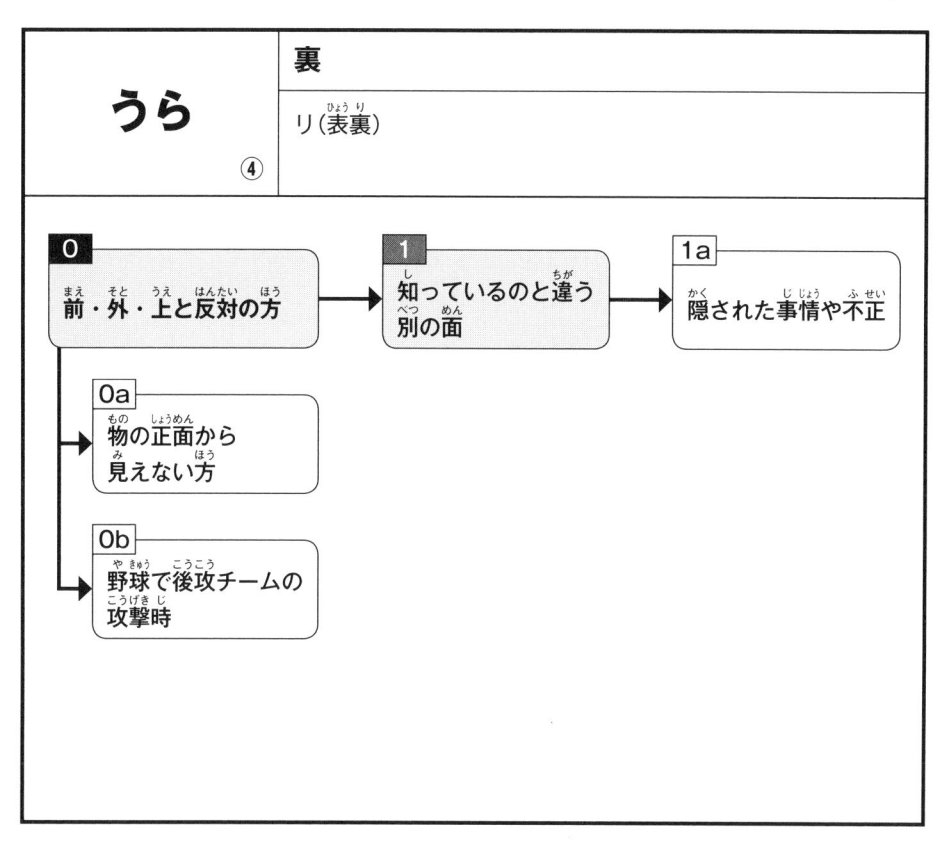

裏

リ（表裏）

0 前・外・上と反対の方
- **0a** 物の正面から見えない方
- **0b** 野球で後攻チームの攻撃時

1 知っているのと違う別の面
- **1a** 隠された事情や不正

---

0 前・外・上と反対の方 ⇔ 表

back, inner side, bottom ／앞・바깥・위와 반대되는 쪽／和正面、外側、上面相反的一面

- 書類の表と裏をよく確認してください。
- 百円玉の裏は、年号が書いてある面です。
- 靴の裏が汚れていても、別に驚くには当たらない。

☐ 屋根裏：天井と屋根の間の空間
☐ 脳裏：頭の中・心の中
　例）その時、悪い予感が一瞬、私の脳裏をよぎった。

うら

0a 物の正面から見えない方

back, rear／물체의 정면에서 보이지 않는 쪽／从正面看不到的一侧

❓ 目立つ正面とは反対の方だから

- たんすの裏にお金が落ちていたよ。
- 恐れ入りますが、搬入の方は裏のドアから入ってください。

0b 野球で後攻チームの攻撃時 ⇔ 表

bottom (of an inning)／야구에서 후공팀(나중에 공격하는 팀)이 공격하는 차례, 말／棒球比赛后攻球队发起攻击时

❓ 両者の攻撃のうち、裏は後で行う方だから

- 3回裏、ジャイアンツはまず鈴木が打席に立ちます。
- たった1点のリードでは、9回の裏にホームランを打たれれば、追いつかれてしまう。

1 知っているのと違う別の面

hidden side／알고 있는 것과 다른 면／不知道的另外一面（内幕、幕后、内心深处）

❓ よく分からないことを、見えないことに例えたから

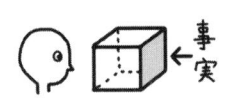

- あの人は裏で何を考えているか、分かったものじゃない。
- 成功の秘密は、常に世間が考えることの裏を行くことにある。

句 裏打ちする：物事を別の面から証拠立てる
　例）山田さんの意見は、豊かな海外経験に裏打ちされている。

句 裏目に出る：好結果を望んでしたことが、よくない結果になる
　例）心配して色々と甘やかしたのが、裏目に出てしまった。

句 裏を返す：反対の見方をする。本当のことを言う
　例）彼女の放任主義は、裏を返せば単に子供に無関心なだけだ。

句 裏をかく：相手の予想と反対のことをして出し抜く
　例）敵に完全に裏をかかれ、また負けてしまった。

うら

1a 隠された事情や不正

backdoor (dealings, etc.) ／숨겨진 사정이나 비리／隐瞒的事情和不正规行为

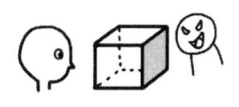

❓ 秘密の行為や不正は、しばしば見えない部分で行われるから

- この問題がこんなに簡単に解決するとは、何か裏があるに違いない。
- 政治の裏がどれほどスキャンダルにまみれているか、想像に難くない。

句 口裏を合わせる：互いの話が食い違わないよう、事前に相談しておく

例) 二人は口裏を合わせて、その場所にいなかったことにした。

おとこ

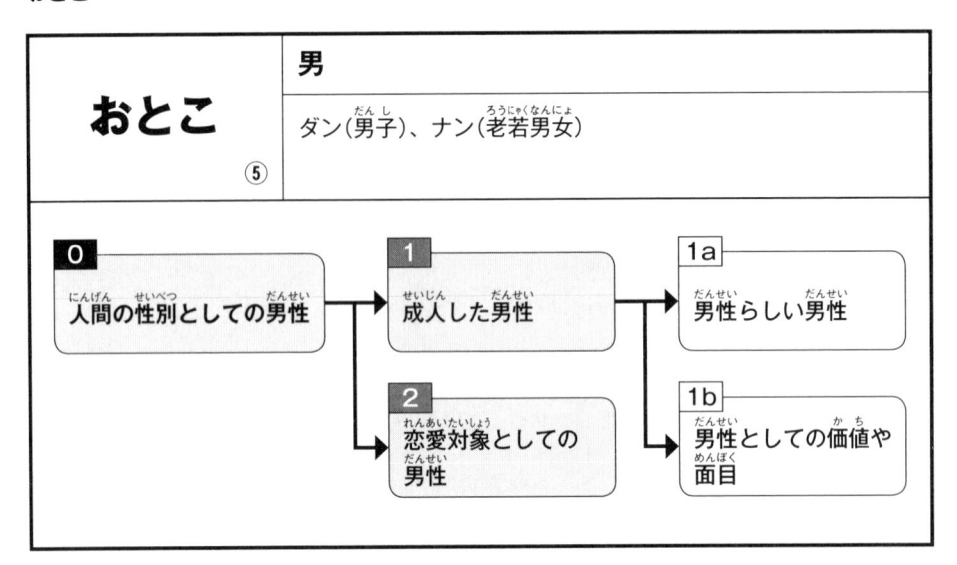

おとこ ⑤	男
	ダン(男子)、ナン(老若男女)

- **0** 人間の性別としての男性
  - **1** 成人した男性
    - **1a** 男性らしい男性
    - **1b** 男性としての価値や面目
  - **2** 恋愛対象としての男性

0 人間の性別としての男性

male (humans only)／인간의 성별 중 남성／人类性别中的男人

- どんな男の人が好きですか?
- 男と女では、考え方が違います。

☐ 男親：父親 ⇔ 女親
☐ 男役：映画や劇などで男性として登場する役
☐ 男子：男の子供。または、男性 ⇔ 女子
☐ 男女：男性と女性
☐ 男性：男の性を持つ人 ⇔ 女性
☐ 男優：男性の俳優 ⇔ 女優
☐ 男女：男性と女性　＊主に「老若男女」の形で使われる。
　例) 老若男女を問わず、参加者は歓迎します。
☐ 長男：一番目に生まれた息子　＊「次男」「三男」「四男」と続く。

おとこ

1 成人した男性

man ／성인 남자／成年男子

❓ **成人男性は、男性の中の典型的な存在だから**

- 家の前に知らない男が立っている。
- あの山小屋で、行方不明だった男が見つかった。

☐ 大男：体が特別に大きな男性

1a 男性らしい男性

masculine man ／남성스러운 남자／有男人味的男人

❓ **成人男性の中での理想の典型と考えられる存在だから**

- いろいろな経験を積んで男になる。
- 命がけで恋人を守るなんて、彼は男の中の男だ。

☐ 男前：ハンサムな顔つきや男らしい態度

1b 男性としての価値や面目

manly values/honor ／남자로서의 가치나 체면／男性的价值和脸面

❓ **男性が重視すると考えられる事柄だから**

- ここで諦めたら、男が廃る。
- けんかに勝ったところで、別に男が上がるわけじゃないよ。

おとこ

2 恋愛対象としての男性

boyfriend／연애 대상으로서의 남성／作为恋爱对象的男性

❓ 男性の中で特に恋愛の相手という側面を強調している

- うちの娘に男ができたようだ。
- あんなひどい男とは、さっさと別れたほうがいい。

用法ノート／「男」は基本的に、くだけた会話などで使う。それ以外は「男性」「男の人」などを使い、恋愛対象には「彼」「彼氏」などを使うことが多い。

☞ おんな (p.74)

おとな

大人 ⑤

0 一人前の年齢の人 → **1** 考え方や態度が成熟した人

---

0 一人前の年齢の人
adult／자기 일에 책임을 질 수 있을 만큼 나이가 든 사람／成年人

- 大人の乗車料金は、子供の倍です。　＊この場合の「大人」は、中学生以上を指す。
- 日本では民法上、二十歳になると大人の仲間入りだ。

1 考え方や態度が成熟した人
mature person／생각이나 태도가 성숙한 사람／想法及态度成熟的人

❓ 年齢に関係なく、一般的な大人の特徴を持っている人を指す

- 子供にお菓子を食べられてしまったが、彼女は大人の態度を崩さなかった。
- 彼はあの年齢にしては、なかなか大人だね。

　□ 大人気ない イ：大人としての考えがない。大人とも思えない
　□ おとなしい イ：静かで落ち着いている

文化ノート　幼少期にあまり買えなかった安価なおもちゃなどを、大人になってから一度に大量に買うことを「大人買い」という。

☞　こども（p.139）

おもて

おもて ④	表
	ヒョウ(表面)、あらわ(表す、表れる)

0 前・外・上と認められる方 → **1** 他者から見える人の特性

0a 家の正面の外

0b 野球で先攻チームの攻撃時

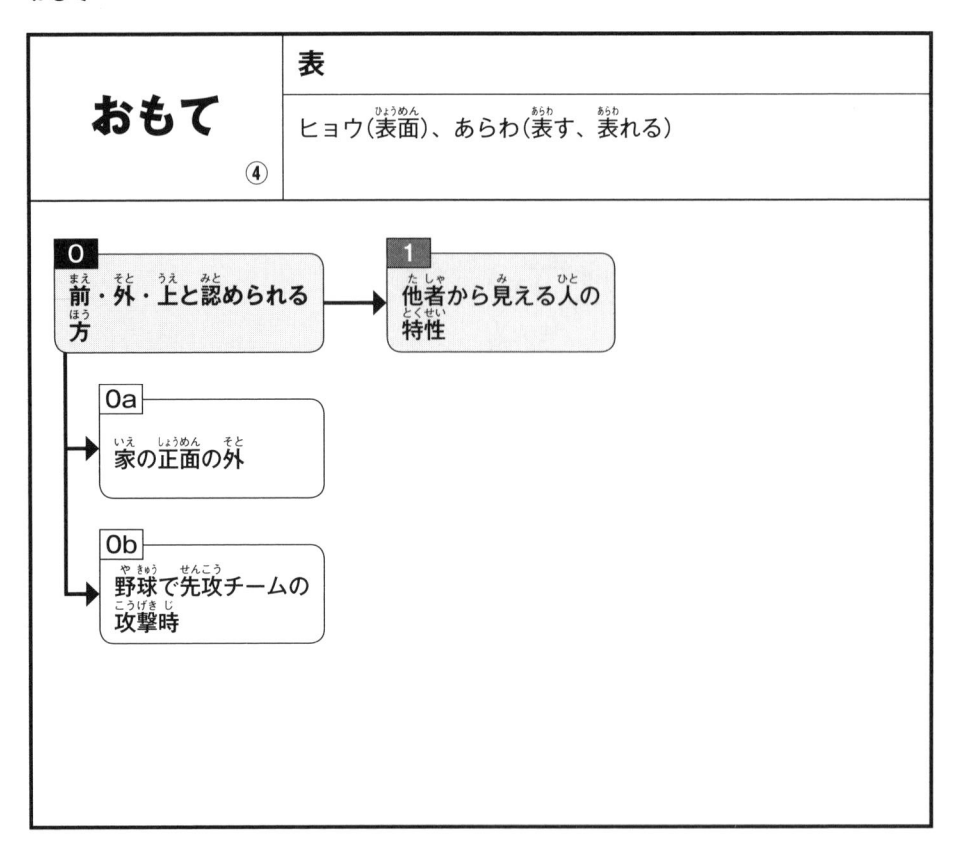

0 前・外・上と認められる方 ⇔ 裏

front, outer side, top ／앞・바깥・위로 인식되는 쪽／认为是前面、外表、上面的一方

- この紙は表だけがツルツルしている。
- 人の顔がある方が、お札の表です。

☐ 表書き：手紙の表に書かれた宛て先
☐ 表ざた：世間に知られること
　例) とうとう、その事件は表ざたになってしまった。
☐ 表通り：町の主要な通り ⇔ 裏通り
☐ 表裏一体：相反する両者が実は一つであること

おもて

0a 家の正面の外 ⇔ 内

outside the front of a house／집의 정면 바깥／房子正面的外側

❓ 自宅の前は人にとって、身近な表の空間だから

- 表から中学生の話し声が聞こえる。
- 近頃の子供ときたら、表に出ないで部屋でゲームばかりしている。

0b 野球で先攻チームの攻撃時 ⇔ 裏

top (of an inning)／야구에서 선공팀 (먼저 공격하는 팀) 이 공격하는 차례, 초／棒球比赛时先攻球队发起攻击时

❓ 両者の攻撃のうち、表は先に行う方だから

- 4回表、イーグルスは田中が打席に立った。
- 9回の表までスコアは0対0だった。

1 他者から見える人の特性

on the outside (personality, etc.)／겉으로 보이는 사람의 특성／別人看得出来的人之特性

❓ 見える部分を、分かる部分と見なした

- あの人は表ではいい人だが、本当は何を考えているのか分からない。
- 彼は裏表がなく、信頼がおける。

おわり

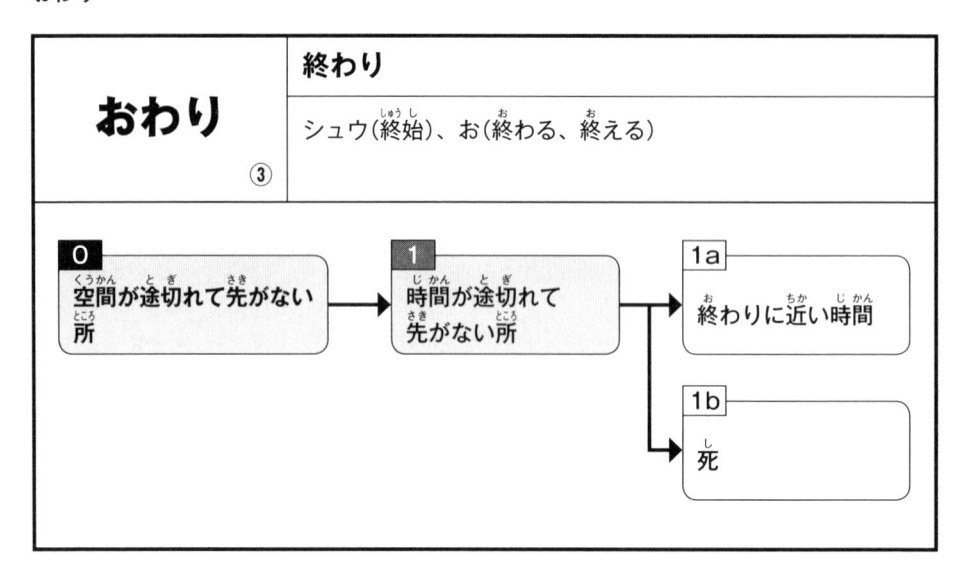

	終わり
おわり ③	シュウ(終始)、お(終わる、終える)

```
┌─────────────────┐     ┌─────────────────┐     ┌─────────────────┐
│ 0               │     │ 1               │     │ 1a              │
│ 空間が途切れて先がない │ ──▶ │ 時間が途切れて    │ ──▶ │ 終わりに近い時間   │
│ 所              │     │ 先がない所        │     │                 │
└─────────────────┘     └─────────────────┘     └─────────────────┘
                                                 ┌─────────────────┐
                                                 │ 1b              │
                                              ─▶ │ 死              │
                                                 └─────────────────┘
```

0 空間が途切れて先がない所

end (in space) ／공간이 끝나, 그 이상 이어지지 않는 부분／空間中断、再也不能往前行走

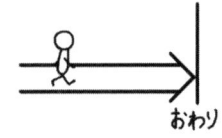

- 屋根付きのアーケードはここで終わりです。
- 名阪国道の終わりは天理インターチェンジです。

1 時間が途切れて先がない所

end (in time) ／시간이 끝나, 그 이상 이어지지 않는 부분／时间中断、再也不能延伸

❓ 時間の流れを道のような空間に例えた

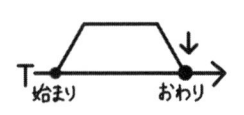

- これで面接は終わりです。
- 朝礼が終わるが早いか、学生たちはホールから走り出た。

句 終わりを告げる：終了する
　例）両国の安定した関係は、この事件で終わりを告げた。

句 一巻の終わり：全てが終わること。特に死ぬこと　☞ 1b
　例）こんな高さから落ちたら一巻の終わりだ。

おわり

1a 終わりに近い時間
near the end (of a period) ／끝에 가까운 시간／尾声

❓ 完全な終わりではないが、それに近い時間だから

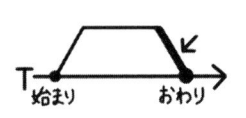

- 来月の終わりに東京へ引っ越します。
- 例年、夏の終わりから秋の初めにかけて、大型台風が日本に近づく。

1b 死
death ／죽음／死

❓ 時の終わりの中で、人が最も関心あることに意味を絞ったから

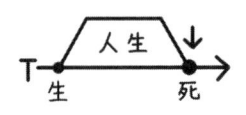

- その日をもって、祖母の長い人生は終わりを迎えた。
- 彼は自分の終わりが近いことを知って、その手紙を書いたのです。

おんな

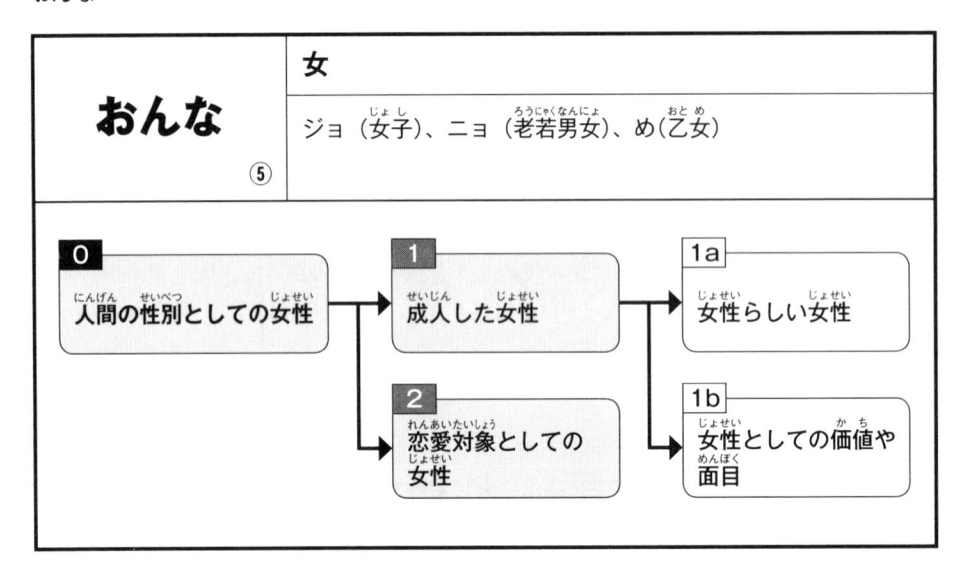

おんな ⑤	女
	ジョ（女子）、ニョ（老若男女）、め（乙女）

```
0 人間の性別としての女性 → 1 成人した女性 → 1a 女性らしい女性
                                          → 1b 女性としての価値や面目
                         → 2 恋愛対象としての女性
```

0 人間の性別としての女性

female (humans only)／인간의 성별 중 여성／人类性别中的女人

- もし生まれ変われるなら女になりたい。
- 男より女の方が現実的だとよく言われる。

□ **女親**：母親　⇔　男親
□ **女役**：映画や劇などで女性として登場する役
□ **女王**：女性の君主　＊「じょうおう」とも読む。
□ **女子**：女の子供。または、女性　⇔　男子
□ **女優**：女性の俳優　⇔　男優
□ **女房**：自分の妻　＊「にょう」は特別な読み方である。
□ **女神**：女性の神
□ **乙女**：結婚していない女性
□ **彼女**：話し手と聞き手以外の女性　⇔　彼
□ **子女**：息子と娘
　　例）私は帰国子女なので、特別な試験でこの学校に入りました。
□ **少女**：年の若い女の子　⇔　少年
□ **男女**：　☞［おとこ］ 0

おんな

□ 長女:一番目に生まれた娘　＊「次女」「三女」「四女」と続く。
□ 美女:美しい女性

1 成人した女性

woman ／성인 여자／成年女子

❓ 成人女性は、女性の中の典型的な存在だから

- 知らない女がこっちを見ている。
- この事件の犯人は、よほど大柄な女に相違ない。

□ 悪女:性格のよくない女性

1a 女性らしい女性

feminine woman ／여성스러운 여자／有女人味的女性

❓ 成人女性の中で典型とされるありように絞ったから

- 人目も構わず泣くなんて、まあ結局、彼女も女だな。
- あの人は見ての通り冷たい雰囲気だが、彼氏の前では女になる。

□ 女心:女性に特有の心
　例)女心は秋の空のように変わりやすいものだ。

1b 女性としての価値や面目

womanly values/honor ／여자로서의 가치나 체면／女人应有的价值及脸面

❓ 女性が重視すると考えられる事柄だから

- 彼女は仕事帰りにいろいろな習い事をして女を磨いている。
- 先日のパーティーでは、彼女はすばらしい気配りとマナーで女を上げた。

75

おんな

2 恋愛対象としての女性

girlfriend ／연애 대상으로서의 여성／作为恋爱对象的女性

❓ 女性の中で、特に恋愛の相手という側面を強調している

- 夫は5年前、女を作って家を出て行った。
- 最近、奴には新しい女ができたようだ。

用法ノート 「女」はくだけた会話などで使う。それ以外は「女性」「女の人」などを使い、恋愛対象には「彼女」を使う。

文化ノート 「女子」は、かつては高校3年生くらいまでの女性を指していたが、現在では40代の女性までを指すことがあり、女性だけのパーティーが「女子会」という名で盛んに行われている。

☞ おとこ (p.66)

かお

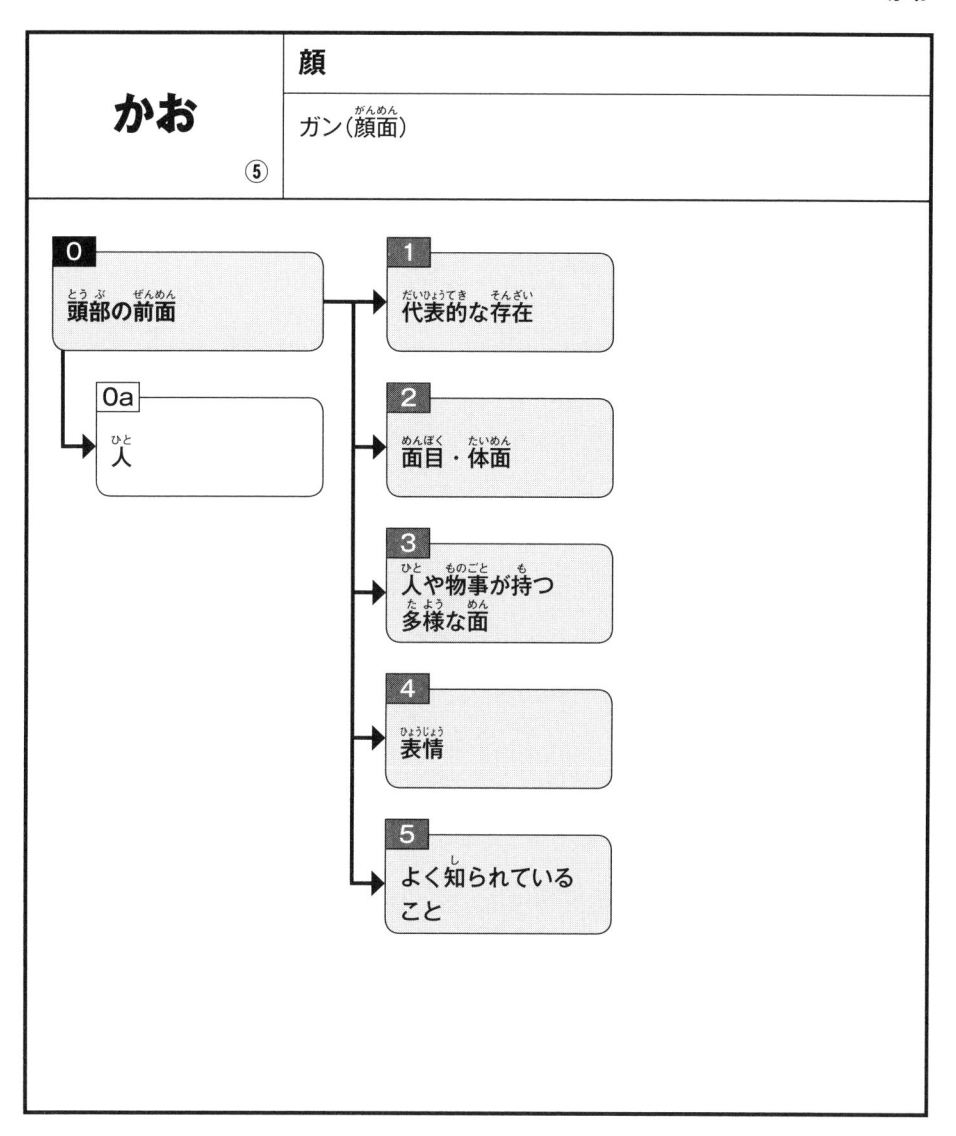

かお ⑤	顔
	ガン(顔面)

- **0** 頭部の前面
  - **0a** 人
- **1** 代表的な存在
- **2** 面目・体面
- **3** 人や物事が持つ多様な面
- **4** 表情
- **5** よく知られていること

0 頭部の前面

face／머리의 앞면／头部前侧

- 毎朝、せっけんで顔を洗う。
- 母はコップ一杯のビールで顔が赤くなる。

かお

- □ 顔色：健康状態を示す血色　☞ 4
  例）部長は疲れ気味なのか、顔色が悪い。
- □ 素顔：①化粧をしていない顔　②ありのままの姿
- □ 似顔絵：ある人に似せて描いた絵
- □ 寝顔：寝ているときの顔
- □ 洗顔 スル：顔を洗うこと
- □ 童顔：子供っぽい顔
  例）鈴木君は童顔なものだから、たばこを買うときにいつも歳を聞かれる。

0a 人

person／사람／人

❓ 人の中で一番目立つのが顔だから

- ときどき、うちにも顔を見せてください。
- 彼は、呼ばれてもいないパーティーに顔を出しては、たくさん食べて帰る。

- □ 顔ぶれ：会議や話し合い、交渉などに参加する人々
  例）国際会議には著名な顔ぶれが集った。
- 句 顔が揃う：集まる　例）同窓会では懐かしい顔が揃った。
- 句 顔を合わせる：会う　例）親戚と久しぶりに顔を合わせた。

1 代表的な存在

face (of an organization, etc.)／대표적인 존재／代表人物

❓ 顔が人を代表するように、全体を代表する存在だから

- このキャラクターはテレビ局の顔だ。
- 彼はこの会社の顔であるかのように振舞っている。

2 面目・体面

honor／면목・체면／脸面、体面、面子

❓ 顔のように外を向いており、かつ評価される部分だから

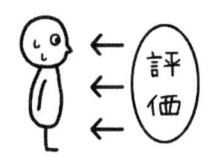

- 失敗のあげくにこの損失では、上司に合わせる顔がない。

句 顔に泥を塗る：恥をかかせる
　例）仕事を途中でやめて帰るなんて、よくも私の顔に泥を塗ってくれたわね！

句 顔向けができない：恥ずかしくて、顔を合わせることができない
　例）この交渉を成功させなければ、部下に顔向けができない。

句 顔をつぶす：その人の世間からの評価・評判を悪くさせる
　例）就職先を紹介してくれた先輩の顔をつぶさないように気をつけよう。

3 人や物事が持つ多様な面

facet／사람이나 사물이 가지는 다양한 면／人及事物所具有的多种侧面

❓ 顔が多様な表情を示すように、人や物事もさまざまな様相を持つから

- 彼は多くの顔を持つ。
- 夕刻から夜にかけて、この町の別の顔が現れる。

4 表情

facial expression／표정／表情

❓ 顔は感情や気分を表す部分だから

- 元カレがいるのに気づくと、李さんの顔が急に曇った。
- みんなの晴れ晴れとした顔を見ると、私まで嬉しくなってきます。

☐ 顔色：顔に出る感情の表れ　☞ 0

例) あの子はいつも親の顔色を伺ってしゃべっているようだ。
- ☐ 笑顔：笑った顔
- ☐ 知らん顔 スル：知らないふり
- 句 顔色を伺う：相手の顔を見て、その心を察する
  例) 旅行の行き先について話しながら、父の顔色を伺った。
- 句 顔から火が出る：大変恥ずかしい
  例) 失敗して顔から火が出そうだった。
- 句 顔に書いてある：言わなくても表情から分かる
  例)「君の話はつまらない」って、顔に書いてあるよ。

5 よく知られていること

well-known／많이 알려져 있음／大家都知道的

❓ 顔は目立っていて、人にまず知ってもらう部分だから

- 鈴木先生はテレビで顔が売れている。
- 社長はあの店ではなかなかの顔だ。

- ☐ 顔見知り：知り合い。知っている人
- 句 顔が利く：相手に多少の無理が言える
  例) あの店なら顔が利くから、満員でも席を取ってくれるはずだ。
- 句 顔を売る：よく知られるようにする
  例) パーティーでは名刺を配らないまでも、よく顔を売っておくといいよ。
- 句 顔が広い：交際の範囲がとても広い
  例) 伊東さんは顔が広いので、彼をおいて会長適任者はいない。

☞ あたま (p.34)、め (p.321)

かぜ

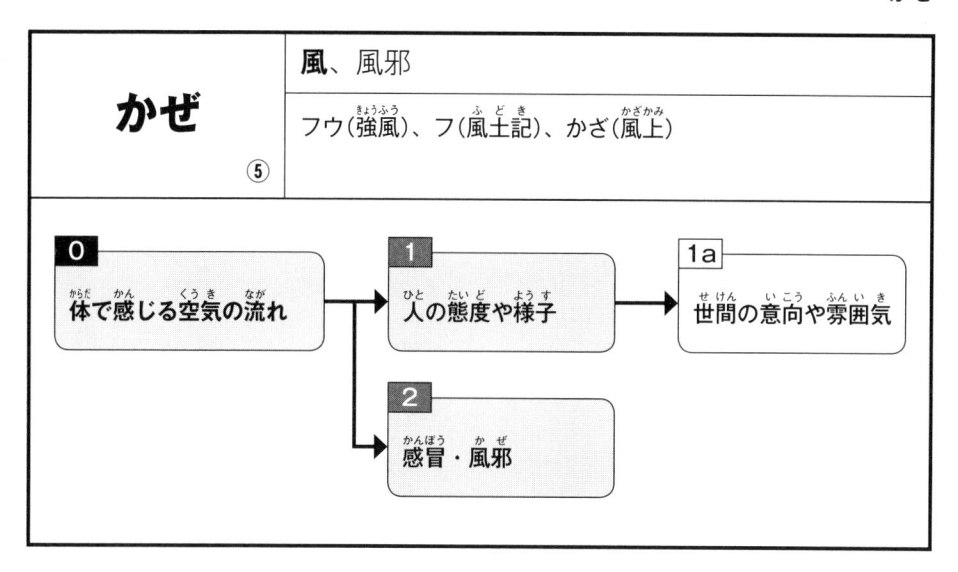

かぜ ⑤	風、風邪
	フウ(強風)、フ(風土記)、かざ(風上)

```
[0] 体で感じる空気の流れ → [1] 人の態度や様子 → [1a] 世間の意向や雰囲気
                              ↓
                            [2] 感冒・風邪
```

[0] 体で感じる空気の流れ

wind, breeze／몸으로 느껴지는 공기의 흐름／身体感觉到的空气流动

- 朝から吹いていた風がやっとやんだ。
- 台風が近づいているので風が強い。

□ 風車：羽根に柄をつけて回すおもちゃ
□ 北風：北から吹く冷たい風
□ 風車：風を羽で受けて動力を得るしくみ
□ 台風：南から来る熱帯性低気圧

句 風上に[も]置けない：性質や行動が卑劣である ＊臭う物、つまりよくない物が風上にあると困るという意味から
例) 人の風上にも置けないあんな奴の説教なんて、誰が聞くものか。

句 風の便り：うわさ 例) 彼女が結婚したと風の便りに聞いた。

かぜ

1 人の態度や様子
airs, appearance ／사람의 태도나 모습／人的态度和样子

? 風のように伝わり、感じられるものだから

- 山田さんは先輩風を吹かす。
- 田中さんは臆病風に吹かれたらしい。

* 1 の用法では「先輩風」「臆病風」のように複合語で用いる。

1a 世間の意向や雰囲気
public opinion/sentiment ／세간의 견해나 분위기／社会的意向和风气

? 風が当たるように、世間の意向や雰囲気が感じられるから

- 大企業を辞めてから、世間の風は冷たいと分かった。
- クリスマスだが不況の風は厳しいものがある。

句 風穴を開ける：行き詰まった状況に新しい考えや雰囲気を持ち込む

句 風当たりが強い：社会、世間からの反発が強い

2 感冒・風邪
cold (as in illness) ／감기／感冒、伤风

? 昔の中国で風の悪い気に当たることが原因とされる発熱などが、日本に伝えられて風邪一般に変わった

- 冷たい風にさらされてカゼを引いてしまった。
- 夏の風邪は症状が軽い半面、治りにくい。

* 2 の用法ではカタカナで表記する場合もある。

文化ノート　二月から三月にかけて、その年の最初に吹く強い南風を「春一番」と言い、これが吹くと暖かくなると言われている。

かたち

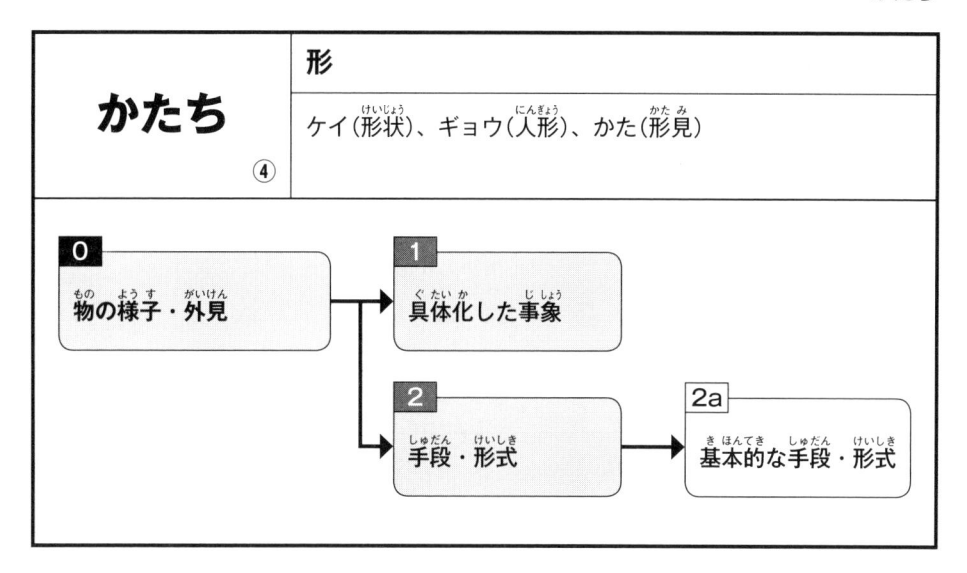

かたち ④	形
	ケイ(形状)、ギョウ(人形)、かた(形見)

```
[0] 物の様子・外見  →  [1] 具体化した事象
                   →  [2] 手段・形式  →  [2a] 基本的な手段・形式
```

0 物の様子・外見

shape, appearance／물체의 모습・겉모양／物品的样子、外表

- どんな形の帽子が好きですか。
- この花の形のテーブルは、とても人気があります。
- こちらの果物は、多少形が悪いのですが、味に問題はございません。

□ 形崩れ／型崩れ スル：本来の形が悪くなること
□ 形状：物の形
□ 形相：顔つき。特に恐ろしい顔つき
□ 原形：元の形
□ 図形：円や三角形など点・線・面などが集まって、ある一定の形を表したもの
□ 人形：人の形を真似て作った物

句 跡形もない：姿、形がすっかりなくなっている
　例）一週間にわたる大火事で、町は跡形もなく消えてしまった。

かたち

1 具体化した事象

concrete form ／구체화된 현상／具体情況

❓ 心や現象が具体化すると、目に見える形になるから

- 旅行の思い出を形に残そうと、アルバムを作ってみた。
- 描いていたマイホームの夢が、やっと形になった。
- 不況の影響が消費生活にもさまざまな形で出ているようだ。

□ 形見：死者や別れた人を思い出させる品物

2 手段・形式

means, manner ／수단・형식／手段、形式

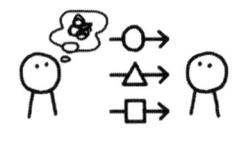

❓ 物事が形を持つための方法を表す

- 人は手紙やプレゼントなど、さまざまな形で愛を表現する。
- 君は事実上クビだが、退職という形にしておこう。

□ 手形：支払いを目的とする有価証券

2a 基本的な手段・形式

basic form/style ／기본적인 수단・형식／基本手段、形式

❓ 手段・形式の中で、特に基本・典型と考えられることに意味を絞ったから

- マラソン選手になろうと、まずは形から入って有名選手と同じシューズを買った。
- 彼女は形にとらわれず、自由な表現で個性的な作品を作った。

□ 形ばかり：形式だけ
　例）形ばかりの挨拶では、相手はいい気持ちがしないだろう。
□ 形なし ナ：本来の価値が損なわれた惨めな状態
　例）ここまで連敗が続いては、うちのチームも形なしというものだ。

かど

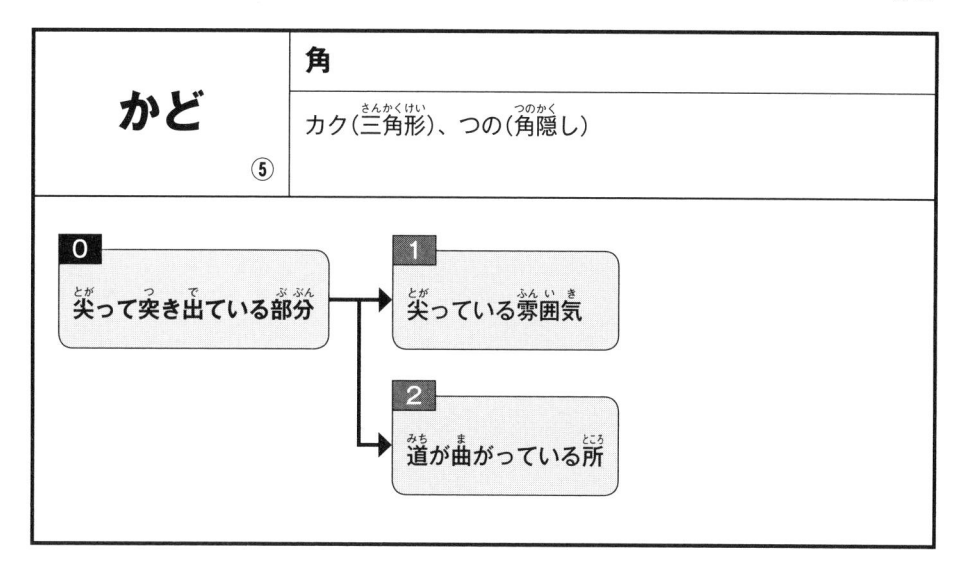

角
カク(三角形)、つの(角隠し)
⑤

```
[0] 尖って突き出ている部分
 ├─→ [1] 尖っている雰囲気
 └─→ [2] 道が曲がっている所
```

[0] 尖って突き出ている部分
corner, edge ／뾰족하게 튀어나온 부분／顶尖的部分

- 机の角に頭をぶつけて、けがをした。
- 五百年前の本ともなると、表紙の角がぼろぼろですね。

[1] 尖っている雰囲気
sharp(-edged), biting ／날카로운 분위기／紧张的气氛（棱角、不圆滑）

❓ 形が尖って鋭いように雰囲気が鋭いことを表す

- 確かに彼の意見は正しいが、言葉に角があって腹が立つ。
- 口調といい態度といい、姉の注意の仕方にはいちいち角がある。

句 **角が立つ**：人間関係や物事が穏やかでなくなる
例）その言い方では角が立つから、もう少し穏やかに言ったほうがいいよ。

句 **角が取れる**：性格が穏やかになる
例）部長は海外勤務から戻ったら、すっかり角が取れていた。

かど

2 道が曲がっている所

corner (of road) ／길이 굽어진 곳／马路拐弯儿处

❓ 道が曲がっている所は、角に隣接した空間だから

- 二つ目の角を曲がると、左に銀行があります。
- まっすぐ行くと、三つ目の角に大きい家電の店がある。

☐ 曲がり角：道の曲がっているあたりの空間
☐ 街角：町の路上
　例) この先どうしようかと、彼は街角を行きつ戻りつ考えた。

かね

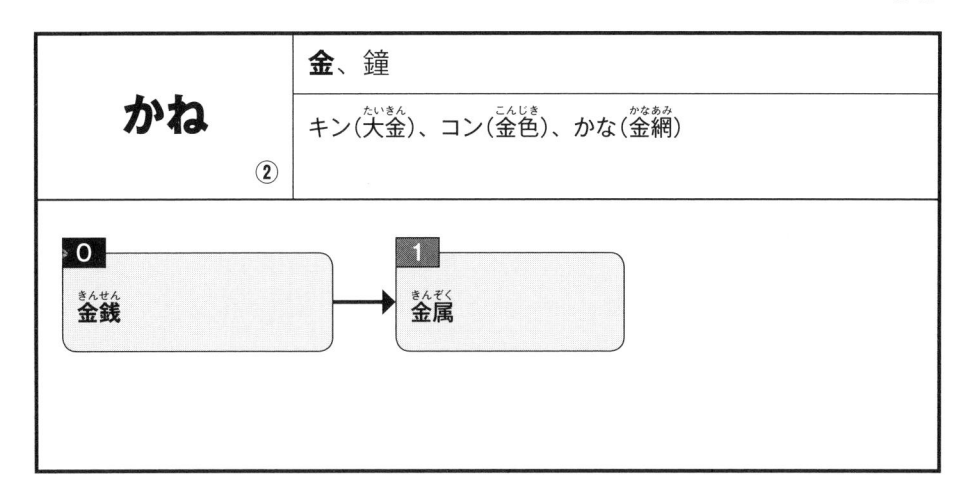

かね ②	金、鐘
	キン（大金）、コン（金色）、かな（金網）

```
[0 金銭(きんせん)] → [1 金属(きんぞく)]
```

0 金銭(きんせん)
money／금전／金钱

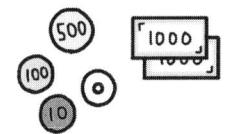

- もう少し金が貯まったら、車を買い換えたい。
- 娘は最近、おしゃれにお金を掛けている。

☐ 金遣い：金銭の使い方
  例) うちの弟は金遣いが荒いので40歳になっても貯金がない。
☐ 金持ち：金銭や財産を多く持っている人
☐ 金額：金銭の多さ
☐ 金庫：現金などをしまっておく頑丈な箱
☐ 金銭：お金。貨幣
☐ 金融：金銭の流れ。金銭の貸し借り
  例) 不況の影響は金融業はもとより、小売業にも及んでいる。
☐ 現金：現在通用している貨幣。キャッシュ（cash）
☐ 借金 スル：金を借りること
☐ 集金 スル：代金などを集めること
  例) 佐々木さんのアルバイトって、ガス代の集金だったっけ？
☐ 奨学金：学業支援のために学生や生徒に対し、与えたり、貸したりされる金
  例) この国費の奨学金は、学年にかかわらず応募できます。

かね

- □ 賞金：賞として与えられる金
- □ 税金：税として国などに納める金
- □ 送金 スル：金を送ること
  - 例）東ティモールの会社へ送金したいのだが、どうすればいいだろうか。
- □ 代金：品物を買った人が、売った人に払う金
- □ 退職金：退職するときに勤め先から払われる金
- □ 貯金 スル：金を貯めること
- □ 入学金：入学するときに授業料以外に納める金
- □ 補助金：不足を補うために出す金。また、政府が行政目的のために交付する金
- □ 料金：物の利用や使用に対して払う金

- 句 金に飽かす：金銭を惜しまずに使う
  - 例）その部屋には、彼が金に飽かして集めた豪華な家具が並んでいた。
- 句 金に糸目を付けない：どんどん金を使う
  - 例）夫は欲しい物のためには、金に糸目を付けませんでした。
- 句 金を食う：費用が多くかかる
  - 例）ゴルフは金を食うのみならず、時間もかかるスポーツだ。

1 金属

metal／금속／金属

❓ 金銭の代表である硬貨は金属から作られるから

- 韓国では金の箸が使われている。
- この椅子の脚は、金でできている。

- □ 金網：針金で編んだ網
- □ 金槌：くぎなどを打ちつける鉄製の道具
- □ 筋金入り：思想や体が鍛えられていて、とても強いこと
  - 例）彼をはじめ、あの3人は筋金入りの保守政治家だ。
- □ 針金：金属を細長く糸のように伸ばしたもの

かべ

かべ ④	壁
	ヘキ(壁面)

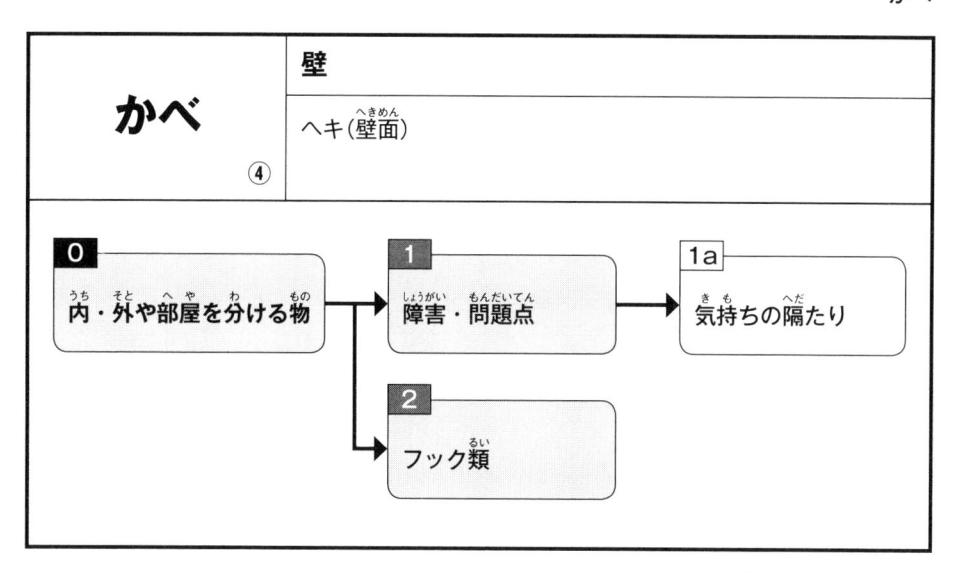

```
┌─────────────────────┐     ┌──────────────┐     ┌──────────────┐
│ 0                   │     │ 1            │     │ 1a           │
│ 内・外や部屋を分ける物 │ ──▶│ 障害・問題点  │ ──▶│ 気持ちの隔たり │
└─────────────────────┘     └──────────────┘     └──────────────┘
                            │
                            │     ┌──────────────┐
                            │     │ 2            │
                            └───▶│ フック類      │
                                  └──────────────┘
```

0 内・外や部屋を分ける物

wall ／안과 밖, 또는 방을 나누고 있는 건조물／内外隔开、分隔房间之物

- この部屋は壁が薄いので、隣室の声が聞こえる。
- 壁に頭をぶつけてしまった。

☐ **壁紙**：①壁に張る紙　②パソコンのディスプレーの背景画像
☐ **壁越し**：壁を隔てていること
　　例）隣人がピアノを弾く音が壁越しに聞こえてくる。
☐ **壁画**：建物や洞窟の壁に描かれた絵
☐ **壁面**：壁の表面
☐ **外壁**：外に向いた壁

1 障害・問題点

barrier, obstruction ／장애・문제점／障碍、问题点

❓ 壁が進入を阻むように、障害や問題点は前進を阻むから

- 外国で、言葉の壁を乗り越えて生活するのは大変だった。
- マラソンで、ついに3時間の壁を破った。

かべ

句 壁に突き当たる：困難な状況に出合う
例) 壁に突き当たっても、皆さんがそれを乗り越えることを願って止みません。

1a 気持ちの隔たり

emotional gap ／마음의 거리／心情隔阂

? 壁が侵入を阻むように、気持ちの隔たりはコミュニケーションを阻むから

- 最近、子供たちとの間に壁を感じる。
- あの人はいつも一人で壁を作って、誰とも話をしない。

2 フック類

hook ／벽에 거는 걸이류／挂钩

? フックは壁に付けられてその一部となるから

- 部屋の壁に、この間買った海の絵をかけた。
- 娘たちはクリスマスの靴下を壁にぶら下げている。

からだ

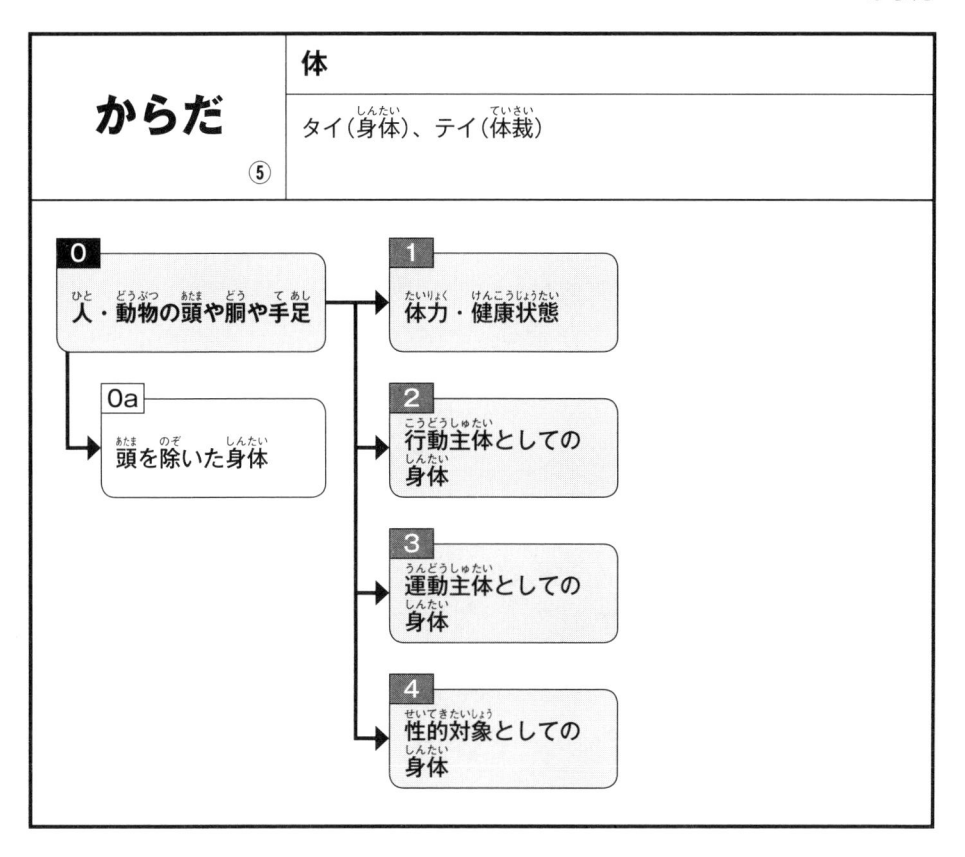

からだ ⑤	体
	タイ(身体)、テイ(体裁)

0 人・動物の頭や胴や手足
- **0a** 頭を除いた身体

1 体力・健康状態

2 行動主体としての身体

3 運動主体としての身体

4 性的対象としての身体

---

0 人・動物の頭や胴や手足

body (humans/animals) ／사람・동물의 머리, 몸통, 팔다리／人、动物的头部、躯体及手足

- お茶を飲んだら体が温まった。
- たいていの柔道選手は体が大きい。

□ 体つき：体の形、背の高さや肉付き
　例) あの猫は、体つきからすると雄のようだ。
□ 体当たり スル：相手に体ごとぶつかること
□ 体温：体の温度
□ 体温計：体温を測る道具
□ 体質：生まれながらに持っている体の性質
　例) 僕は痩せようにも痩せられない体質だ。

からだ

- □ 体重：体の重さ
- □ 体重計：体重を測る道具
- □ 体操 スル：健康を維持したり、体力をつけたりするために行う規則的な運動
- □ 人体：人の体

句 体を張る：命をかけて行動する
　例）その母親は体を張って子供を守った。

0a 頭を除いた身体
body (excluding head) ／머리를 제외한 신체／除头部以外的身体

❓ 身体の大部分は、首から下だから

- 人形の頭が取れて、体だけになってしまった。
- それでは、体をぐっと後ろに反らしてください。

□ 胴体：人や動物の頭、手足、尾を除いた体の中心部

1 体力・健康状態
physical strength, health ／체력・건강상태／体力、健康状况

❓ 体に内在する力を表す

- この子は小さいころから体が弱い。
- 体を鍛えなければ、次の試合に負けてしまう。

□ 体育：運動を実践する学校の教科
□ 体調：体の調子
　例）彼は体調不良で世界大会を欠場するそうだ。

句 体が持たない：体力的に続行できない
　例）こんな無理なダイエットをしていては体が持たない。
句 体調を崩す：体の調子が悪くなる
　例）試合に勝とうと無理をしすぎて、体調を崩してしまった。

2 行動主体としての身体

body (as center of action) ／행동 주체로서의 신체／作为行动主体的身体

❓ 行動する主体としての身体の側面に注目した

- 今週の土曜日なら体が空いています。
- とても忙しいので、体がいくつあっても足りない。

句 名は体を表す：名前はそのものの実体を言い表しているということ。

3 運動主体としての身体

body (as center of physical movement) ／운동 주체로서의 신체／作为运动主体的身体

❓ 理性や知性でなく、運動する肉体としての身体の側面に注目した

- 乗馬は理屈ではなく、体で覚えるものだ。
- 体を使う仕事なので、塩分の濃い食べ物が欲しくなる。

□ 体感 スル：体で感じること
□ 体験 スル：実際に自分で経験すること。また、その経験

4 性的対象としての身体

body (as a sexual object) ／성적 대상으로서의 신체／作为性别主体的身体

❓ 体は性的対象としての側面を持っているから

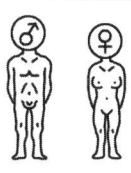

- あの男に、つい体を許してしまったのです。
- 二人は体の関係を持つに至った。

☞ あし (p.27)、あたま (p.34)、こころ (p.127)、て (p.208)

かわ

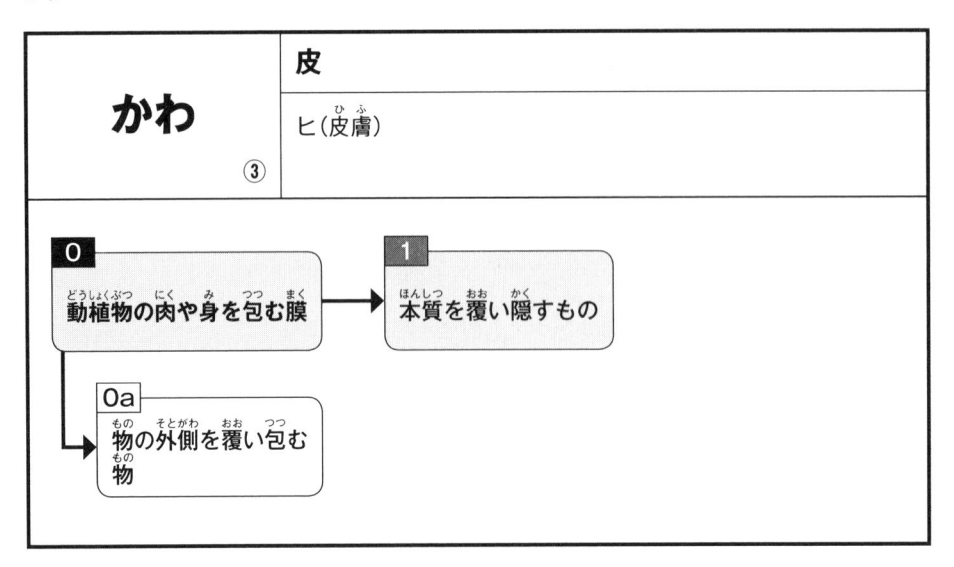

かわ ③	皮
	ヒ（皮膚）

```
[0] 動植物の肉や身を包む膜  →  [1] 本質を覆い隠すもの
         ↓
      [0a] 物の外側を覆い包む物
```

[0] 動植物の肉や身を包む膜 ⇔ 身

skin, hide, bark, rind ／동식물의 살이나 속을 감싸는 막／动植物的肉身外包的一层膜

- オレンジは普通、皮をむいて食べるものですよ。
- 鮭は皮のところがおいしい。

[0a] 物の外側を覆い包む物

wrapping, casing ／물체의 바깥쪽을 덮어 감싸는 것／物品外面遮盖的东西

❓ 皮が身を包むように、物を包む物を指す

- 部長はいつもまんじゅうの皮だけ食べて後は残す。
- ソーセージは皮が破けるときの音が気持ちいい。

[1] 本質を覆い隠すもの

mask (figurative) ／본질을 덮어 감추는 것／隐藏本质的东西（外表、画皮）

❓ 皮が動植物の肉や身を覆うように、物事の本質を覆うものを表す

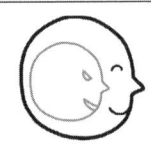

- ついに奴の化けの皮がはがれた。
- 欲の皮が張りすぎると騙されるものだ。

き

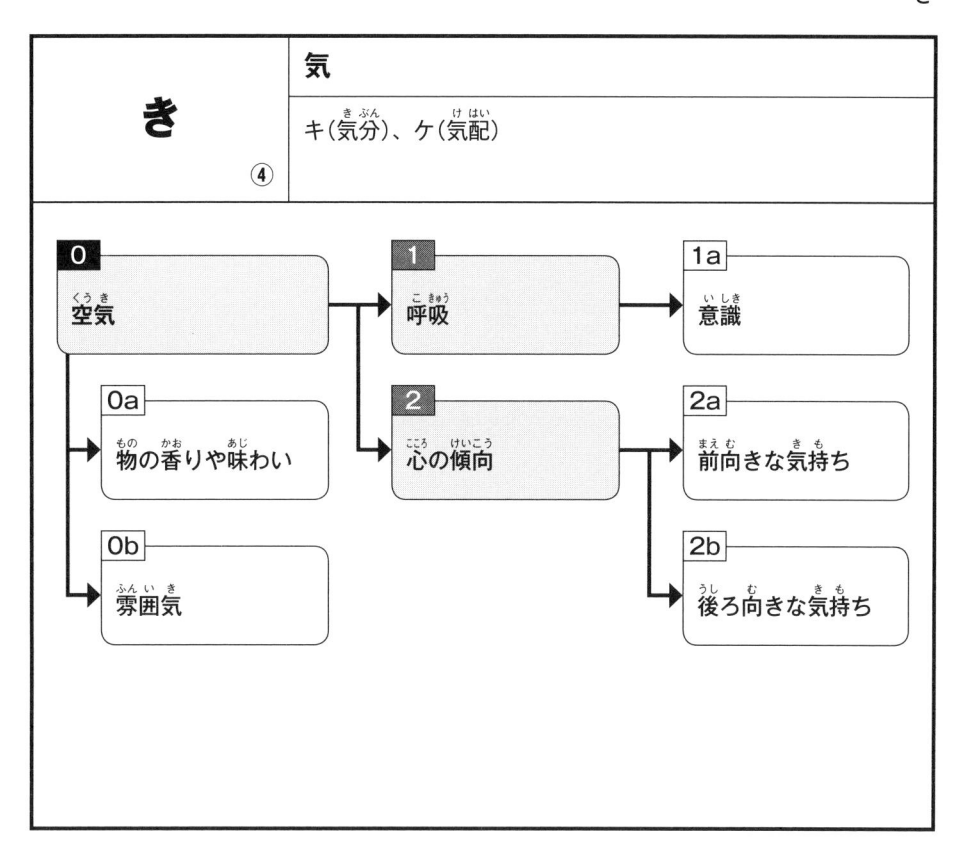

気 ④

キ(気分)、ケ(気配)

```
0 空気(くうき)
 ├→ 1 呼吸(こきゅう) ──→ 1a 意識(いしき)
 ├→ 0a 物の香りや味わい
 ├→ 2 心の傾向(けいこう) ──→ 2a 前向きな気持ち
 │                      └→ 2b 後ろ向きな気持ち
 └→ 0b 雰囲気(ふんいき)
```

0 空気(くうき)

air／공기／空气

- 山の気を受けて元気が出た。
- 無性に海の気を味わいたくて、浜辺へ行った。

□ 気圧：大気の圧力
　例）関東地方は気圧の谷が通るため、不安定な天気です。
□ 気管：喉から気管支まで空気が通る管
　例）気管に物が詰まると、苦しいといったらありゃしない。
□ 気象：天候や大気の状態
□ 換気 スル：室内の空気を新鮮なものに入れ換えること
　例）窓を開けて少し換気しよう。

き

□ 空気：地球を包む無色の気体
□ 大気：地球の空気　例）大気の汚染は深刻な問題だ。
□ 天気：気温、晴雨、風速などの気象の状態

0a 物の香りや味わい

aroma, flavor ／물체의 향이나 맛／物品的香味及味道

❓ 目には見えにくいが感じられる点が、空気と似ているから

- このビールは気が抜けている。
- 樽を開けると、醸造酒の気が立ち上った。

0b 雰囲気

atmosphere ／분위기／气氛

❓ 目には見えないが、確かにあると気づく点が、空気と似ているから

- 発表会場は厳粛な気に満ちていた。

□ 気品：どことなく感じ取れる上品さ
□ 気配：漠然と感じられる様子
□ 和気あいあい [と] 副：なごやかな様子
　例）皆が楽しく話し、和気あいあいとしたパーティーだった。

---

1 呼吸

breath(ing) ／호흡／呼吸

❓ 空気を取り入れるための身体の動きだから

- そこは気が詰まりそうな狭い部屋だった。

□ 一気：ひといき
　例）彼女は穏やかにほほ笑むと、一気にビールを飲み干した。

き

1a 意識

consciousness ／의식／意识

❓ 呼吸をすることは、意識を持つための前提となるから

- 彼女は驚きのあまり気を失った。
- 気がつくと、そこは病室だった。

□ 気づき：思いがそこへ向くこと　cf. 気づく 動I

2 心の傾向

feeling, temperament ／마음의 상태／情绪、意向

❓ 空気のように、心の中にごく自然にあるものを指す

- 困ったら、田中さんに聞けばいいよ。気のいい人だから、すぐ教えてくれるよ。

□ 気性：持って生まれた心の傾向
　例）太田さんは穏やかな気性なので、友人が多い。
□ 気風：あるコミュニティーの成員が共通して持つ心の傾向
　例）何かあったら助け合うのがこの村の気風だ。
□ 内気 ナ：☞ ［うち］ 1
□ 平気 ナ：驚いたり慌てたりしない平常の心持ち
　例）100歳にもなると、何が起きても平気じゃよ。
句 気が合う：相手と意見や感じ方の傾向が同じで仲がいい
　例）あの二人は何事にも気が合うようだ。
句 気が小さい：臆病である
　例）弟は無口な上、気が小さいので、滅多に人前で話さない。

2a 前向きな気持ち

interest, positive attitude／적극적이고 긍정적인 마음／向前看的心情

❓ 心の傾向の中で、特に物事に対処するときの気力や配慮を表す

- 皆が気を引き締めて試合に臨んだが、大差で負けてしまった。

☐ お気に入り：好みのもの。また、そのこと
　例）これはあの子のお気に入りの自転車です。
☐ 気合い：集中して物事に当たろうという勢い。また、そのための声
☐ 気負い：負けないようにという強い気持ち
☐ 気配り スル：他人に対する細やかな配慮
☐ 気立て：人に接するときのいい感じ　コ 気立てが優しい／よい
☐ 気前：金銭を惜しまない気性。寛容さ
☐ 意気：何かをしようという積極的な気持ち
☐ 浮気 スル：一つに集中できずに興味が次々変わること
☐ 元気 ナ：体や心の活力
☐ 生意気 ナ：年齢や実力に不相応に、えらそうにしたりすること
☐ 人気：世の中の評判。評価
☐ 勇気：物事を恐れない強い気持ち　コ 勇気がある／ない

句 気がある：関心があり、好きである
　例）彼に気があるんじゃない？
句 気が利く：相手のことを考えて洗練されている
　例）彼なりに気が利いた贈り物を選んだつもりだろう。
句 気が進まない：課題に対してやる気が出ないこと
　例）この仕事、単調だから気が進まないなあ。
句 気がはやる：早く目的の事柄をやりたいという気持ちになること　例）明日の試合に向けて、気がはやる。
句 気が張る：心が引き締まる
　例）午後の面接に向けて気が張っている。

句 気が回る：注意が行き届く
　例）中山さんはよく気が回るので秘書には適任だ。
句 気に入る：興味を引かれ、好きになる
　例）このカメラ、とても気に入りました。
句 気をつけ！：号令を聞いて、背筋を伸ばし、両腕を身体の横に付けて立つこと。また、その号令

2b 後ろ向きな気持ち

anxiety, negative attitude ／부정적인 마음／向后看的心情

❓ 心の傾向の中で、特に物事に対処するときの不安や心配を表す

- その話を聞いたとき、うまく言えないが、ちょっと気になった。
- 今日は部長がいないんだと思うと気が軽くなった。
- 借金が多いので毎日、気が重い。

☐ 気兼ね スル：遠慮
　例）会議では部長に気兼ねして、十分に意見が言えなかった。
☐ 気疲れ スル：精神的な疲労
　例）慣れない接待で、すっかり気疲れした。
☐ 気晴らし スル：嫌な気持ちを忘れさせてくれる物事
　例）気晴らしに映画でも見に行こう。
☐ 気休め：一時的に不安を忘れさせるだけの物事
　例）この程度の処置では気休めに過ぎない。

☞ こころ（p.127）

きゃく

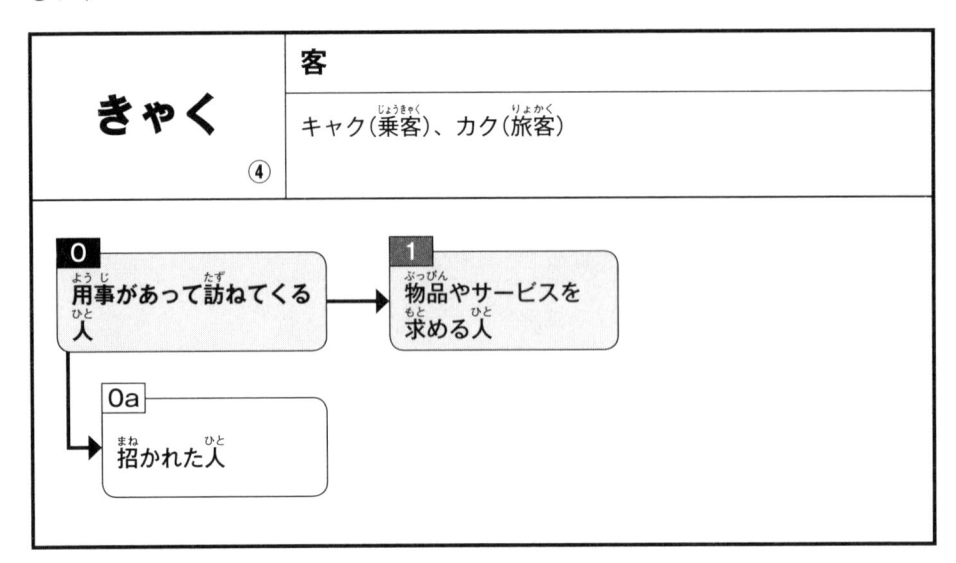

きゃく ④	客
	キャク(乗客)、カク(旅客)

```
[0] 用事があって訪ねてくる人  →  [1] 物品やサービスを求める人
   ↓
   [0a] 招かれた人
```

[0] 用事があって訪ねてくる人

visitor／용건이 있어 방문하는 사람／有事来访者

- 忙しいところへ急な客が来て困った。
- (会社で)「部長、お客様です」

[0a] 招かれた人

guest／초대받은 사람／受邀者

❓ 客の中で、特に招待されて来る客を表す

- 今日、うちにお客さんが来るのでケーキを焼きます。
- 事務所開きのパーティーに、客がたくさん来てくれた。

☐ 客間：家の中で、お客さんを応対するための部屋

きゃく

1 物品やサービスを求める人

customer, guest (hotels, etc.) ／물품이나 서비스를 요구하는 사람／要求物品和服务的人

❓ 客の中で、特に買い物客や顧客を表す

- あのレストランは若い客に人気がある。
- 映画館の前には、たくさんの客が並んでいる。
- 当ホテルでは、外国人のお客様向けのサービスが充実しております。

☐ 客室：ホテルなどで客が泊まる部屋
☐ 客席：映画館や劇場などで客が座る所
☐ 観客：映画、劇、スポーツなどをその場所に行って見る人
☐ 乗客：交通機関を利用する人
☐ 旅客機：人の輸送を目的とした飛行機

ぎゃく

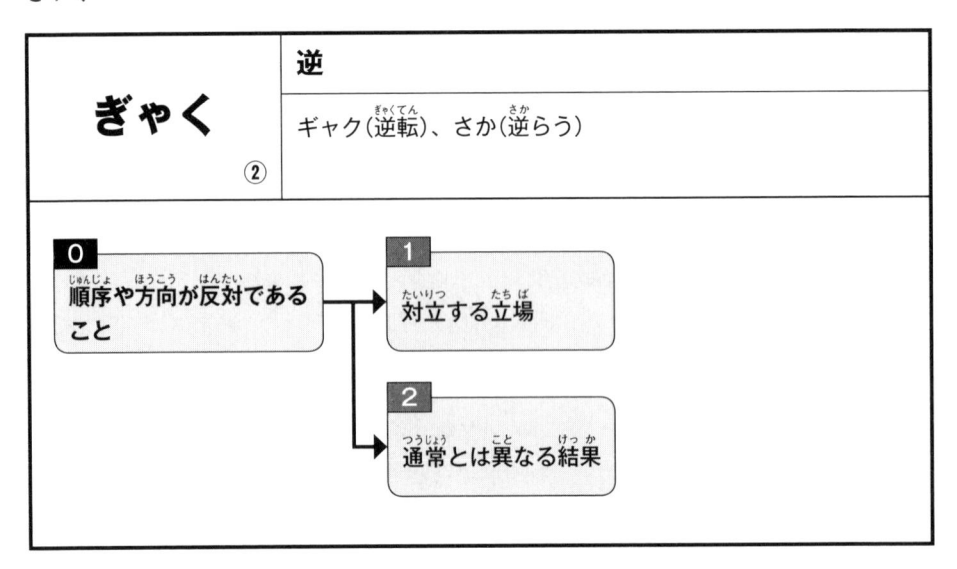

ぎゃく ②	逆
	ギャク(逆転)、さか(逆らう)

```
0 順序や方向が反対であること  →  1 対立する立場
                              →  2 通常とは異なる結果
```

0 順序や方向が反対であること
reverse (order), opposite (direction) ／순서나 방향이 반대임／与順序、方向相反

基準 →
←

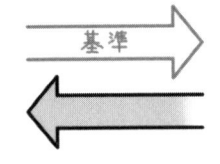

- 逆の方向の電車に乗ってしまった。
- この暗号は、逆から読むと意味のある言葉になる。

□ 逆さま **ナ**：物事の位置・状態などの関係が本来と反対になっていること
例) この箱は逆さまに置かないよう気をつけてください。

□ 逆立ち **スル**：両手を地面につけ、両足を上にして立つこと

句 逆立ちしても~できない：どんなに頑張っても~できない
例) 逆立ちしても、ゴルフでタイガー・ウッズに勝つなんてできないよ。

ぎゃく

1 対立する立場

opposing／대립된 입장／対立的立場

❓ 相手の立場が、自分の立場に対して反対だから

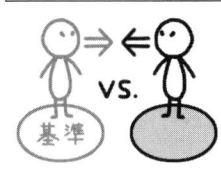

- 逆の意見ばかりを言われて、腹が立った。
- 役員全員の見通しが私とは逆だから、計画はあきらめるほかない。

□ 反逆 スル：権力や権威に対して逆らうこと
□ 真逆：まったく逆。まるで正反対　＊俗語
　例）彼女は新作映画で、今回とは真逆のすごい悪女を演じるそうだ。

2 通常とは異なる結果

contrary (to expectations)／평소와는 다른 결과／和通常不同的結果

❓ 普通に予想される結果に対して反対だから

- この薬は使い方を間違うと、まったく逆の効果が出る危険性がある。
- みんなから慰められて、逆に泣きたい気持ちになった。

ぐあい

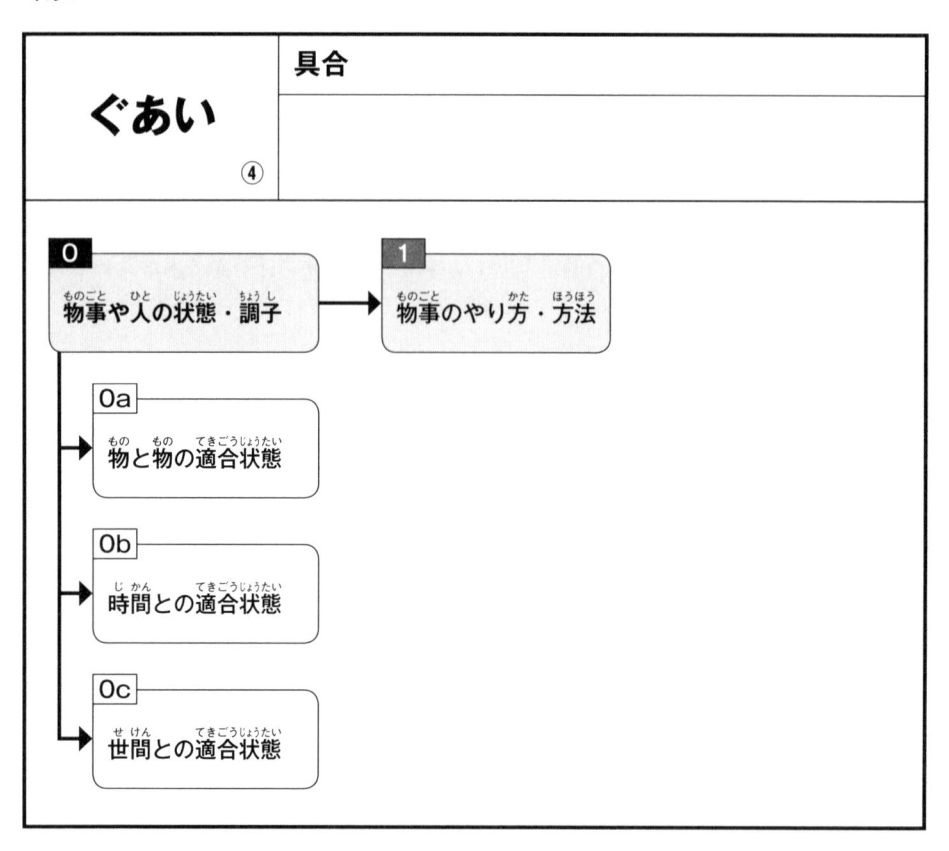

ぐあい ④	具合

```
0                          1
ものごと  ひと じょうたい ちょうし    ものごと      かた ほうほう
物事や人の状態・調子    →   物事のやり方・方法

  │
  │  0a
  └→ もの もの てきごうじょうたい
      物と物の適合状態

  │  0b
  └→ じかん    てきごうじょうたい
      時間との適合状態

  │  0c
  └→ せけん    てきごうじょうたい
      世間との適合状態
```

0 物事や人の状態・調子

condition／사물이나 사람의 상태・기운／事情和人的状态、样态

- パソコンの具合が悪いのですが、見ていただけますか。
- 病院でもらった薬のおかげで、だいぶ具合がよくなった。
- 君は具合が悪いどころじゃない、すぐ入院だ。

□ 出来具合：出来上がりの状態や程度
  例）このつぼは出来具合が気に入らないので、作り直そう。
□ 不具合 ナ：状態や調子が悪いこと
  例）コンピューターの不具合で、レポート作成が遅れてしまった。
□ 懐具合：持っている金の額

ぐあい

例）競馬で大負けして、懐具合が寂しくなった。

0a 物と物の適合状態
suitability (of things)／물체간의 적합한 상태／物与物相匹配、合适

❓ 状態の中で、特に他の物との適合状態の場合を表す

- この箱なら、ちょうどいい具合にぬいぐるみが入る。
- このくらいの量の豆を使えばアイスコーヒーには具合がいい。

0b 時間との適合状態
convenience (in terms of timing)／적합한 시간／时间正巧、时宜

❓ 状態の中で、特にタイミングや都合など、時間との適合状態の場合を表す

- うまい具合にタクシーがやってきたので、それに乗り込んだ。
- あしたの6時では具合が悪いでしょうか。

0c 世間との適合状態
propriety／세상의 이치에 적합한 상태／和社会相吻合、很适宜

❓ 状態の中で、特に体裁や対面など、世間との適合状態の場合を表す

- みんなも見てるし、ここで断ったら具合が悪いよ。
- ここまで計画を進めておいて全部やり直しでは、具合が悪くないか。

1 物事のやり方・方法
method, manner／일의 처리방식・방법／事情的做法和方法

❓ ある適合状態に至るまでの過程を表す

- こんな具合に野菜を切ってください。
- 1年生は赤、2年生は青といった具合に、学年ごとに名札の色が違うんだ。

くすり

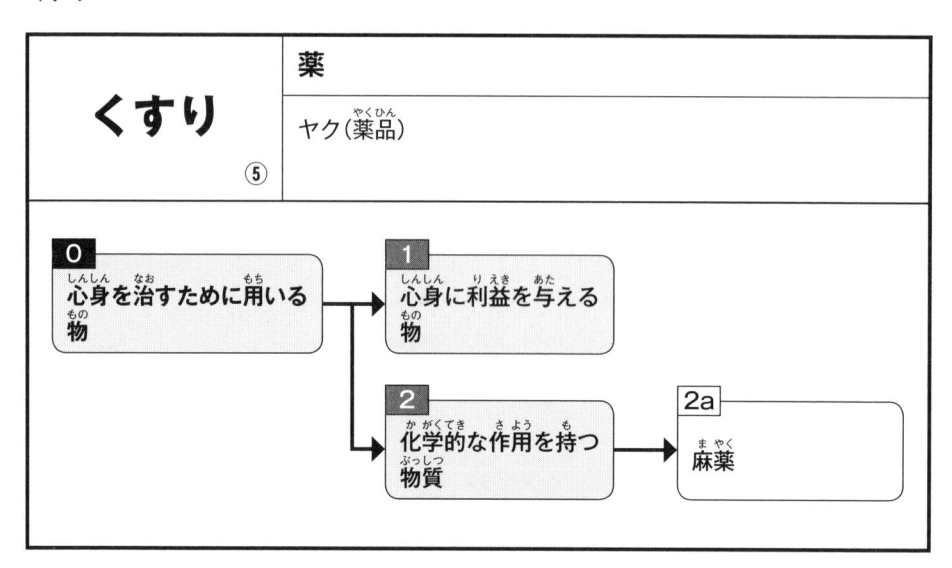

くすり ⑤	薬
	ヤク(薬品)

```
[0] 心身を治すために用いる物 → [1] 心身に利益を与える物
                          → [2] 化学的な作用を持つ物質 → [2a] 麻薬
```

0 心身を治すために用いる物

medicine ／심신의 치료를 위해 사용하는 것／治疗身心用物品

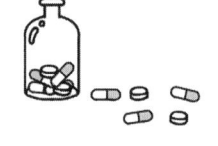

- 毎日3回、食後にこの薬を飲んでください。
- これは肌に直接塗る薬です。

□ 薬指：小指の隣の指
□ 粉薬：粉の状態の薬
□ 目薬：目の病気のための薬　☐ 目薬をさす

　例）コンタクトレンズをつけて以来、この目薬をささない日はない。

□ 薬学：薬を作ることに関する学問
□ 薬剤師：薬を作ったり、患者に与えたりする仕事をする人
□ 薬科大学：薬学を専門に学ぶ大学
□ 薬局：薬剤師が薬を作ったり、与えたりする場所
□ 漢方薬：中国で考えられた、主に植物などから作る薬

くすり

1 心身に利益を与える物

remedy, lesson (figurative)／심신에 유익하게 작용하는 것／对身心有益的物品

❓ 心身によく作用するという働きが、薬と似ているから

- テストが0点だったのは気の毒だが、いつも怠けている彼にはいい薬だ。

句 毒にも薬にもならない：害も益もない
例）この程度の自慢話は、毒にも薬にもならない。

2 化学的な作用を持つ物質

chemical／화학적인 작용을 가지는 물질／具有化学作用的物质

❓ よい方向へ変化させる物が、変化させる物一般に意味を広げたから

- 犯人は彼に、薬を入れたコーヒーを飲ませた。
- 茶碗を焼く前に、この薬を塗ります。

☐ 火薬：花火やダイナマイトに使う、熱によって爆発する物質
☐ 毒薬：毒の作用を持つ薬物
　例）毒薬の瓶は、危険であることを知らせるために、派手な色をしている。
☐ 農薬：農業で使う薬剤

2a 麻薬

narcotic, drug／마약／毒品

❓ 薬の中で、特に習慣性・中毒性があるドラッグに意味を絞ったから

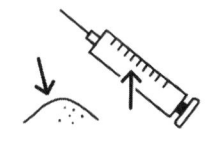

- クスリに手を出したら、人間はもうおしまいだ。
- あのアイドル歌手はクスリをやって逮捕された。

＊ 2a の用法では、通常、カタカナで表記する。

文化ノート　日本の医療は、医師が診療と薬の指示をした上で、薬剤師が薬を作って患者に渡す「医薬分業」というシステムである。

くち

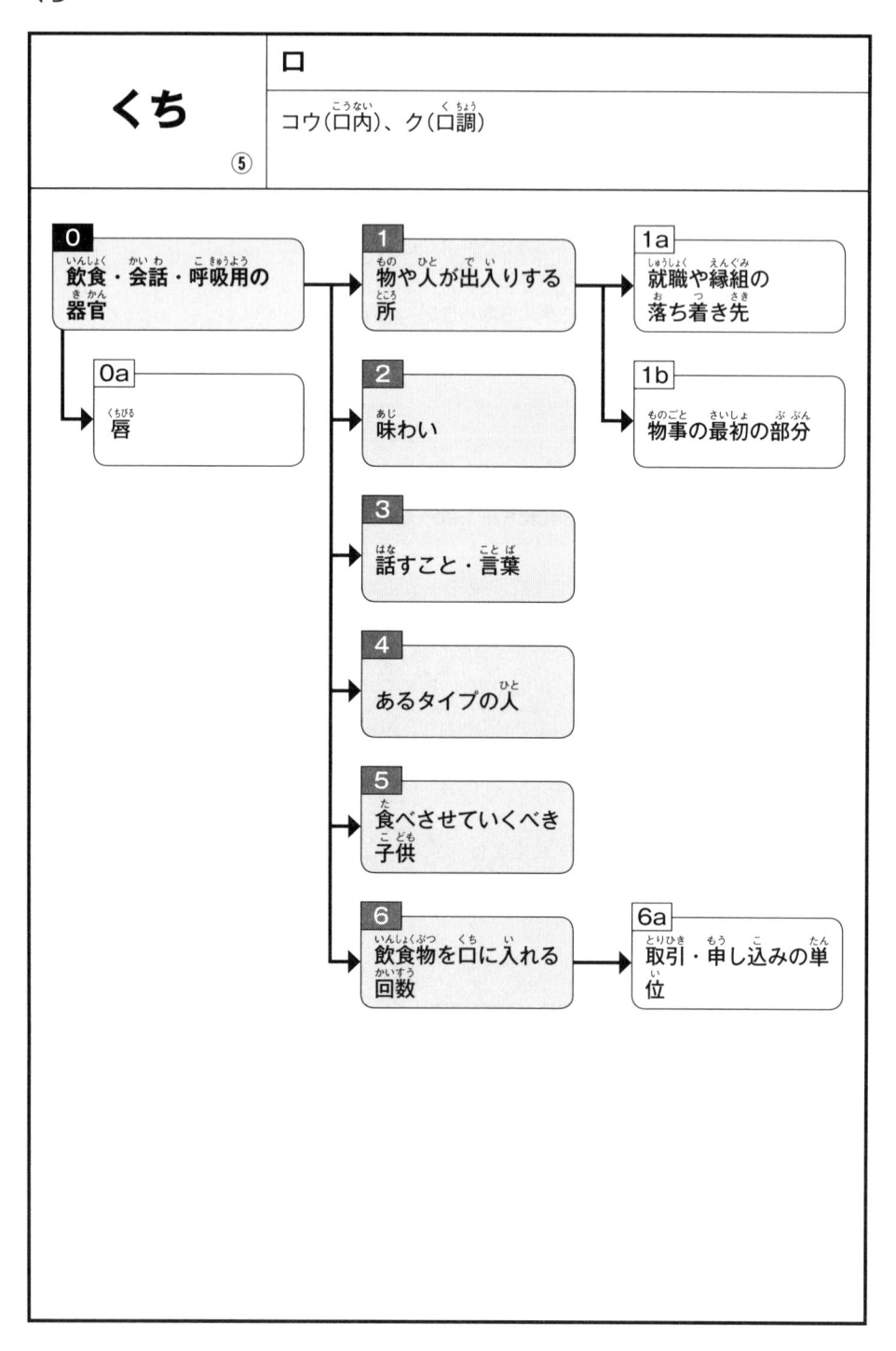

くち ⑤

口
コウ(口内)、ク(口調)

0 飲食・会話・呼吸用の器官
- **0a** 唇

1 物や人が出入りする所
- **1a** 就職や縁組の落ち着き先
- **1b** 物事の最初の部分

2 味わい

3 話すこと・言葉

4 あるタイプの人

5 食べさせていくべき子供

6 飲食物を口に入れる回数
- **6a** 取引・申し込みの単位

くち

０ 飲食・会話・呼吸用の器官
mouth (of a human/animal) ／음식물 섭취・회화・호흡용의 기관／饮食、会话、呼吸用器官

- 口に食べ物を入れたまま話してはいけない。
- 今日は鼻がつまっているので、口で息をしています。

□ 口笛：唇をすぼめて息を強く出し、音を出すこと

句 口にする：食べる。味わう
例）それは生まれて初めて口にする料理だった。

０a 唇
lips ／입술／嘴唇

❓ 口の中で、特に目立つ前面の部分を表す

- 人工呼吸は普通、口と口を合わせて行います。
- 彼女は口をとがらせて文句を言った。

□ 口紅：唇に色を塗る化粧品

１ 物や人が出入りする所
entrance/exit, opening ／물건이나 사람이 출입하는 곳／东西和人出入的地方

❓ 出入りという機能が口と似ているから

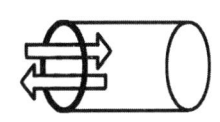

- 口が広い瓶は使いやすい。
- ポストの口が小さくて、郵便物が入らなかった。

□ 入口／入り口：入る所 ⇔ 出口
□ 乗車口：電車やバスなどで人が乗る所
□ 出口：出る所 ⇔ 入口／入り口
□ 非常口：火事や事故の時に逃げるための出入り口

くち

1a 就職や縁組の落ち着き先

job opening, marriage opportunity／취직 등 적을 두어 정착하는 자리／就职及结亲收养的落脚点

❓ 特に長くいる場所への入り口という意味に絞ったから

- 2カ月探して、やっと働く口が決まった。
- 日本語教師の口を探すつもりだ。

☐ 就職口：就職する先の会社や組織
例）姪は年明けに何とか就職口が見つかった。

1b 物事の最初の部分

beginning／사물의 시작 부분／事情开端

❓ 食事が最初に口を通るように、出来事の最初のあたりを表す

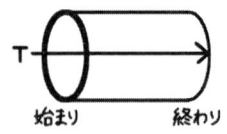

☐ 序の口：物事の開始直後のところ
例）練習が大変だといっても、こんなのはまだ序の口だ。

☐ 宵の口：夜の始まり
例）ボートは宵の口に沖に出たが、まだ帰ってこない。

2 味わい

taste／맛／口味、味觉

❓ 口を使って飲食物を味わうから

☐ 甘口：甘い味 ⇔ 辛口
☐ 薄口：薄い味 ⇔ 濃い口
☐ 辛口：辛い味 ⇔ 甘口

句 口に合う／合わない：味が好みに合う／合わない
例）口に合わないながらも、何とかその料理は飲み込んだ。

句 口が肥える：いいものを数多く飲食した結果、味の良し悪しが分かる
例）あの人は口が肥えていて、なかなか「おいしい」と言わない。

3 話すこと・言葉

speaking, words ／말하는 행위・말／说话、语言

❓ 話すことは口の重要な働きだから

- 彼は口がうまい。
- 営業部の人たちは口では賛成と言っているが、本当は反対している。

□ 口答え スル：言い返すこと
  例）そんなに親に口答えしてはいけない。
□ 口コミ：口頭で情報が伝わること
  例）あのインストラクターは口コミで人気が出た。
□ 口出し スル：人の話に割り込んで話すこと
  例）けんかに口出ししたら、両方から怒られてしまった。
□ 口止め スル：秘密を言わないように強いること
  例）その時、誰が泣いたのかは、先生から口止めされています。
□ 早口：話すスピードが速いこと
  例）あの先生はあまりに早口で、講義についていけない。
□ 無口 ナ：あまり話さないこと
  例）彼女は無口だが性格は明るい方だ。
□ 悪口：人を悪く言うこと
□ 口頭：文字でなく言葉で述べること
  例）口頭で注意してもだめだから、手紙を書こう。

句 口が重い：あまり話さない
  例）彼女は口が重いので、本音を聞きだすのが大変だった。
句 口が堅い：秘密などを簡単に言わない
  例）彼は口が堅いから、仲間に入れても大丈夫だ。
句 口が軽い：秘密などを簡単に言う
  例）斉藤さんほど口が軽い人は見たことがない。
句 口が過ぎる：言い過ぎる。失礼なことを言う
  例）人格にまで触れるなんて、ちょっと口が過ぎますよ。
句 口が滑る：言ってはいけないことをうっかり言う

くち

例）うっかり口が滑ってしまった。

句 **口が減らない**：あれこれ理屈を並べて言い返す

例）いくつになっても口が減らない奴だ。

句 **口が悪い**：人に憎まれるような話し方をする

例）彼は口が悪いが、他人には実に親切だ。

句 **口車に乗る**：巧みな話にだまされる

例）その男の口車に乗って株で大損してしまった。

句 **口にする**：言う。話す　例）祖母は、子供の頃の話を口にした。

句 **口に出す**：言葉にして言う

例）部下たちは酒の席で一斉に不満を口に出した。

句 **口火を切る**：最初に事を行う

例）会議では、まず田中部長が口火を切った。

句 **口をきかない**：話さない

例）弟とけんかをして以来、一言も口をきいていない。

句 **口を酸っぱくして言う**：何度も繰り返して言う

例）川に近づいてはいけないと口を酸っぱくして言ったのに……。

句 **口をつぐむ**：黙る

例）その証拠を出され、雄弁だった市長ですら口をつぐんでしまった。

句 **口を濁す**：はっきり言わずにぼかす

例）市の担当者は、事業の開始時期については口を濁した。

句 **口を挟む**：他人の会話に割り込む

例）田中さんは私たちの話に口を挟んできた。

句 **口を開く**：話し始める

例）あの人は口を開けば自慢話ばかりしている。

句 **口を割る**：白状する。打ち明ける

例）口をつぐんでいた犯人も、ついに口を割った。

句 **口実をつける**：弁解のために言い訳をする

例）経理部の人たちは何かと口実をつけて酒を飲みに行っている。

4 あるタイプの人

type of person／어떤 유형의 사람／某种类型的人

? 口を一部分とするその人全体を表す

- 私は、ジェットコースターは苦手な口だ。
- 彼も僕と同じで、大学卒業後に専門学校に入り直した口です。

句 いける口：酒がたくさん飲める人
 例）妻はかなりいける口で、こないだはワインをボトル2本も空けた。

5 食べさせていくべき子供

mouth to feed／먹여 살려야 하는 자식／应该喂养的孩子

? 食べさせることは、子供への世話のうち基本となることだから

- 口が多くて生活が苦しい。
- 口を減らすため、その子は養子に出された。

□ 人口：人の数

6 飲食物を口に入れる回数

number of bites／음식물을 입에 넣는 횟수／把饮食放入口中的次数

? 口に入れた回数を数える単位として用いる

- 彼は一口食べると「まずい！」と言って顔をしかめた。
- 彼女はあの大きなケーキを二口でたいらげた。

くち

| 6a | 取引・申し込みの単位

unit for counting transactions/applications ／거래・신청의 단위／交易、申请的计数单位

❓ 食べ物を口に入れる一回分のように、一回の取引で受け入れる単位を表す

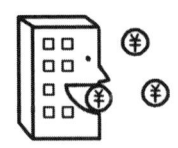

- 寄付は一口 5,000 円からお願いします。
- 口座は個人分と法人分、二口作ってある。

☐ 口座：金融機関の記録や計算を行う所
例) 寮が決まったら、次は近くの銀行に預金口座を作りましょう。

☞　あたま (p.34)、かお (p.77)、みみ (p.309)、め (p.321)、

くに

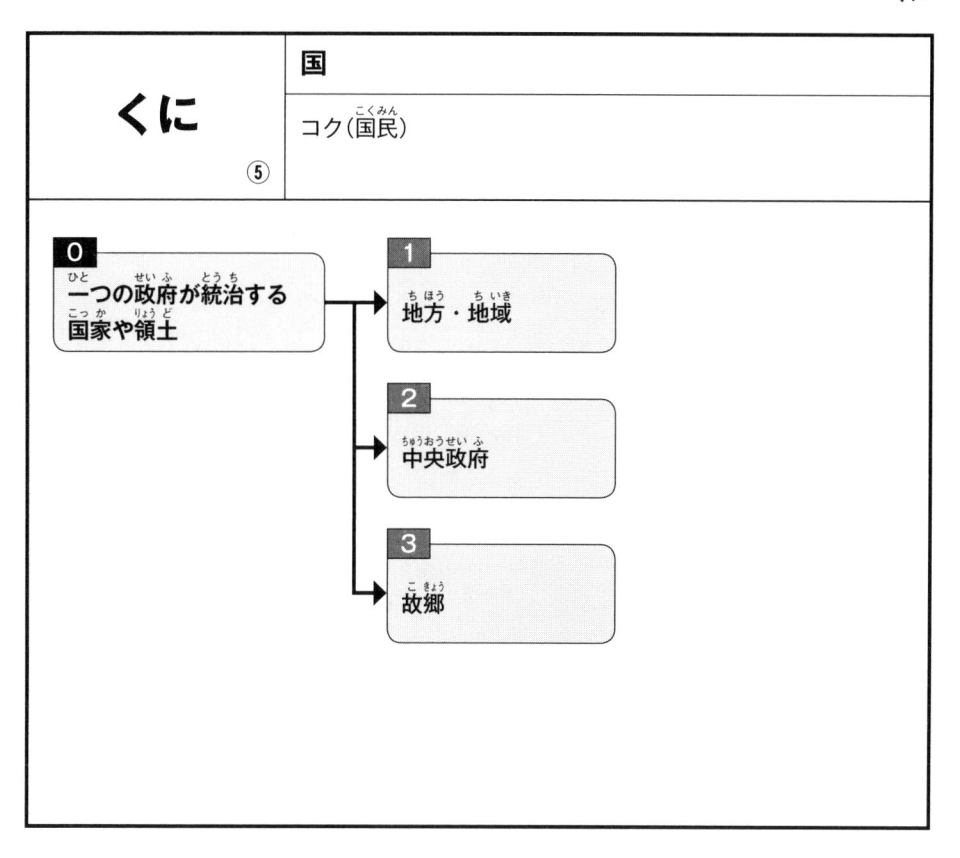

国

コク(国民)

⑤

0 一つの政府が統治する国家や領土

- 1 地方・地域
- 2 中央政府
- 3 故郷

---

0 一つの政府が統治する国家や領土

country, nation ／하나의 정부가 통치하는 국가나 영토／一个政府统治的国家和领土

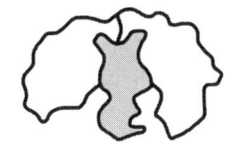

- 国際的な文化交流は、どの国でも必要だ。
- 環境問題に関して、国の責任を問いたい。

☐ 国王：一国の君主。王
☐ 国語：①その国で広く使用されている言語 ②日本の学校教科の一つ
☐ 国際：複数の国に関わること
 例）握手は国際的な慣習であることは説明するまでもない。
☐ 国籍：その国の国民としての資格
 例）彼女は韓国とアメリカ、両方の国籍を持っている。

くに

- □ 国内：国の中 ⇔ 国外
- □ 国宝：特に重要な文化財
  - 例）国宝の仏像を見るや否や、その老人はその場にひれ伏した。
- □ 国民：国を構成する人々
- □ 国連：国際連合（United Nations）
- □ 国会：国の議会
  - 例）次の国会で、あの大臣は謝罪せずには済むまい。
- □ 国旗：国の旗
- □ 国境：国と国の境界
- □ 各国：それぞれの国
  - 例）各国の代表者たちは、談笑しながら会議室に移動した。
- □ 帰国 スル：母国へ帰ること
  - 例）年末年始に帰国すると、飛行機代が高くて困ります。
- □ 祖国：先祖が長く住み、自分も生まれた国

1 地方・地域

province, region／지방・지역／地方、地区

❓ 国家として統合される前は、各地域のことを国と呼んだから

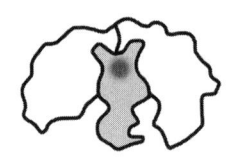

- 冬、渡り鳥が北の国から飛んでくる。
- 東京都は昔、埼玉県などと合わせて武蔵国と言われた。

- □ 四国：日本の島で愛媛県、香川県、徳島県、高知県の四つの県からなる

2 中央政府

central government／중앙 정부／中央政府

❓ 中央政府は国の中心で重要な機能を担っているから

- 国から地方に権益を移す。
- 国と地方の仕事の分担を見直そう。

くに

- □ 国営：国が主体で事業を行うこと
  例）国営だったたばこ産業は、1985年に民営化された。
- □ 国立：国が設立し、管理・運営すること
  例）あれは国立の芸術大学です。

3 故郷

hometown／고향／故乡

❓ 国の中で、ある個人に深く関わりがある所だから

- ヤンさんは大学をやめて、国で仕事をすることにした。
- お盆なので、国に向かう人で駅が混雑している。

文化ノート 日本の小学校・中学校・高等学校などで教える日本語の科目は「日本語」とは呼ばず「国語」と言う。

くび

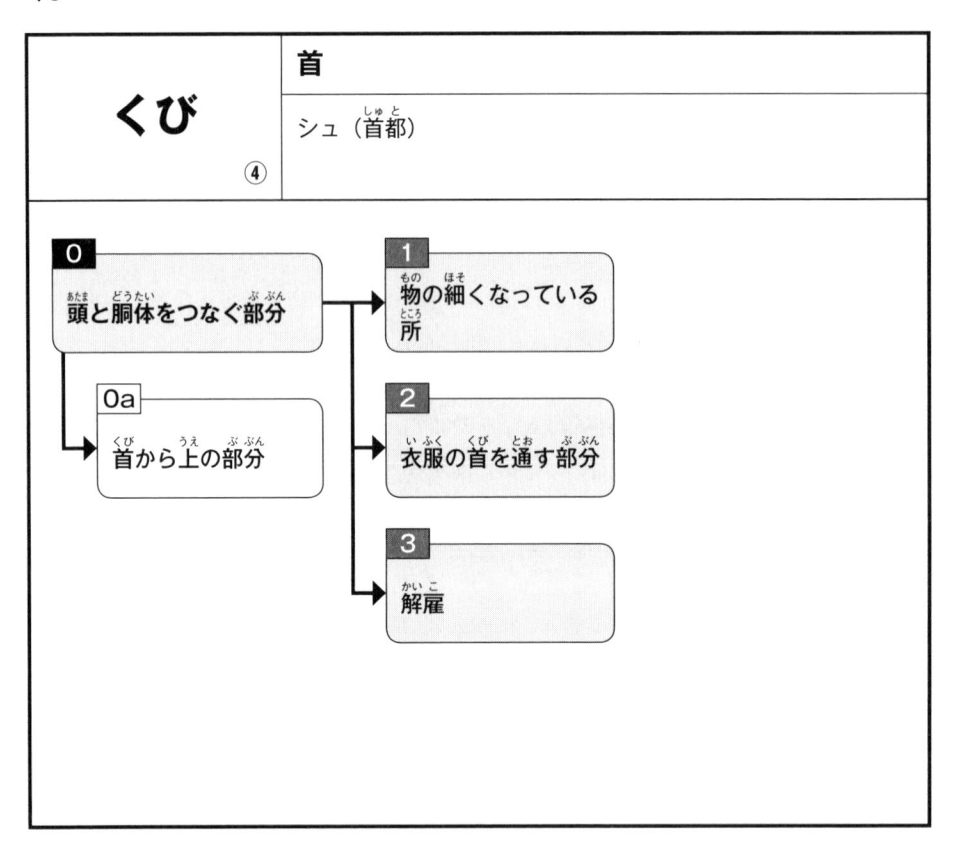

くび ④	**首**
	シュ(首都)

- **0** 頭と胴体をつなぐ部分
  - **0a** 首から上の部分
- **1** 物の細くなっている所
- **2** 衣服の首を通す部分
- **3** 解雇

0 頭と胴体をつなぐ部分

neck (of a human/animal) ／머리와 몸통을 잇는 부분／头部和躯体相连接的部分

- キリンは首が長い。
- 寒い時は首を暖めるとよい。

□ 首輪:犬や猫の首に付ける輪

句 首が回らない:やりくりがつかない
例) 金持ちの兄貴に引き換え、こっちは借金で首が回らない始末だ。

句 首を長くして待つ:期待して長い間待つ
例) 母は私が帰国する日を、首を長くして待っている。

くび

0a 首から上の部分

head／목 윗부분／脖子以上的部分

❓ 本来の首の意味を、首を一部とする頭部全体に広げたから

- 猫がカーテンの隙間から首だけ出している。
- 社長は首を垂れて、黙っていた。

□ 首ったけ：あるもの、特に異性に夢中になること
　例) 彼女は新しい恋人に首ったけだ。
□ 首っ引き：あるものから離れずに何かをすること
　例) 昨日は辞書と首っ引きで宿題を進めた。

句 首を傾げる：疑問・不審に思う
　例) いつもと違う彼の態度に、クラスの皆は首を傾げた。
句 首を縦に振る：了承・許可・同意する
　例) 留学したいと毎日言い続けた結果、ついに父は首を縦に振った。
句 首を突っ込む：その事に興味や関心を持って関係する
　例) 片岡さんはこの問題に無理やり首を突っ込んできた。
句 首をひねる：考え込む。納得できずに考える
　例) 社長の不意の決断に社員は首をひねった。

1 物の細くなっている所

neck (of bottle, etc.)／물체의 가는 부분／物品細窄之处（脖子、颈）

❓ 細くなっている形が首に似ているから

- とっくりの首が割れてしまった。
- 彼女はつぼの首を持って、そっと運んだ。

□ 足首：くるぶしの上の少し細くなった部分
□ 手首：腕と手のひらをつなぐ部分

くび

2 衣服の首を通す部分

neck (of clothing) ／옷을 입을 때 목을 넣는 부분／領子

❓ 服を着たときに、首が当たる部分を表す

- セーターの首が伸びてしまって着られない。
- Ｔシャツの首に付いているタグは、いつも邪魔になる。

3 解雇

dismissal (from job) ／해고／解雇

❓ 昔、役割を果たせなかった武将が首を切られたから

- 彼は会社の金を使い込んでクビになった。
- 「お前はクビだ！」と言うなり、社長は部屋を出て行った。

＊ 3 の用法では、カタカナ表記も使われる。

句 首がつながる：解雇されずに済む
例）専務が助けてくれたおかげで、私の首がつながった。

句 首が飛ぶ：解雇される
例）今度のプロジェクトでまた失敗したら、間違いなく首が飛ぶぞ。

句 首を切る：解雇する
例）不景気のため、会社は多くの社員の首を切った。

☞ あたま（p.34）、かお（p.77）

くるま

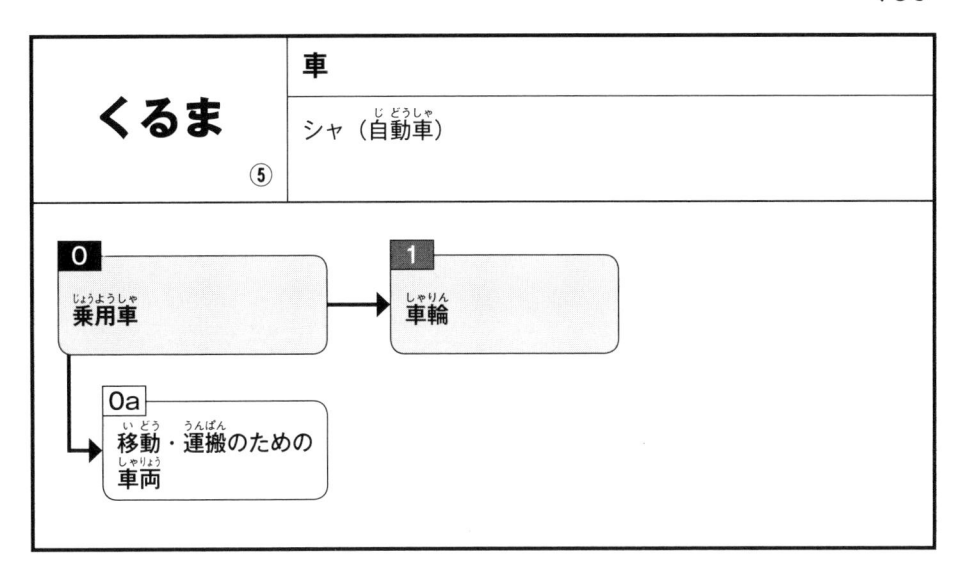

くるま ⑤	車
	シャ（自動車）

```
[0] 乗用車 ──→ [1] 車輪
   │
   └→ [0a] 移動・運搬のための車両
```

0 乗用車

car, automobile ／승용차／乗用车

- 今日は車で出かけるから、駅まで送るよ。
- 警察は「今すぐ車から降りなさい」と命じた。

□ 愛車：自分が大切にしている車

0a 移動・運搬のための車両

wheeled vehicle for transport/shipment ／이동・운반에 쓰이는 차량／移动、搬运的车辆

❓ 乗用車のような、車輪のついた機械一般を表す

- この旅館には小型のバスをはじめ、車が3台ある。
- そこのトラックの運転手さん、車は駐車場に停めてくださいね。

□ 車酔い スル：自動車に乗って気分が悪くなること
　例）子供の時はよく車酔いしたものだ。
□ 荷車：人・牛・馬が引く、荷物を運ぶための車
□ 車検：法律で定められた自動車の検査

くるま

例) 車検は安全に関わることだから、決して無視してはいけない。
- □ 乗車 スル：自動車や電車に乗ること ⇔ 降車、下車
  例) ご乗車の際は足元にお気をつけください。
- □ 単車：オートバイやスクーター
- □ 駐車 スル：車から人が降りて、ある程度長い時間、停めておくこと ⊐ 駐車場
  例) 駐車が禁止されている所へ停めて、罰金を取られてしまった。

---

1 車輪

wheel／바퀴／车轮

❓ 車の一部分で「回る」という特徴を示す箇所を表す

- この車の部分が回ると、電気が発生します。

- □ 車椅子：歩行が困難な人が移動するための車輪付きの椅子
- □ 車座：多くの人が輪になって内側を向いて座ること
  例) 選手たちは車座になって、次の試合について話し合った。
- □ 滑車：軸を中心に回転する周囲に溝のある円盤
- □ 風車： ☞ [かぜ] 0

文化ノート 🖊 電気とガソリンを使って動くハイブリッド車 (hybrid car) や電気自動車は、「エコカー」(エコロジーカー：ecology car) と呼ばれる。

け

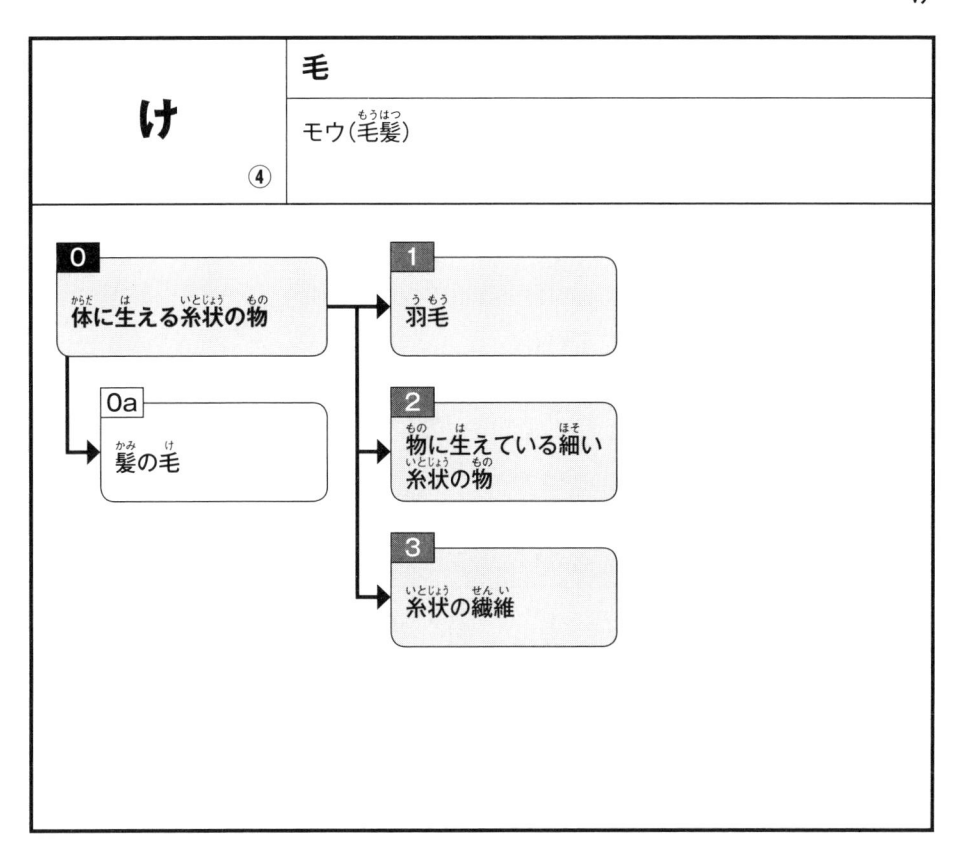

毛

モウ(毛髪)

④

- **0** 体に生える糸状の物
  - **0a** 髪の毛
- **1** 羽毛
- **2** 物に生えている細い糸状の物
- **3** 糸状の繊維

0 体に生える糸状の物

hair (humans), fur (animals) ／몸에 나는 실 모양의 것／长在身体上的线状物

- 毛は体を守るために生えている。
- ペットの毛が抜けるので、部屋の掃除が大変だ。

☐ 毛皮：コートなどに使う、毛がついたままの動物の皮
☐ まつ毛：まぶたの縁に生えている毛
☐ 眉毛：まぶたの上に弓状に生えている毛

け

0a 髪の毛

hair (on the head only) ／머리카락／头发

❓ 人の髪の毛は、毛の中で代表的な存在だから

- 父は毛が薄くなってきた。
- 彼は毛を茶色に染めている。

☐ 毛髪：髪の毛
例）この薬には、毛髪の成長を促進する成分が含まれている。

1 羽毛

feather ／깃털／羽毛、羽绒

❓ 見た目や体を保護する働きが毛に似ているから

- 鶏の毛をむしり、切って鍋に入れた。

☐ 羽毛：鳥の体に生えている羽
例）羽毛入りの布団は軽くて暖かい。

2 物に生えている細い糸状の物

hair/bristle of object ／물체에 생긴 가느다란 실 모양의 것／长在物品上的细线状物

❓ 見た目が毛に似ているから

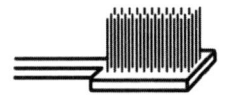

- 歯ブラシの毛が開いているので、新しいのに換えよう。
- 筆の毛が抜けるにつれて、書き味が悪くなってきた。

3 糸状の繊維

wool, hair-like fiber ／실 모양의 섬유／线型纤维

❓ 動物の毛を素材に加工したものだから

- このセーターは毛60％、綿40％だ。

☐ 毛糸：羊毛などから作った、編み物用の糸
☐ 毛布：羊毛などで作った毛織物

こえ

こえ ⑤	声
	セイ(声帯)、ショウ(大音声)、こわ(声色)

```
[0] 人や動物が口から出す音 → [1] 意見・主張
    ↓
    [0a] 声調
```

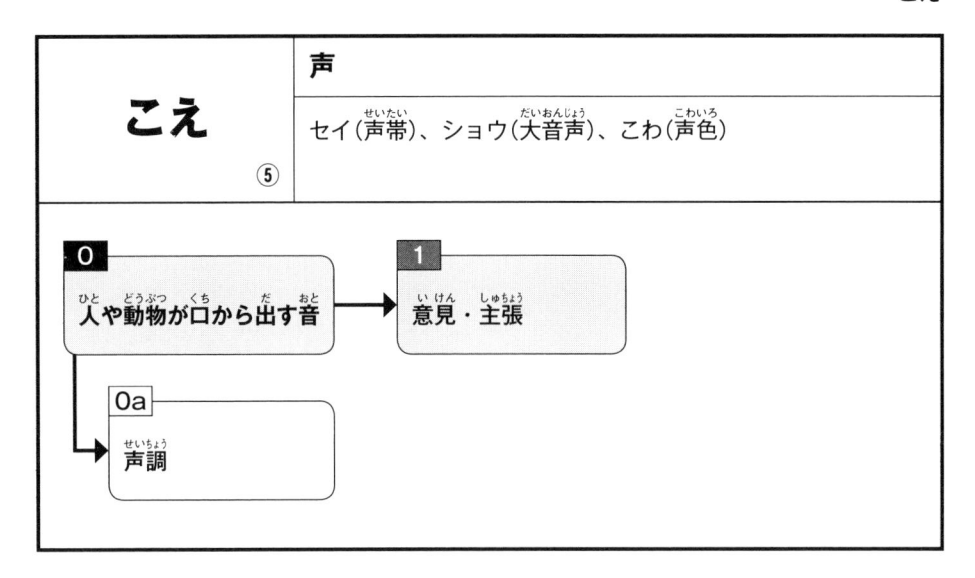

⓪ 人や動物が口から出す音

voice ／사람이나 동물이 입에서 내는 소리／人与动物口中发出的声音

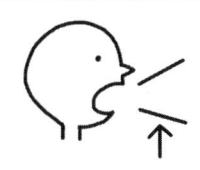

- あの人は声が大きい。
- 裏庭から鳥の声が聞こえます。
- あの人、お年の割に声が甲高いね。

□ 大声：大きい声
　例) 大声で話しても、相手を説得できるわけではない。
□ 小声：小さい声
□ 鳴き声：動物が鳴く声
□ 声楽：オペラや合唱など、声による音楽
□ 音声学：声について研究する学問

句 声が枯れる：声が出なくなる
　例) 風邪でのどを痛めて、声が枯れてしまった。
句 声をかける：呼びかける
　例) 彼女は見知らぬ人を友人と間違えて声をかけた。
句 声を潜める：声を小さくする
　例) 誰かの足音がしたので、彼らは急に声を潜めた。

こえ

0a 声調(せいちょう)

tone of voice／성조／声响

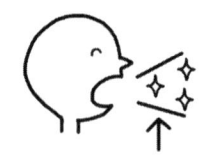

❓ 声(こえ)に込(こ)められた、感情(かんじょう)を含(ふく)む調子(ちょうし)などに注目(ちゅうもく)している

- この店(みせ)の店員(てんいん)さんは、いつも明(あか)るい声(こえ)で「いらっしゃいませ!」と言(い)ってくれる。
- お父(とう)さんが優(やさ)しい声(こえ)で子供(こども)に話(はな)しかけている。

句 声(こえ)を荒(あ)らげる:怒(いか)りをこめて大声(おおごえ)で話(はな)す
例)議員(ぎいん)たちは声(こえ)を荒(あ)らげて法案(ほうあん)の成否(せいひ)を論(ろん)じた。

句 声(こえ)を弾(はず)ませる:喜(よろこ)んでいる様子(ようす)で話(はな)す
例)妹(いもうと)は声(こえ)を弾(はず)ませて試験(しけん)の合格(ごうかく)を家族(かぞく)に伝(つた)えた。

1 意見(いけん)・主張(しゅちょう)

opinion, voice (of the people)／의견·주장／意见、主张

❓ 意見(いけん)や主張(しゅちょう)は声(こえ)にして表(あらわ)した結果(けっか)だから

- 近所(きんじょ)の住民(じゅうみん)からマンション建設(けんせつ)に反対(はんたい)の声(こえ)が出(で)た。
- マンションの住民(じゅうみん)から、ごみ捨(す)て場(ば)を設置(せっち)してほしいという声(こえ)が出(で)た。
- 来月(らいげつ)から、お客様(きゃくさま)の声(こえ)を取(と)り入(い)れた新(あたら)しいサービスが始(はじ)まります。

句 声(こえ)を上(あ)げる:意見(いけん)を持(も)ち、話(はな)したり訴(うった)えたりする
例)法律(ほうりつ)の改正(かいせい)に向(む)けて、皆(みな)で声(こえ)を上(あ)げていこう。

句 声(こえ)を揃(そろ)える:同(おな)じ意見(いけん)を言(い)う
例)部長(ぶちょう)の提案(ていあん)に、全員(ぜんいん)が声(こえ)を揃(そろ)えて反対(はんたい)した。

こころ ④

心

シン(心理)

```
[0] 精神活動の元となる部分
  ├→ [1] 物事の本質
  ├→ [2] 感情・喜怒哀楽
  └→ [3] 思考の内容
        ├→ [3a] 誠意・気遣い
        └→ [3b] 思慮分別
```

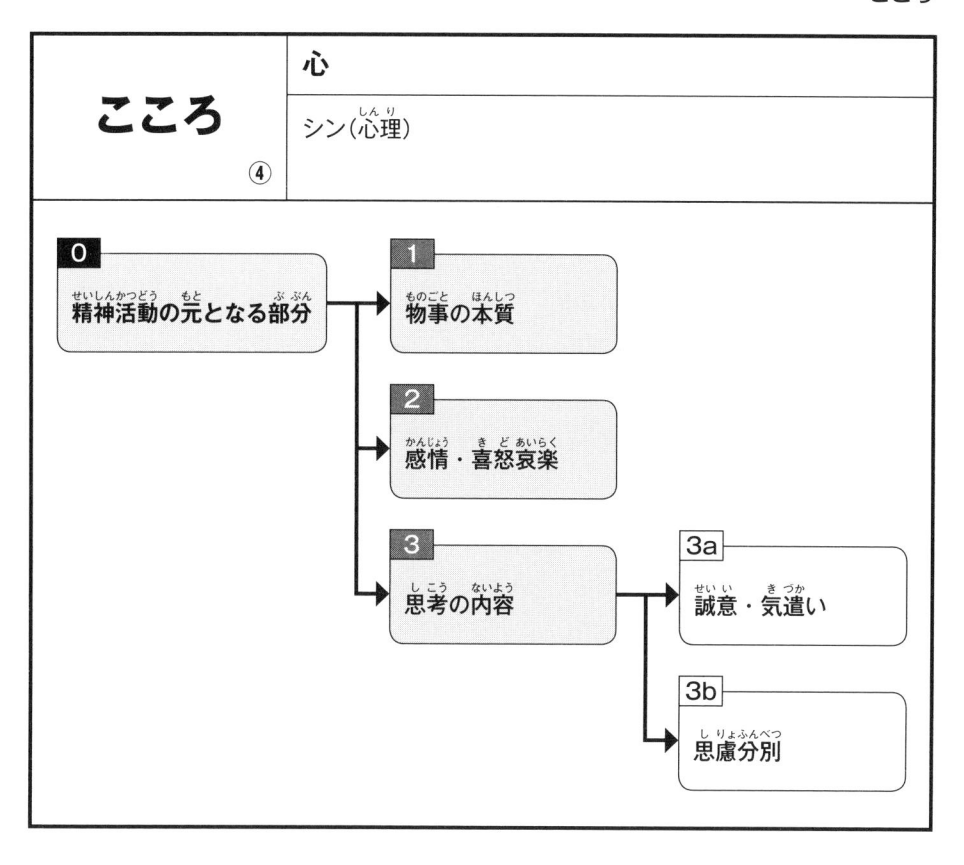

[0] 精神活動の元となる部分

mind, heart, spirit／정신활동의 근원이 되는 부분／精神活動的根本部分

- 心と体、両方の健康が大切だ。
- 心に浮かぶ思いを、言葉にして言ってみよう。
- 近年、心の病気に苦しむ人が増えている。

☐ 心強い イ：頼りになるものがあって、安心できる状態
  ＊普通否定形では用いない。 ⇔ 心細い
  例）貴社の手助けがあるとは心強い限りです。

☐ 心細い イ：頼りになるものがなく、不安な状態 ⇔ 心強い
  例）知らない土地で道に迷い、日も暮れて、すっかり心細くなってしまった。

こころ

- □ 真心：偽りのない、純粋な気持ち
  - 例）娘の真心は、継母の冷たい心を溶かした。
- □ 心血：精神と肉体
  - 例）あれは先生が心血を注いで作り上げた彫刻だ。
- □ 心理：精神の活動
- □ 苦心 スル：苦しんで努力すること
  - 例）10年苦心して、ようやく事業が成功した。
- □ 決心 スル：ある物事をやろうと決めること
- □ 熱心 ナ：物事を一生懸命にすること
- □ 用心 スル：十分に気をつけること
  - 例）インフルエンザにかからないよう用心してください。

- 句 心が広い：寛容だ ⇔ 心が狭い
- 句 心に刻む：忘れずに覚えておく
  - 例）帰国しても、先生の教えを心に刻んで生きていこう。
- 句 心に残る：感動が強く記憶される
  - 例）50年以上映画を見てきたが、本当に心に残った作品は2〜3作に過ぎない。

---

1 物事の本質

essence, spirit, heart／사물의 본질／事情本质

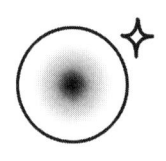

❓ 心が精神活動の中核であるように、物事の本質は中核となる大事な所だから

- 日本に来てみて、和の心というものが理解できた。
- 茶の心を知りたいのなら、まず千利休について勉強するべきだ。

- □ 心臓：血液を体に循環させる臓器
- □ 核心：物事の一番重要なところ
  - 例）友人のコメントは核心を突いたものだった。
- □ 肝心 ナ：一番大切なこと
  - 例）肝心な時に責任者がいないのでは話にならない。
- □ 中心：真ん中。中央
- □ 都心：大都市の中心部

こころ

2 感情・喜怒哀楽

feelings／감정・희로애락／感情、喜怒哀乐

❓ 心の活動によって生み出されるものだから

- 子供たちには、心の温かい人間になってほしい。
- 心と心のふれあいなど、簡単に達成できるものではない。

□ 心証：言葉や態度から受ける印象
　例）記者の質問に博士は心証を害してしまったようだ。
□ 安心 ナ スル：心配なことがなく落ち着いていること
□ 関心：物事への興味を持つこと
　例）彼女は、あのアイドル歌手以外には何も関心がないようだ。
□ 感心 スル：優れたものに感動すること
□ 好奇心：珍しいものや未知のものに対して抱く興味
　例）ほんの好奇心から、その子はたばこに手を出してしまった。

句 心を痛める：心配する。気の毒に思う
　例）私たちは自殺する子供の増加に心を痛めた。
句 心が躍る：わくわくする
　例）彼氏がくれた小さな包みを開ける瞬間、心が躍った。

3 思考の内容

thinking／생각의 내용／思考的内容

❓ 心を容器に例えたときに中身に当たる部分だから

- 以前はお互いに理解し合っていたが、最近は彼の心が分からない。
- 他人を真似するのではなく、自分の心のままに生きていきたい。

□ 親心：子供を思う親の気持ち
　例）子供によっては、親心を時にうとましく思うかもしれない。
□ 心境：考えたり感じたりしていること

こころ

例) 老人の心境というものは、実際に年を取らないとなかなか理解しにくい。

句 **心なしか**：はっきりと断定はできないが、なんとなく
例) その証言を聞いた弁護士は、心なしか動揺しているようだった。

句 **心を入れ替える**：今までのことを反省し、考えを改める
例) あの事件以後、彼は心を入れ替えて仕事に身を入れるようになった。

句 **心を許す／心を開く**：相手と親しくなり、完全に信頼する
例) 捨てられた犬は、なかなか人間に心を許さない。

句 **心を読む**：相手の思いを理解しようとする
例) 客の心を読んでサービスをするのがホテル業の基本です。

3a 誠意・気遣い

sincerity, thoughtfulness／성의・배려／诚意、关怀

❓ 思考の中で、他者への誠意は特に大切なものだから

- そんな乱暴な言い方では、心は伝わらない。
- 彼女が心をこめて編んでくれたセーターなので、大切にしています。

☐ **心置きなく** 副：遠慮しないで
例) 部長も帰ったことだし、同期だけで心置きなく飲もう。

☐ **心遣い**：相手を思いやること
例) 見ず知らずの私に親切なお心遣い、ありがとうございます。

☐ **心配** ナ スル：何か悪いことが起きないかと気にかけること

句 **心を配る**：周りの人や物に注意を払う
例) 忙しいときでも周囲に心を配れるような人になりたい。

3b 思慮分別(しりょふんべつ)

discretion, consideration ／사려 분별／深思熟虑

❓ 思考(しこう)の中(なか)で、道理(どうり)の判断(はんだん)は特(とく)に大切(たいせつ)なものだから

- 心(こころ)のある人(ひと)なら、そんな所(ところ)にごみを捨(す)てたりはしない。
- あの男(おとこ)は心(こころ)が曲(ま)がっているので、そんな言(い)い方(かた)をしたのだろう。

☐ 良心(りょうしん)：道徳的(どうとくてき)に正(ただ)しく行動(こうどう)しようとする意識(いしき)
　例) 本当(ほんとう)の強(つよ)さとは、自分(じぶん)の良心(りょうしん)に恥(は)じない生(い)き方(かた)をすることです。

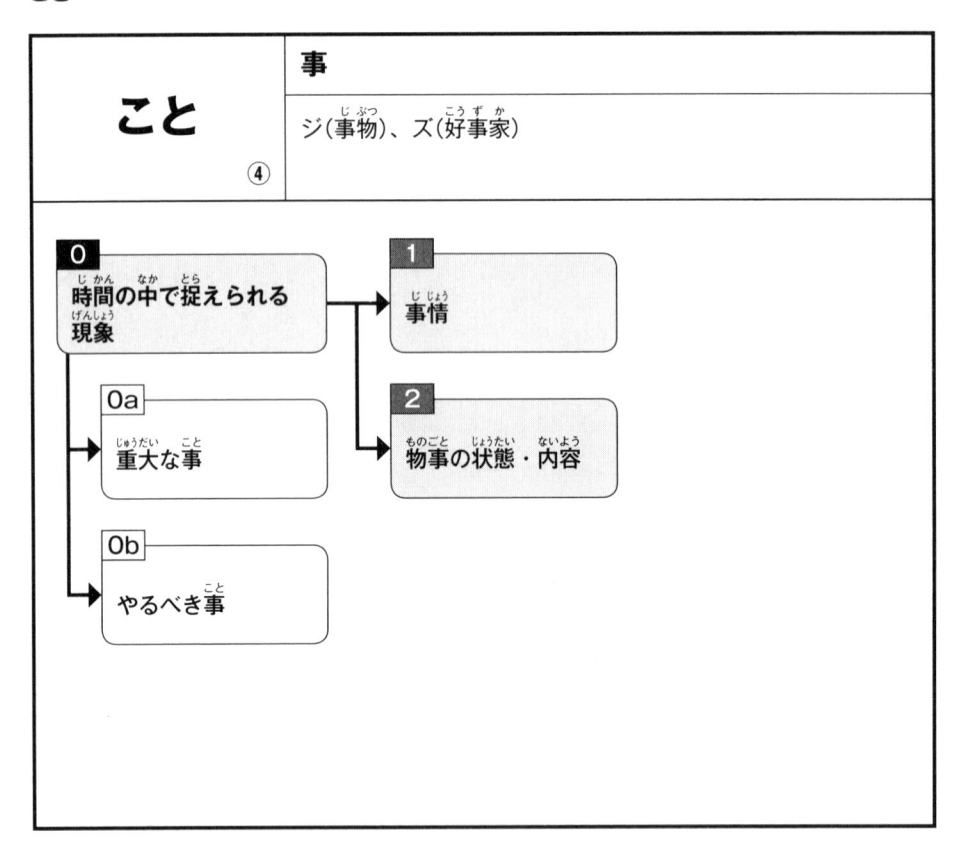

こと

こと ④	事
	ジ(事物)、ズ(好事家)

```
0 時間の中で捉えられる現象 → 1 事情
                          → 2 物事の状態・内容
  0a 重大な事
  0b やるべき事
```

0 時間の中で捉えられる現象

thing (abstract sense) ／시간의 흐름 속에서 일어나는 현상／时间中抓取的现象

- 昨日は色々な事があり、一日があっという間に過ぎた。
- 最近はどんな事に興味がありますか。

□ 事柄：物事。物事の内容や様子
　例）グループで調べた事柄を来週までにまとめなさい。
□ 出来事：起こった事柄・事件

こと

- □ 物事：物と事
    - 例）物事は想像でなく、事実に基づいて判断しなさい。
- □ 事件：争いや犯罪など、人々の関心をひく出来事
- □ 事故：思いがけず起こった悪い出来事
- □ 事後：事が終わったあと
    - 例）事後の処理はすべて警察がすることになった。
- □ 事実：現実に起こり、存在する事柄
- □ 事前：事の起こる前。事を行う前
    - 例）ハイキングに参加する人は事前に申し出てくださいね。
- □ 事態：物事の状態　例）緊急事態につき全社員が召集された。
- □ 火事：建物や山林などが焼けること
- □ 行事：日を決めて行う催し
    - 例）お正月は、各地でさまざまな行事が催される。
- □ 日常茶飯事：毎日のよくある事柄
    - 例）当社では、パソコンの調子が悪いのは日常茶飯事です。
- 句 あろうことか：あってよいものか、あってはいけないことだ
    - 例）あろうことか、1年のうちに3度も泥棒に入られた。

0a 重大な事

incident, important matter／중대한 일／重大事情、大事件

❓ 事の中で、特に重大な事に意味を絞ったから

- 課長が車にひかれたらしい。これは事だぞ。
- 事が起こってからでは遅いので、今すぐ対策をすべきだ。
- □ 大事：重大な出来事。大事件　例）学長が入院するとは大事だ。
- □ 大事 ナ：重大な事柄。大変な事件
    - 例）大事なイベントで開会のスピーチをすることになった。
- □ 無事 ナ：普段と変わりないこと。事故や病気がないこと
- 句 事なきを得る：大変な事態にならずに済む
    - 例）マラソン中に倒れたが、近くに医者がいたので事なきを得た。

こと

句 事もなげに：平気な様子で
例) 初出場の新人選手が、事もなげに優勝してしまった。

0b やるべき事

task／해야 하는 일／应做的事

❓ 事の中で、仕事やするべき事は個人が関わりを持つ典型的なことだから

- 今日の午前中にする事は、報告書の作成です。
- 学園祭を通じて、全員で協力して事を成し遂げる大切さを学んだ。

☐ 仕事：するべきこと。生計を立てるための勤め
☐ 事業：社会的意義のある大仕事。会社などを経営する仕事
　　例) 事業といっても宇宙開発から小売店の業務までいろいろだ。
☐ 事務：書類の作成など机の上でする仕事
☐ 家事：掃除・洗濯など、家庭生活に必要な仕事
☐ 工事 スル：土木・建設などの作業
☐ 食事 スル：栄養をとるために何かを食べること
☐ 炊事 スル：食べ物を煮たり炊いたりすること
　　例) 独身なので炊事を手伝ってくれる人がいない。
☐ 用事：しなければならない事柄
　　例) 特に用事はないのですが、近くまで来たので参りました。

句 言うに事欠いて：他に言い方があるだろうに
例) 言うに事欠いて「ばか」とは何だ！

こと

1 事情

circumstances, situation ／사정／事情

❓ ある事の背後にある、そうなった理由や経緯に焦点を当てた結果だから

- 夫婦げんかの事の始まりは、夕食での話題だった。
- 彼は円満に退社したというが、本当の事は誰にも分からない。
- 詳しい事は後で話すから、とにかく今、一万円貸してくれ。

□ 事情：事柄がある状態になった理由や原因
　例）そんなに困っているのなら、事情を話してくれませんか。

句 事と次第による：事情や状況による
　例）事と次第によっては、会社を辞めてもらうかもしれない。

句 事によると：もしかすると
　例）事によると、大臣は重い病気かもしれない。

句 事もあろうに：他のやり方もあるのに
　例）事もあろうに、何でこんな忙しいときに来るんだ！

句 事を荒立てる：事をもつれさせ、混乱させる
　例）謝罪を受けたので、これ以上、事を荒立てるつもりはない。

2 物事の状態・内容

condition, content, subject ／사물의 상태・내용／事物的状態、内容

❓ 物事のありようが、文中でさまざまな意味になる

- 昔のことはおじいさんに聞きなさい。（状態）
- 彼女の言っていることがよく分からない。（内容）
- あなたのことが好きです。（対象）
- 彼は二月に帰国するということだ。（噂・伝聞）
- 私はテレビに出たことがある。（経験・体験）
- ときどき緊張して声が出なくなることがある。（場合）
- ITとは情報技術のことだ。（ある言葉が指す対象）
- 毎朝ジョギングすることにしている。（意図的な習慣）
- 焦ることはないので、ゆっくりやりなさい。（必要）

こと

- 試験に備えて今日は早く寝ることだ。(〜が大事だ)
- 明日、病院へ行ってみることにするよ。(〜という決心・決断)
- このままでは会社を辞めることになる。(成り行き・結果)
- 質問には答えられないことになっている。(規則や予定)
- 彼女の英語、すごいね。さすがに留学しただけのことはある。(価値付け)

＊ **2** の用法では、一般的にひらがなで表記する。

用法ノート その他の用法を挙げる。これらの用法では通常、ひらがなで表記する。

・イ形容詞を副詞化し、その状態を強調する。
　例) 長いことお待たせしました。
・「の」を間に入れて、程度を表す副詞に付き、強調する。
　例) 理由がないなら、なおのこと悪い。
・「それに関して言えば」という意を表す
　例) 私こと、このたび転居いたしました。
・通称と本名の間に用いて、両者が同一人物である事を示す。
　例) 彼がゴジラこと松井です。
・動詞や名詞、ナ形容詞に付き、その行為や状態を事柄として示す。
　例) すみません、考えごとをしていました。
・名詞に付き、その真似をすることを表す。
　例) 娘はいつもままごとで遊んでいます。
　例) 習い事、お稽古事、きれいごと

☞　しごと (p.153)、もの (p.326)

ことば

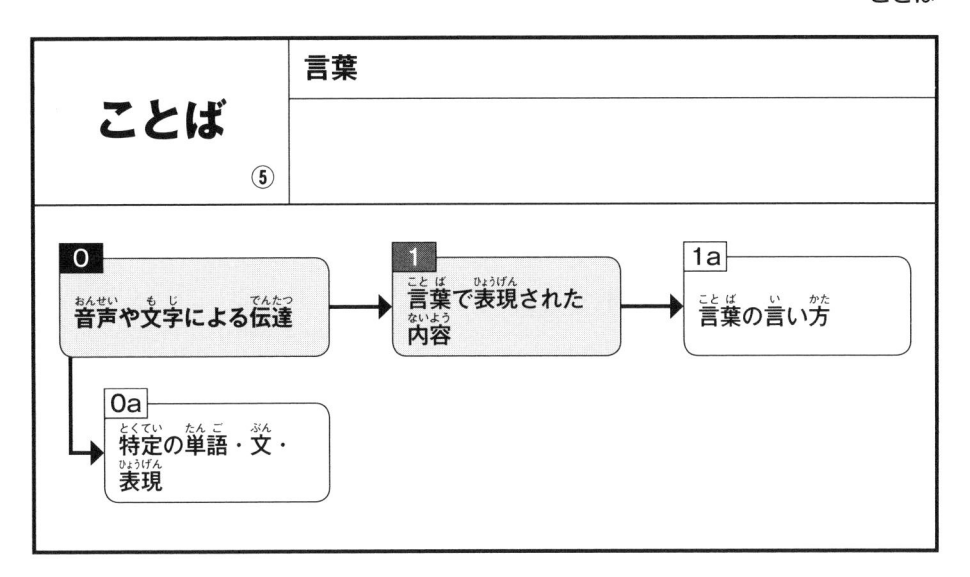

言葉

⑤

```
[0]                        [1]                    [1a]
音声や文字による伝達  →  言葉で表現された  →  言葉の言い方
                           内容
  ↓
[0a]
特定の単語・文・
表現
```

[0] 音声や文字による伝達

language／음성이나 문자를 통한 전달／声音及文字的传达

- 多くの人間の言葉には文字がある。
- 世界には何種類くらいの言葉があるのですか。
- 彼はいろいろな国の言葉を知っている。

[0a] 特定の単語・文・表現

word, expression／특정한 단어・문장・표현／特定的单词、句子、表达

❓ 言葉の中で、一つの固まりと意識される部分を表す

- 海外旅行に行くなら、あいさつの言葉ぐらい覚えて行ったほうがいい。
- コタピなんて言葉は聞いたことがない。

  □ 忌み言葉：特定の機会に使用を避ける言葉
    例）結婚式の席では「終わり」は忌み言葉だから、使ってはいけないよ。

  □ はやり言葉：特定の時期に世間の人々が好んで使う言葉

ことば

- 句 売り言葉に買い言葉：相手の暴言に対して暴言で返すこと
- 句 言葉に甘える：人の親切な申し出を受ける
  - 例) 友人の言葉に甘えて、その晩は泊めてもらうことにした。

1 言葉で表現された内容

what one says ／말로 표현된 내용／言语表达的内容

❓ 言葉の中身である内容に注目した場合

- 彼女の言葉はあまりに突飛で信じようがない。
- 彼女の意見は正しいので、返す言葉が見つからなかった。

□ 言葉尻：失言の一部分
  - 例) 記者たちは、官房長官の言葉尻を捉えて記事にした。
□ 言葉を濁す：明言せず曖昧に言う
  - 例) 首相は、その計画の実施時期については言葉を濁した。

1a 言葉の言い方

how one talks ／말의 표현 방식／措词

❓ 中身を伝えるときの方法に注目している

- 言葉ひとつで、相手の受ける印象が違う。
- お客様の前では、言葉に気をつけて話すべきだ。

文化ノート 日本語の乱れとして挙げられる代表的なものには「教えれる」（正しくは「教えられる」）などの「ら抜き言葉」、「行かさせていただく」（正しくは「行かせていただく」）などの「さ入れ言葉」などがある。

こども

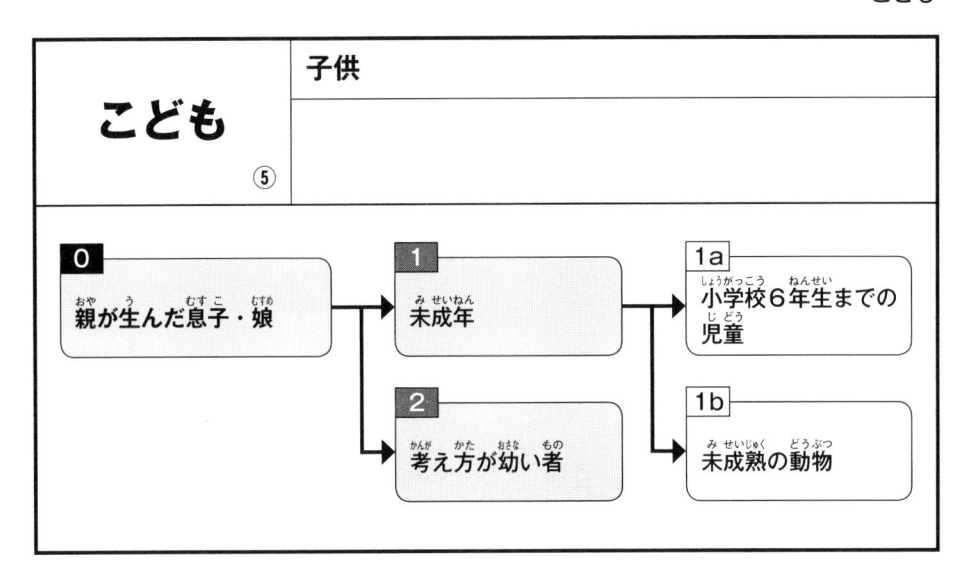

こども ⑤

子供

```
[0] 親が生んだ息子・娘  →  [1] 未成年  →  [1a] 小学校6年生までの児童
                                    →  [1b] 未成熟の動物
                       →  [2] 考え方が幼い者
```

0 親が生んだ息子・娘

child ／부모에게서 태어난 아들・딸／父母生育的子女

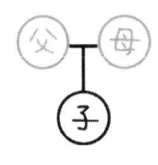

- 彼女は女手ひとつで三人の子供を育てた。
- 今日は子供の誕生日だから、早く帰るつもりだ。

1 未成年

minor ／미성년자／未成年

❓ 法律における大人の概念の逆

- 19歳ではまだ子供だから、たばこはだめだ。
- あの国では子供に対する手当が19歳までもらえる。

☐ 子供心：大人の世界を知らない・理解できない純粋な心
☐ 子供だまし：子供をだますような単純なやり方

こども

1a 小学校6年生までの児童
child up to sixth grade ／초등학교 6 학년까지의 아동／小学 6 年级以前的儿童

❓ 公共機関における大人の概念の逆

- 子供のバス料金は大人の半額です。
- この美術館は、中学生は大人料金ですよ。

1b 未成熟の動物
immature animal ／미성숙한 동물／未成熟的动物

❓ 人間の子供と特徴が似ている存在だから

- この犬はまだ子供ですね。
- ゴリラの子供は、親離れするのに時間がかかる。

2 考え方が幼い者
childish/immature person ／생각이 어린 사람／想法幼稚的人

❓ 子供の考え方が幼いように、考え方が幼稚な者を表す

- うちの課長は考え方が子供だ。
- 彼の娘は大学院生なのに、することが子供だ。

文化ノート 子供の呼び方は、「子供さん」「お子さん」「お子様」の順に敬意が強まる。

☞ おとな (p.69)

ごはん

ごはん ⑤	ご飯
	めし(飯)

```
[0 炊いた米] → [1 食事全般] → [1a 餌]
```

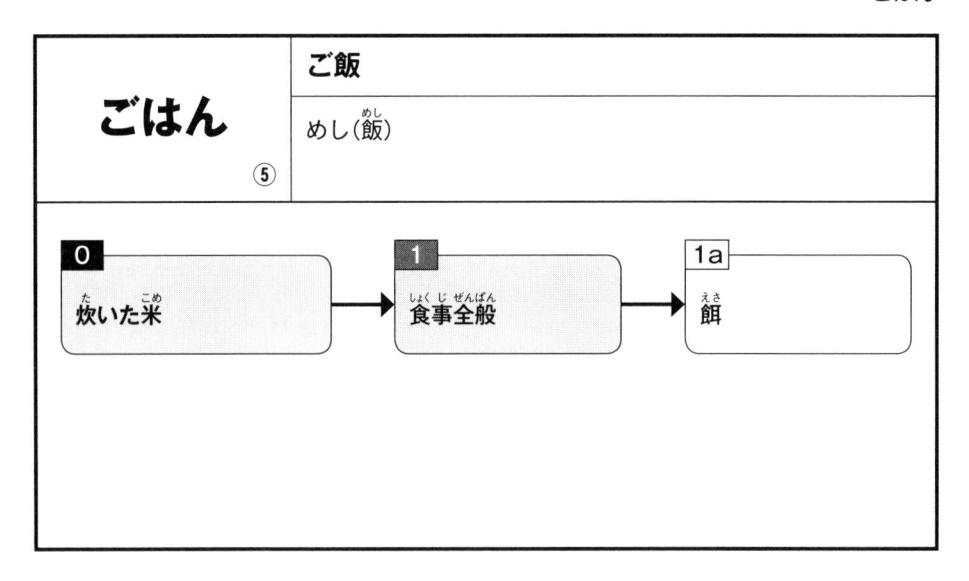

0 炊いた米

cooked rice ／쌀을 끓여 익힌 음식／煮熟的米饭

- ご飯とパンとどちらが好きですか。
- 炊き立ての白いご飯はおいしいですね。

□ 炊き込みご飯：肉、魚、野菜などを米と一緒に炊いたもの
□ 混ぜご飯：温かいご飯に味付けした具を混ぜたもの

1 食事全般

meal ／식사 전반／吃饭

❓ 米は日本人の主食で、食事のたびに食べられてきたから

- お昼ですから、そろそろご飯にしましょう。
- 今日の晩ご飯は、スパゲティと野菜スープだ。

□ 朝／昼／晩ご飯

ごはん

1a 餌(えさ)

food (for animals)／먹이／饵食、喂食

❓ **動物**(どうぶつ)**にとっての食事**(しょくじ)**だから**

- あ、犬(いぬ)にご飯(はん)をやるのを忘(わす)れた。
- 余(あま)った野菜(やさい)は、うさぎのご飯(はん)にするから捨(す)てないでね。

文化ノート 米(こめ)を主食(しゅしょく)とする日本人(にほんじん)は、米(こめ)の産地(さんち)と同様(どうよう)、ご飯(はん)の見(み)た目(め)や味(あじ)、固(かた)さにこだわり、炊(た)き立(た)てのご飯(はん)をごちそうのように感(かん)じる。また、お祝(いわ)いのときは、米(こめ)に小豆(あずき)を加(くわ)えて炊(た)いた「赤飯(せきはん)」を食(た)べる。

さかな

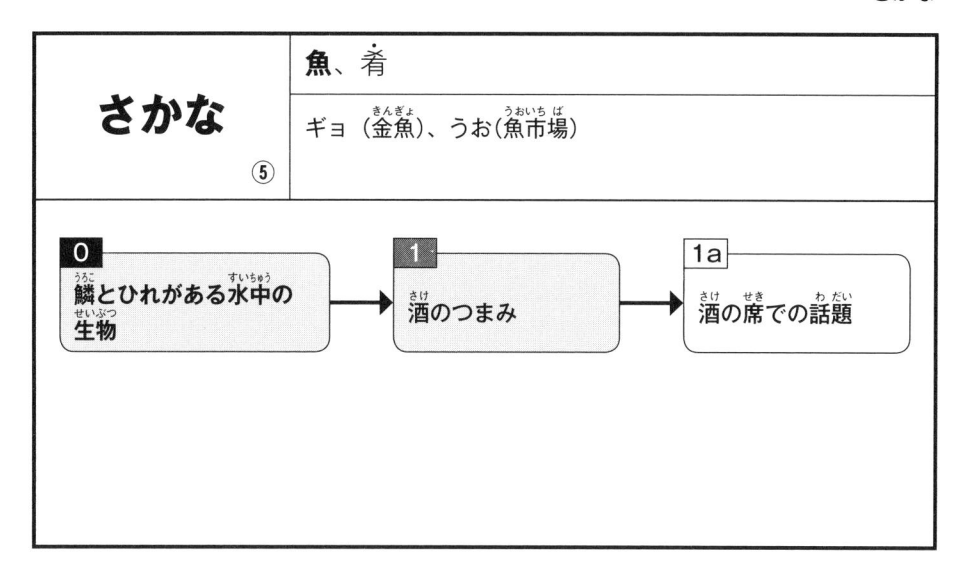

さかな ⑤	魚、肴
	ギョ（金魚）、うお（魚市場）

```
[0] 鱗とひれがある水中の生物  →  [1] 酒のつまみ  →  [1a] 酒の席での話題
```

0 鱗とひれがある水中の生物

fish ／비늘과 지느러미를 가진 수중 생물／长有鳞和鳍的水中动物

- 魚の中には、おいしいが毒を持つものがいます。
- 昨日の夕食には、魚と野菜を食べた。

1 酒のつまみ

tidbits to eat when drinking ／술안주／下酒菜

❓ 酒を飲むとき、魚を一緒に食べることが多かったから

- ありあわせの物をさかなにちょっと飲もう。
- ＊ 1 の用法では、通常ひらがな、または「肴」と表記する。

さかな

> 1a 酒の席での話題
> something to chat about when drinking／술자리에서의 화제／酒席上的話題
>
> ❓ つまみが酒と一緒にあるように、酒とその場の話は一緒にあるから

- 同僚の結婚話をさかなに、上司と久々に飲んだ。

＊ 1a の用法では、通常ひらがな、または「肴」と表記する。

文化ノート 歴史的には **1** の語義が最も古く、「酒菜」と表記した。現在でも酒のさかなは必ずしも魚類、海産物である必要はない。

さき ③

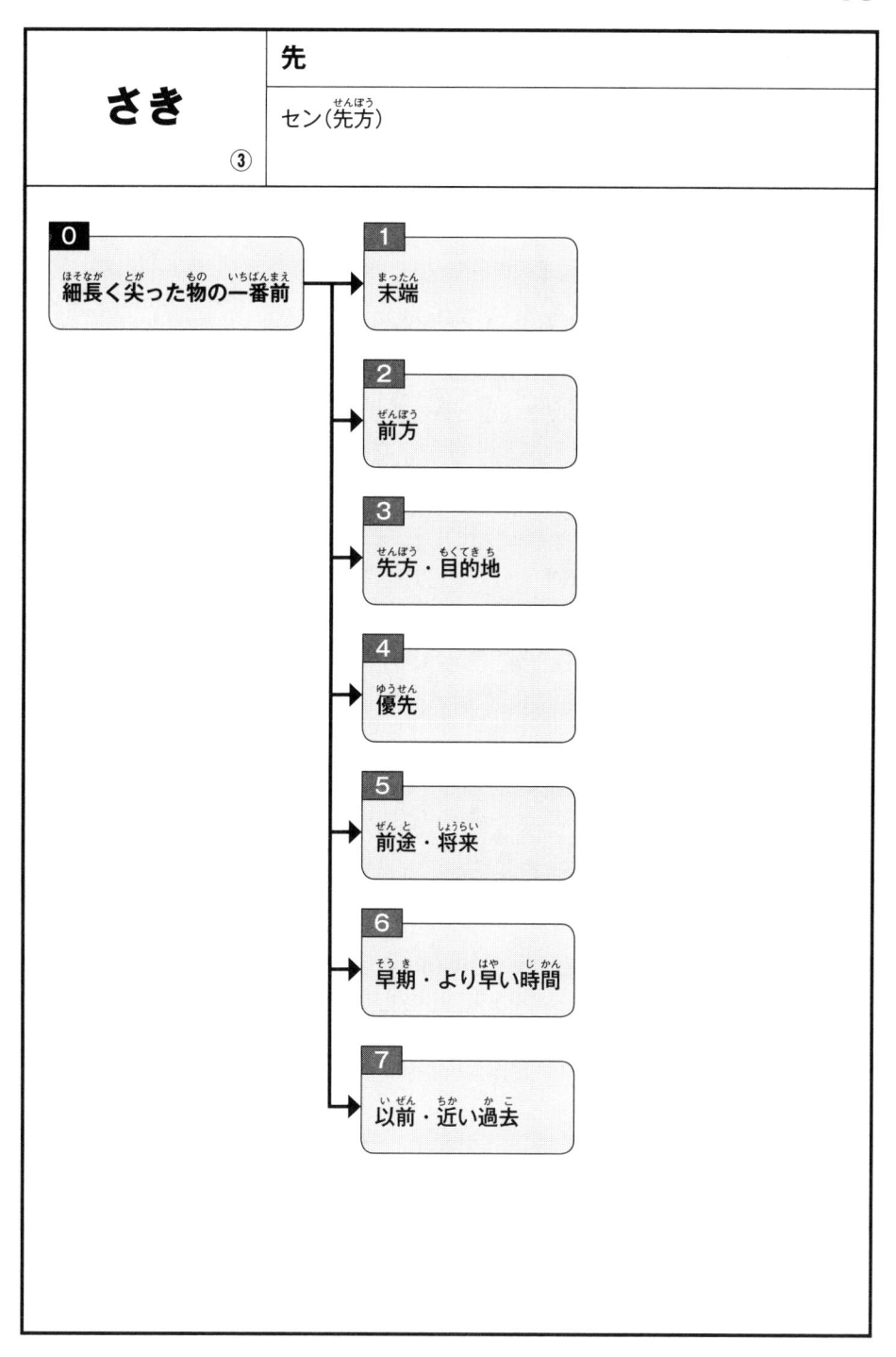

先

セン(先方)

0 細長く尖った物の一番前

1. 末端
2. 前方
3. 先方・目的地
4. 優先
5. 前途・将来
6. 早期・より早い時間
7. 以前・近い過去

さき

0 細長く尖った物の一番前
point, tip／가늘고 길며 뾰족한 물체의 맨 앞부분／细长头尖物品的最前端

- 指の先が冷たい。
- 岬の先に立って海を眺めた。

□ 爪先：足の指の先

句 矛先を向ける：攻撃の対象にする
　例）結局、彼女は私に文句の矛先を向けてきた。
句 目と鼻の先：目と鼻の先の間のように、非常に近いこと

1 末端
end, tip／맨 끝／末端

❓ ひも状・棒状の物の両端を表す

- ひもの先を結び合わせる。
- ヘビが死んでいるように見えたので、棒の先で触れてみた。

2 前方
front, ahead／전방／前头、前面

❓ 細長く見える、連続する物の一番前を表す

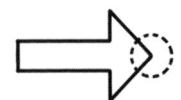

- 警官がマラソン集団の先に立って誘導した。
- 新幹線の先の形は、車両によって異なる。

□ 先頭：一番先。一番前

3 先方・目的地

ahead, destination ／앞쪽・목적지／对方、目的地

❓ 行程を細長い物と考えたときの一番前を表す

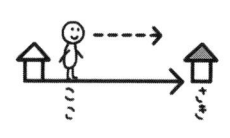

- 約30メートル先に急カーブがある。
- 買い物に行った先で、高校時代の同級生に会った。

☐ 〜先：行動する場所や相手
　例）入院先、取引先、行き先、得意先
☐ 相手先：ビジネスの相手。先方
　例）相手先の出方で、提案を柔軟に変えよう。

4 優先

first, before all else ／우선, 먼저／预先、事前

❓ することを優先順に並べて長くしたときの、最初を表す

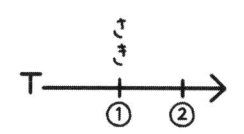

- 本社からの指示を先に申し上げます。
- 地震の時は何より火を消すのが先だ。
- お先にどうぞ。

5 前途・将来

future ／전도・장래／前途、将来

❓ 時間の推移を細長い物と考えたときの一番前を表す

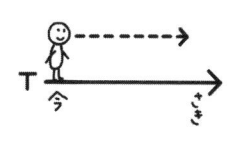

- 会社を辞めてしまった今、この先どうすればよいだろうか？

句 老い先短い：老齢でこれからの人生が短い
句 先が思いやられる：将来が心配になる
　例）今からあんなに怠けていては、あの子の先が思いやられます。
句 先を読む：未来に起こることを予想する
　例）ビジネスにおいては、常に一歩、先を読むことが必要だ。

6 早期・より早い時間

earlier, in advance／조기・보다 이른 시기／早期、更早的时期

❓ 自分に訪れる時間を細長い物と考えたときの一番前を表す

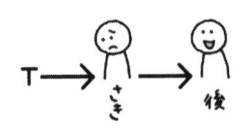

- 遊ぶなら、先に勉強を済ませてからにしなさい。
- 先に支払いを済ませておいた。

句 後先[も]考えず： ☞ [あと] 2

句 機先を制す[る]：相手が行動する前に動いて、有利な立場に立つ

句 先立つ物：必要な資金
例）旅行に行きたいことは行きたいが、先立つ物がなくてね。

句 先手を打つ：将来の事態に備えて相手より先に動く
例）彼がお金を借りに来ないように、「全然お金がない」と先手を打っておいた。

句 先鞭をつける：他に先んじて着手する
例）あの会社は10年前に支社を作り、中国進出の先鞭をつけておいた。

7 以前・近い過去

former, a moment ago／이전・가까운 과거／以前、刚才

❓ 連続する長い過去の中で、一番今に近い部分を表す

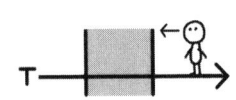

- こちらは先の官房長官でいらっしゃいます。
- 先の地震では幸い、死者は出なかった。

* 7 の用法では、アクセントが「さきの」になることに注意。

☞ あと (p.39)

さけ

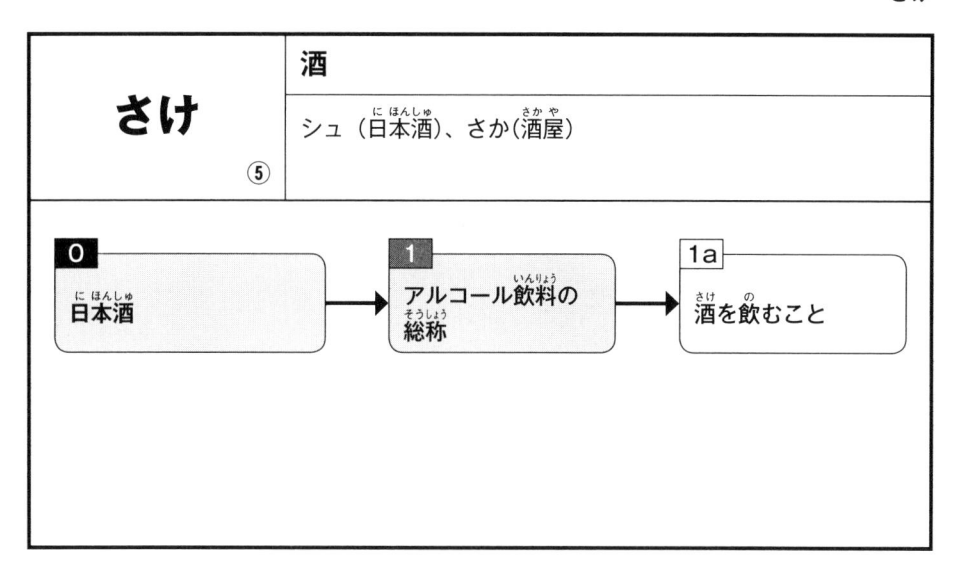

	酒
さけ ⑤	シュ（日本酒）、さか（酒屋）

```
[0 日本酒] → [1 アルコール飲料の総称] → [1a 酒を飲むこと]
```

0 日本酒

saké／일본 술／日本酒

- このお酒は冷やすより、40度くらいに温めたほうがおいしく飲める。
- 酒なら、米だけを使った辛口のものが一番だ。

1 アルコール飲料の総称

alcoholic beverage／알코올음료의 총칭／酒精饮料的总称

❓ 日本酒だけでなく、広くアルコール飲料全般に意味を広げたから

- 彼は酒が強く、誰もかなわない。
- 今日は大事な話なので、酒抜きで話しましょう。

□ 酒飲み：酒が大好きな人
□ 居酒屋：安く酒を飲ませる酒場
□ 酒乱：酒を飲むと狂ったように暴れる人
□ 禁酒 スル：規則的な飲酒を止めること。また、禁じること

さけ

| 1a | 酒を飲むこと

drinking (alcohol) ／술을 마시는 행위／饮酒

❓ 酒を対象とする行為だから

- 趣味はもっぱら酒です。
- 失恋した友達を酒に誘った。
- 酒の勢いで、口論になってしまった。

☐ 深酒 スル：酒を大量に飲むこと
☐ 酒癖：飲酒の時に出る癖　▢ 酒癖が悪い
☐ 酒びたり：絶えず酒ばかり飲んでいること

文化ノート 　日本の法律で飲酒が認められている年齢は、たばこと同様二十歳以上である。また稲作と関連性の強い神道では、日本酒は神への捧げ物とされ、そのため、正月の参拝や神社での結婚式では、儀式として日本酒を口にする。

じかん

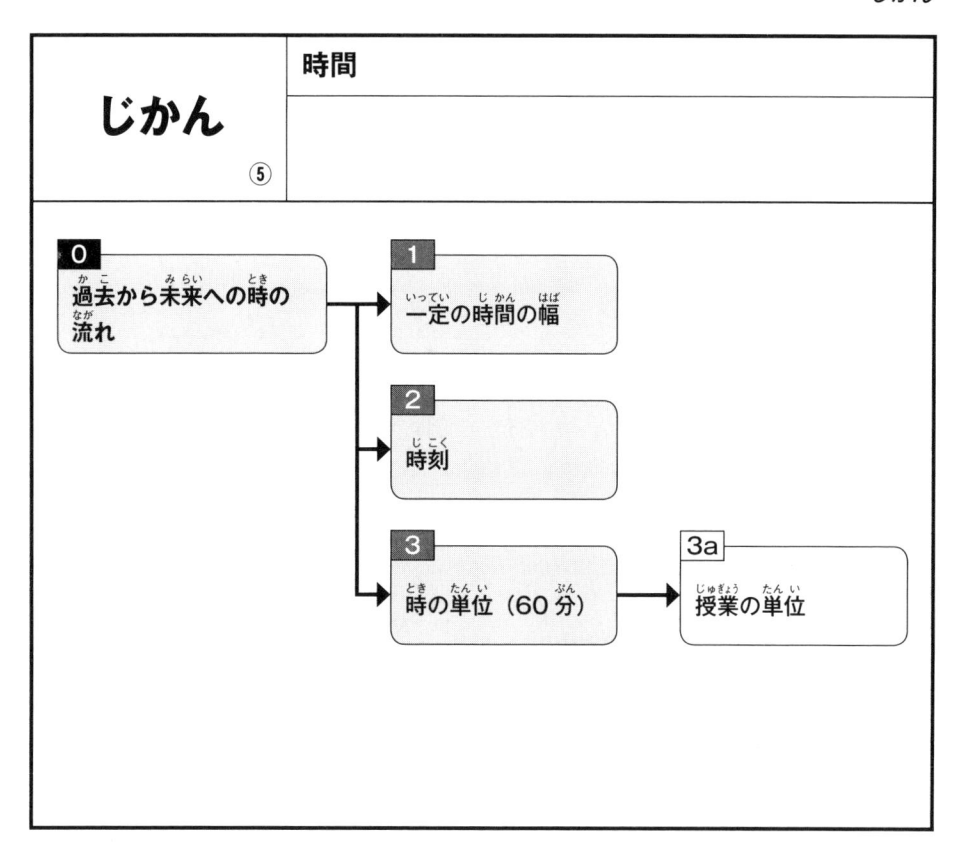

じかん ⑤	**時間**

```
[0] 過去から未来への時の流れ
 ├→ [1] 一定の時間の幅
 ├→ [2] 時刻
 └→ [3] 時の単位（60分） →  [3a] 授業の単位
```

[0] 過去から未来への時の流れ

time (temporal continuum) ／과거에서 미래로 이어지는 때의 흐름／过去向未来推移的时间

- 時間が経つのは早いものだ。
- 時間を有効に使いましょう。

[1] 一定の時間の幅

time (available) ／일정한 범위의 시간／一定时间幅度

❓ 時間の中の一部分だから

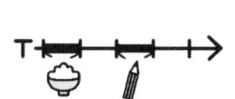

- 最近は忙しくて、昼ご飯を食べる時間もない。
- 今日は時間があるので、公園にでも行こうと思っている。

じかん

句 時間を稼ぐ：ある準備や用意のために、他のことをして時間を延ばす
例）発表の準備ができるまで、司会者が時間を稼いでくれた。

2 時刻

time (on clock)／시각／时刻

❓ 時間の中の小さな一点だから

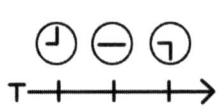

- 集合時間は、朝の8時だ。
- そんな早い時間からでは、会議には出席できかねます。

3 時の単位（60分）

hour／시간의 단위 (60 분)／时间单位 (60分钟)

❓ 太陽暦で時間を区切った結果だから

- 東京から大阪まで新幹線で3時間ぐらいかかる。
- あの店は24時間営業です。

3a 授業の単位

class period／수업의 단위／课时单位

❓ 1回の授業は1時間とは限らないが、便宜的に1時間として数えたから

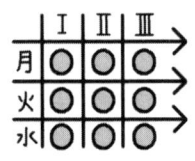

- 彼は英会話学校の講師で、1週間に10時間教えている。
- 3時間目は数学で、10時40分から11時半までです。

☞ とき (p.222)

しごと

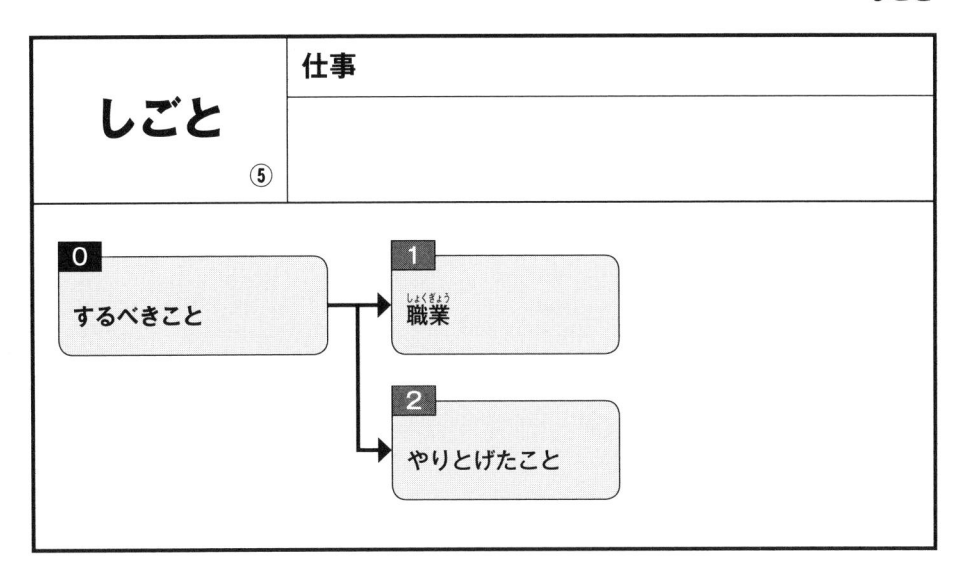

しごと ⑤

仕事

```
[0] するべきこと  →  [1] 職業
                →  [2] やりとげたこと
```

0 するべきこと
work, things to do／해야 하는 것／该做的事

- 今日は家の仕事が多くて大変だった。
- 休んでばかりいたら、仕事がたまってしまった。

☐ 台所仕事：食事を作ったり、皿を洗ったりすること
☐ 力仕事：強い力を使う仕事。肉体労働
☐ 針仕事：服などを縫うこと

1 職業
job, occupation／직업／职业

❓ するべきことの中で、特に大切な生計のために行う仕事だから

- 仕事を探しているが、なかなか見つからない。
- 人は仕事を通じて成長するものだ。

☐ 仕事柄：仕事に関係したことで　＊副詞として用いる。
　例）仕事柄、夜遅いのには慣れています。
☐ 仕事着：仕事の時に着る服

しごと

- □ 仕事先：仕事のために出かけていく所
- □ 仕事場：仕事をする所
- □ 立ち仕事：販売のような立って行う仕事

2 やりとげたこと

work (of a professional, etc.) ／완수한 일／完成的事

❓ 仕事を行った結果を表す

- プロの仕事とは、こういう出来栄えの物を言う。
- この素晴らしい家具は、一流の職人の仕事に違いない。

した

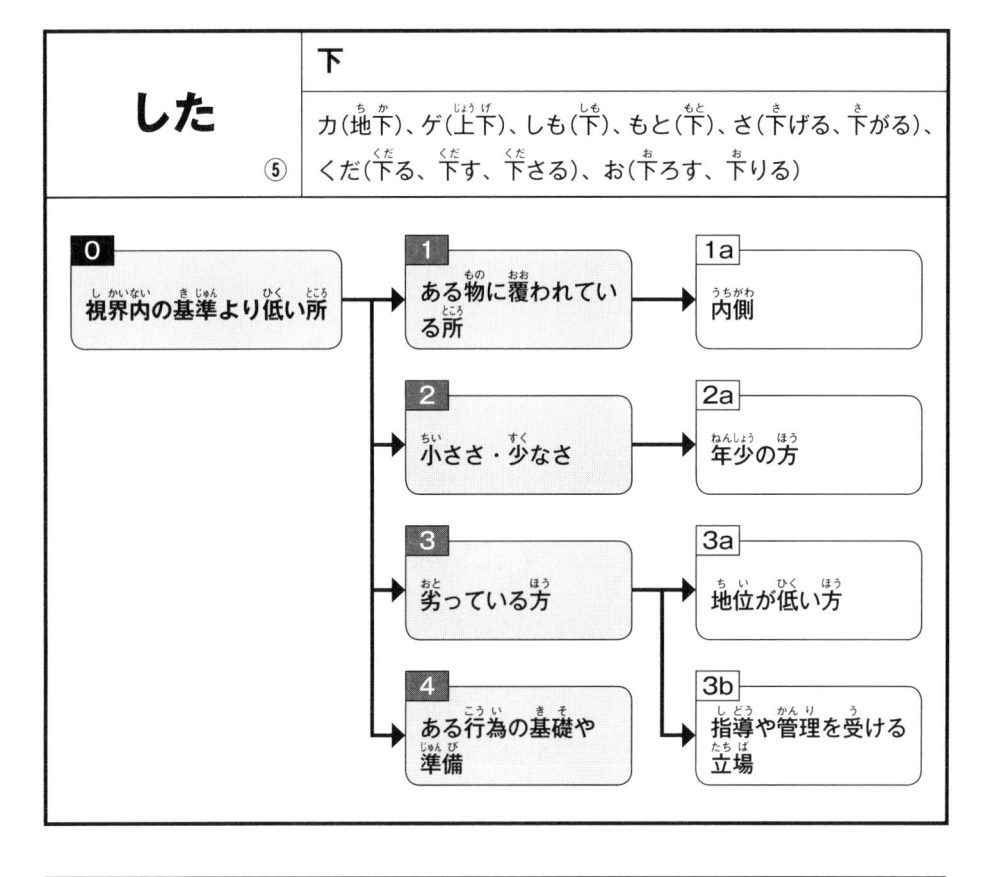

下
カ(地下)、ゲ(上下)、しも(下)、もと(下)、さ(下げる、下がる)、くだ(下る、下す、下さる)、お(下ろす、下りる)

- **0** 視界内の基準より低い所
  - **1** ある物に覆われている所
    - **1a** 内側
  - **2** 小ささ・少なさ
    - **2a** 年少の方
  - **3** 劣っている方
    - **3a** 地位が低い方
    - **3b** 指導や管理を受ける立場
  - **4** ある行為の基礎や準備

0 視界内の基準より低い所
down/below (vertical location) / 시야 내의 기준보다 낮은 곳 / 低于视觉内基准的地方

- すごい、富士山があんなに下に見えるよ!
- プリントの下の方に私の名前が書いてあった。

□ 下降 スル:下の方へ降りること ⇔ 上昇
□ 下車 スル:自動車や電車から降りること ⇔ 乗車
□ 地下:地面の下。土の中 ⇔ 地上

句 足下を見る:相手の弱みにつけこむ

した

1 ある物に覆われている所
under (something) ／어떤 물체에 덮여 있는 곳／被某物遮盖的地方

❓ 覆う物は上、覆われる所は下にあることが多いから

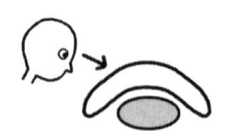

- 木の下で雨が止むのを待った。
- 探していたペンは、新聞の下にあった。

1a 内側
inner side, under (clothing) ／안쪽／内侧

❓ 外側や表面にある物は上、内側は下にあることが多いから

- ジャケットの下には、薄いシャツを着ています。

□ 下着：肌に直接着る服。一番内側に着る服　⇔　上着

2 小ささ・少なさ
less (than), smaller ／작음・적음／小、少

❓ 上 - 下の関係を、大 - 小・多 - 少の関係に広げた

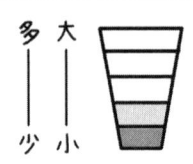

- この乗り物には、身長が120cmより下の子供は乗ることができない。
- 彼女には一番下のサイズでも大きすぎるくらいだ。

2a 年少の方
younger ／연령이 낮은 쪽／年少者

❓ 多 - 少の関係を生まれてからの時間の長 - 短に絞ったから

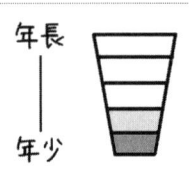

- 一番下の妹が来年小学校に入学する。

□ 年下：ある人より年齢が少ないこと　⇔　年上

3 劣っている方

weaker, inferior ／능력이 떨어지는 쪽／劣势的一方

❓ 上 - 下の関係を、優 - 劣の関係に広げたから

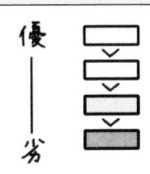

- 田中さんと比べたら、経験も能力も私のほうがずっと下だ。
- 彼の成績は下から数えたほうが早い。

□ 下品 ナ：品格がいやしいこと ⇔ 上品
□ 下水：家や工場が排出する汚れた水 ⇔ 上水

3a 地位が低い方

lower, subordinate ／지위가 낮은 쪽／地位低的一方

❓ 優 - 劣の関係の中で、特に地位の高 - 低の関係に絞ったから

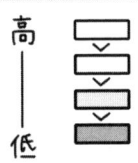

- 彼女は下の者の意見も聞いてくれる理想的な上司だ。

□ 部下：ある人より地位が低く、その人の指示で行動する人

3b 指導や管理を受ける立場

under (someone's guidance) ／지도나 관리를 받는 입장／处于被指导及管理的立场

❓ 優 - 劣の関係の中で、特に管理 - 被管理の関係に絞ったから

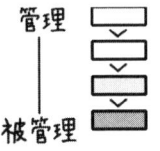

- あの人の下で働くのは大変だ。
- 彼も私同様、その先生の下で研究しました。

4 ある行為の基礎や準備

groundwork, preparation ／어떤 행위의 기초나 준비／为某行为打的基础及作的准备

❓ 行動を物の積み上げに例えたとき、初めに来る物事を表す

□ 下味：調理をする前に材料につける味
□ 下調べ スル：事前に調査しておくこと

＊ 4 の用法では、「下 + 味」「下 + 調べ」のように名詞の前に付けて使う。

じだい

| じだい ④ | 時代 |

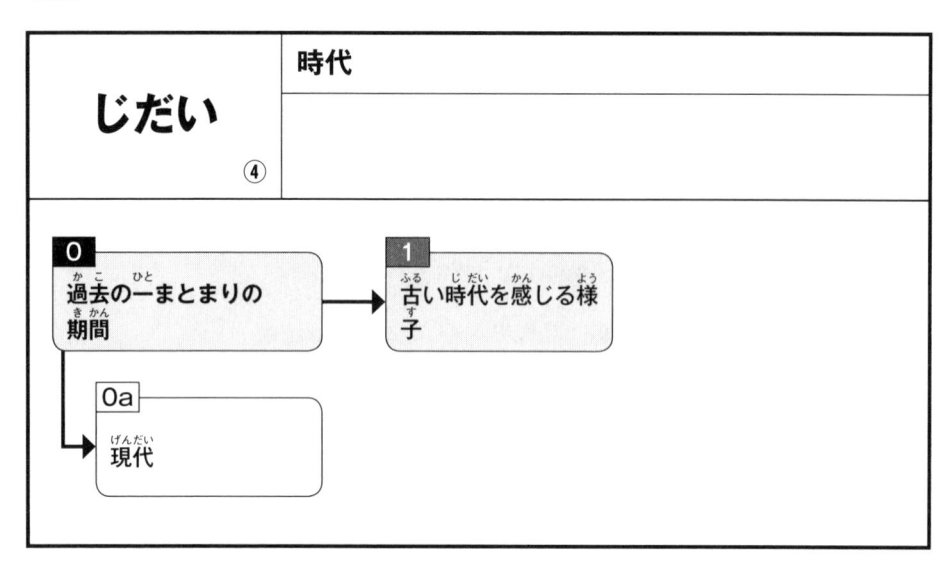

```
0 過去の一まとまりの期間  →  1 古い時代を感じる様子
   ↓
   0a 現代
```

0 過去の一まとまりの期間
era, age ／과거의 일정한 기간／过去一段时间

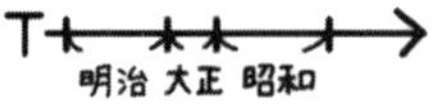

明治 大正 昭和 →

中学 高校 大学 →

- 明治時代から、牛肉が広く食べられるようになった。
- 今朝、学生時代の友人と駅でばったり会った。
- 昔の校舎がすっかり新しくなったのを見て、時代の流れを感じた。

□ 時代劇：主として、江戸時代を背景にしたドラマや劇

0a 現代
the times ／현대／现代

❓ 過去と隣り合った現代も、一まとまりの期間と考えるから

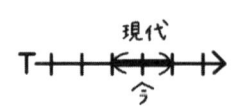

現代
├─┼─┼─┤◄──►├─►
     今

- その町は時代に取り残されたように、ひっそりとしていた。
- 当社が開発したこれらの技術は、時代の先端を行くものです。

□ 時代遅れ：今の時代の傾向や流行に遅れていること

じだい

1 古い時代を感じる様子

sense of antiquity ／오래된 세월을 느낌／古色古香

? 長い時代を経た結果に生じたありさまだから

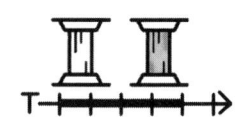

- 時代を帯びた太い柱が、歴史の重みを感じさせる。
- □ 時代がかる 動I：古風な感じがする

☞ じかん（p.151）、とき（p.222）、むかし（p.312）

じぶん

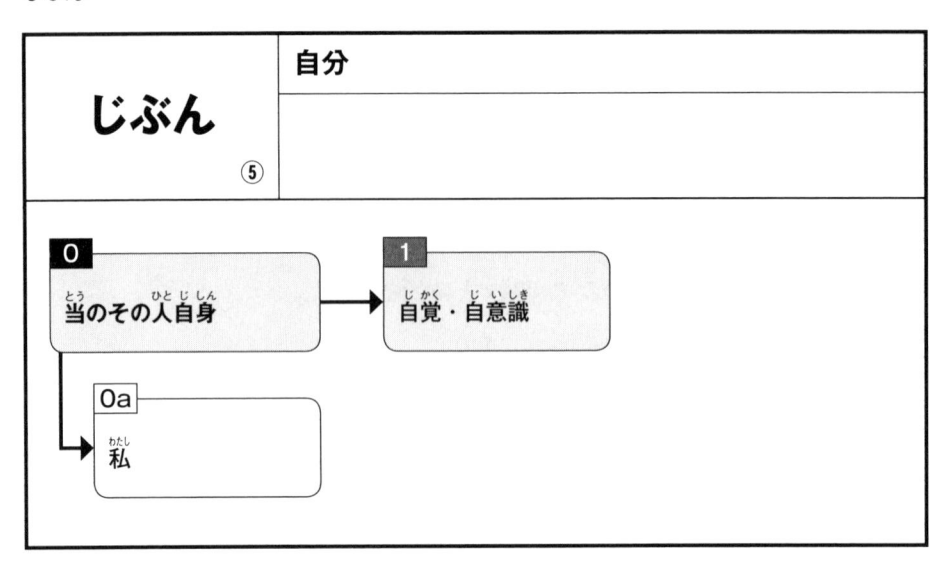

じぶん ⑤	**自分**

```
[0]  当のその人自身  →  [1] 自覚・自意識
     │
     ▼
   [0a] 私
```

❶ 当のその人自身
oneself／바로 그 사람 자신／本人自己

- 試験では、自分の力を信じて頑張るしかない。
- 子供でも、自分でできることは自分でやるべきだ。
- A：寒いでしょ？　B：自分こそ寒いんじゃない？

＊ ❶ の用法では、文脈によって一人称、二人称、三人称のいずれかの意味になる。

0a 私
I, me／나／我

❓ ❶ の中で、特に話し手自身の場合

- 自分はうそが嫌いです。
- 部長は部内の他の人には優しいのに、自分にだけは厳しいんです。

＊ 自称としては男性が目上に対して用いる。

1 自覚・自意識

one's self, self-identity／자각・자의식／自觉、自我意识

❓ その人自身の、特に中身を表す

- 彼はまだ若いのに、自分をしっかり持っている。
- しばらくの間、自分を探すために旅に出ようと思う。

しゅじん

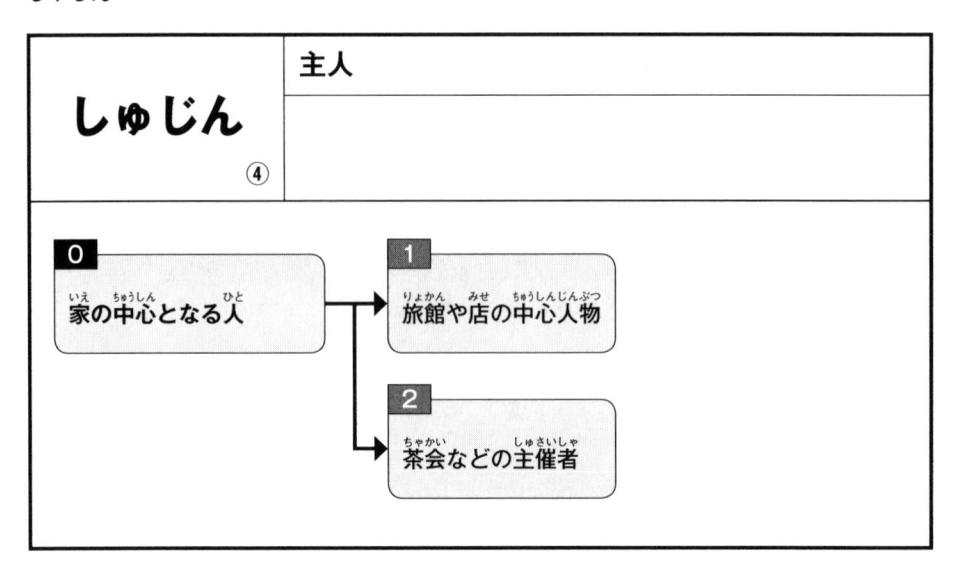

しゅじん ④

主人

```
[0] 家の中心となる人
  ├→ [1] 旅館や店の中心人物
  └→ [2] 茶会などの主催者
```

[0] 家の中心となる人
husband, head of household ／집안의 중심이 되는 사람／一家之长

- 私は主人の転勤に伴い、その仕事を辞めることにした。
- ご主人にもよろしくお伝えください。

＊ [0] の用法では、自分や他人の夫を指すときに使う。

[1] 旅館や店の中心人物
proprietor, owner (of a shop) ／여관이나 가게의 중심인물／旅馆老板及商店的一店之长

❓ 店を家と見なしたときに、中心となる人だから

- 旅行が中止となったので、宿の主人におわびの電話を入れた。
- 彼は、女主人から店の会計を任されている。

しゅじん

2 茶会などの主催者

host/hostess of a tea ceremony, etc. ／다화회(茶話會) 등의 주최자／茶会等举办者

❓ イベントを、一時の家に例えたときに中心となる人だから

- その年に、千利休が主人となって茶会が催された。
- 田中さんが主人を務める会なら、ぜひ一度呼ばれたいものだ。

しゅみ

しゅみ ④	趣味

```
0                              1
個人が楽しみとしている  →    物事への好み
事
```

0 個人が楽しみとしている事

hobby, pastime ／개인이 즐기기 위하여 하는 일／个人觉得有乐趣的事情

- 人それぞれ、趣味が違う。
- わたしの趣味は、カラオケです。
- 鈴木さんは趣味が広いですね。

□ 趣味友：趣味を同じにする友達　＊新語
□ 悪趣味 ナ：①品のよくない趣味　②人が嫌がることをわざとするような態度
□ 多趣味 ナ：趣味が多いこと
　例）あの先生は多趣味な方なので、話が面白い。

1 物事への好み

taste (in fashion, etc.) ／사물에 대한 기호・취향／对事物的喜爱

❓ 好みは趣味を持つためのきっかけになるから

- この皿の価値が分かるなんて、いい趣味ですね。
- 趣味のいい部屋ですね。
- どの色の服を着るかは、個人の趣味の問題です。

しょうねん

少年 ③

0 年が若い男子 → **1** 年が若い男女

---

0 年が若い男子 ⇔ 少女
boy ／나이가 어린 남자／年轻的男子

- イチローは、多くの少年が憧れる野球選手です。
- あの店には、孤独な少年たちが集まってくる。

* **0** の用法では、普通、小学校1年生から中学校3年生ぐらいまでの男子を指す。

1 年が若い男女
juveniles ／나이가 어린 남녀／年轻男女

❓ 男子だけでなく、女子も含む若者に意味を広げたから

- 戦後は少年の犯罪率が、成人のそれより高くなっている。

- □ 少年院：家庭裁判所から送られた少年に矯正教育を行う所
- □ 少年期：少年の時期。主に児童期の後半
- □ 少年犯罪：20歳未満の者が犯した犯罪
- □ 少年法：犯罪を犯した少年についての処分を定めた法律
- □ 青少年：青年と少年。若い人たち

文化ノート 現行の少年法では、満20歳に満たない者を少年として扱う。

☞ おとこ (p.66)、おとな (p.69)、おんな (p.74)、こども (p.139)

しる

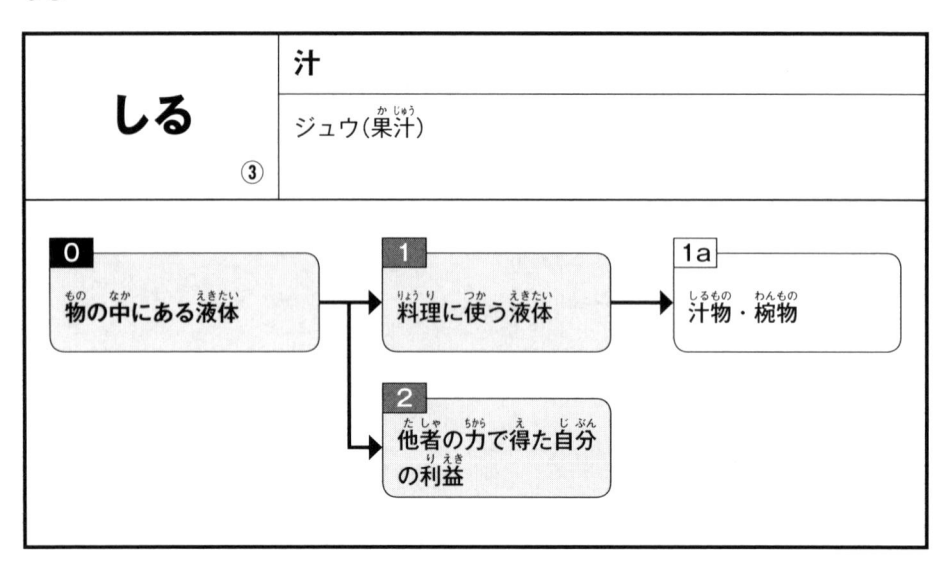

しる ③	汁
	ジュウ(果汁)

```
[0 物の中にある液体] → [1 料理に使う液体] → [1a 汁物・椀物]
                                   ↓
                            [2 他者の力で得た自分の利益]
```

0 物の中にある液体

juice ／물체 속에 있는 액체／物体中的液体

- レモンの汁を絞り出そう。
- この果物は汁が多くて手が汚れる。

□ 青汁：緑葉野菜を絞った汁
□ 鼻汁：鼻の粘膜から出る液体　☞ [はな（鼻）] 1
□ 果汁：果物の汁
□ 苦汁：①苦い汁　②辛い経験　▫ 苦汁をなめる／飲む

1 料理に使う液体

soup stock, broth, sauce ／요리에 사용하는 액체／做菜用汤料

❓ うま味を持つ液体という特徴が似ているから

- この鍋に入っているのはさっき作っただし汁だ。
- みりんと酒を加えれば、かけ汁の出来上がりです。

1a 汁物・椀物

soup ／국물 요리／清汤、酱汤

? 特に汁を味わう料理を表す

- 汁の実なら、貝がいちばんおいしいと思う。
- さつま汁は鹿児島の名産です。

□ みそ汁：だし汁に豆腐や野菜などを入れて煮たあと、みそを溶かし入れた汁物

2 他者の力で得た自分の利益

profit from some else's effort ／타인의 힘으로 얻은 자신의 이익／不劳而获的好处、便宜

? 汁のようにこぼれ出る利益をうま味・うまい汁に例えている

句 うまい汁を吸う：他者の力で生まれた利益を自分のものにする
例) いつもあいつばかりが、うまい汁を吸っている。

* 2 の用法では、慣用句のみ。「甘い汁を吸う」とも言う。

しるし

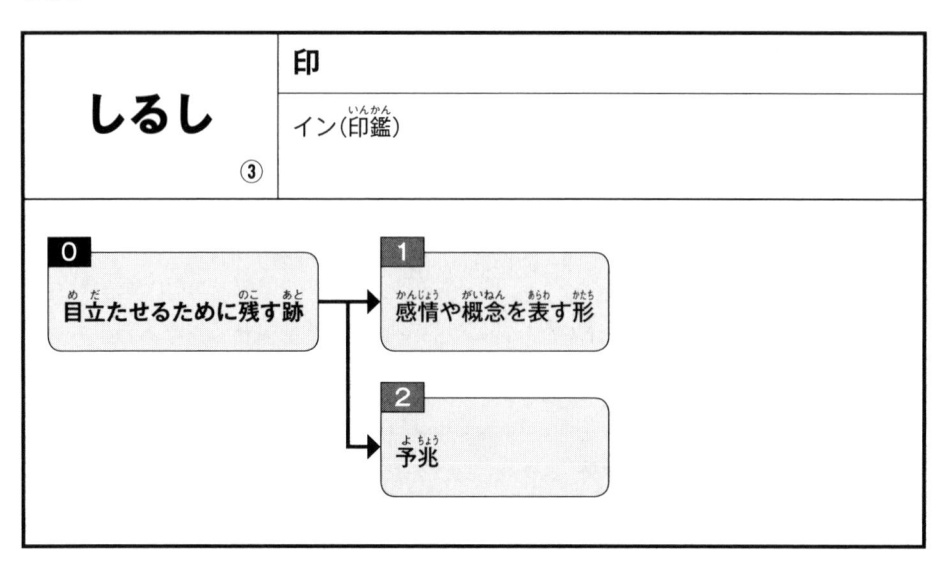

しるし ③	印
	イン(印鑑)

```
[0] 目立たせるために残す跡 → [1] 感情や概念を表す形
                       → [2] 予兆
```

0 目立たせるために残す跡

mark ／눈에 띄게 하려고 남긴 흔적／为醒目而留下的印记

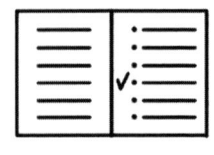

- 教科書の大切な部分に印をつける。
- この表に印がない人は、今日のパーティーには参加しません。

□ 米印：「※」の呼び方
□ 目印：後で見て分かるように残した跡・印
□ 矢印：「→」の呼び方
□ 印鑑：文書に押す自分の名前のスタンプ　▱ 印鑑を押す
□ 印刷 スル：インクを備えた機械を使って、紙に文字や絵を刷ること
□ 印象：何かを見たり聞いたりしたときに持つ感じ
□ 調印 スル：条約や協定などを結ぶこと
　例) 両国の首相は、平和条約に調印した。

しるし

1 感情や概念を表す形

symbol, token ／감정이나 개념을 나타내는 형태／表达感情及概念的记号

❓ 目に見えない感情や概念を、目に見えるようにしたものだから

- お詫びの印にこれを受け取ってください。
- この旗に描かれている白い鳩は、平和の印だ。

2 予兆

portent ／징조／预兆

❓ 目に見えない未来のことを、目に見える形で示す現象だから

- ツバメが低く飛ぶのは、雨の印だ。
- 大雪は豊作の印だといわれている。

すえ

すえ ②	末
	マツ(週末)、バツ(末弟)

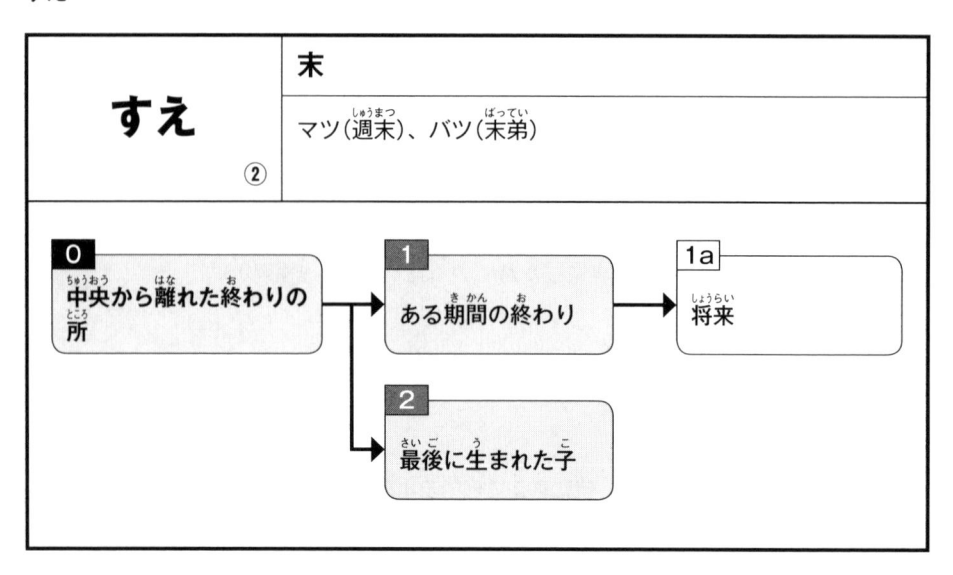

```
[0] 中央から離れた終わりの所 → [1] ある期間の終わり → [1a] 将来
                                  ↓
                              [2] 最後に生まれた子
```

[0] 中央から離れた終わりの所
end/edge (spatial location, position in a series) ／중앙에서 떨어진 끝 부분／离中心的尽头之处

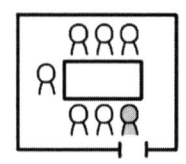

- 彼女は新入社員だったので末の席に着いた。　＊「末の席」は、まれな用法である。

- □ 場末：町の中心から外れた寂れた所
- □ 末裔：子孫
- □ 末席：最下位者が座る端の席　⇔　上席
- □ 末端：物事の端。組織の一番下
- □ 末尾：物事や文章の終わり
- □ 巻末：本の最後　⇔　巻頭
- □ 始末：①物事の始めと終わり。経緯　② スル 後の処理をする
- □ 枝葉末節：さほど大事ではない部分
- □ 粗末 ナ ：上等でないこと。物事をいいかげんにすること
- □ 端末：(サーバーに対して) 使用者が入出力を行うパソコンなどの情報機器
- □ 文末：文の終わりの部分
- □ 本末転倒：大事なことと、些細なことを取り違えること

すえ

1 ある期間の終わり

end (of a period)/ /어떤 기간의 끝/某个时期终结,

❓ ある一定期間を考えたときに、端に当たる所だから

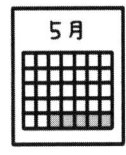

- 来月の末に大きな人事異動がある。
- 技術者全員の苦心の末、この新製品は完成しました。

☐ 末期：①物事の終わりの頃 ⇔ 初期 ②病気などで人の死ぬ寸前
☐ 末期的 ナ：終末寸前のように、救いがたいほどひどい
☐ 末日：ある期間・月の最終日
☐ 〜末：期間の終わり 例）週末、月末、年末、世紀末
☐ 期末：運営上の期間の終わり ⇔ 期首
☐ 結末：最後の結果
☐ 幕末：江戸幕府の末期の頃

句 世も末：今の世の中がとても乱れていて、もう終わりだということ

1a 将来

future /장래/将来

❓ 現在を時の中心と考えたとき、特に端は未来に相当するから

- やれやれ、今からあんな調子じゃ、末が思いやられるよ。
- 昔なら末は博士か大臣かと言われたが、大臣の地位も下がったものだ。

☐ 末恐ろしい イ：将来どうなるか恐ろしいほどだ
☐ 末長く 副：遠い将来までずっと ＊「末長い」という形容詞はない。
☐ 来し方行く末：人の過去と未来

すえ

2 最後に生まれた子

youngest child in a family／마지막에 태어난 아이／最后出生的孩子

❓ 子供を生まれた順に並べたときに、端に来る子だから

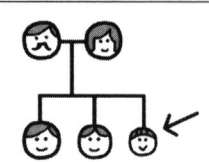

- 彼は末の娘を目の中に入れても痛くないほど、かわいがっていた。
- 私は4人兄弟の末です。

☐ 末っ子：最後に生まれた子

文化ノート 　数字の8は漢字で表記すると「八」であり、だんだん広がっていく形であるため、「末広がり」と呼ばれていい数字とされている。

すじ

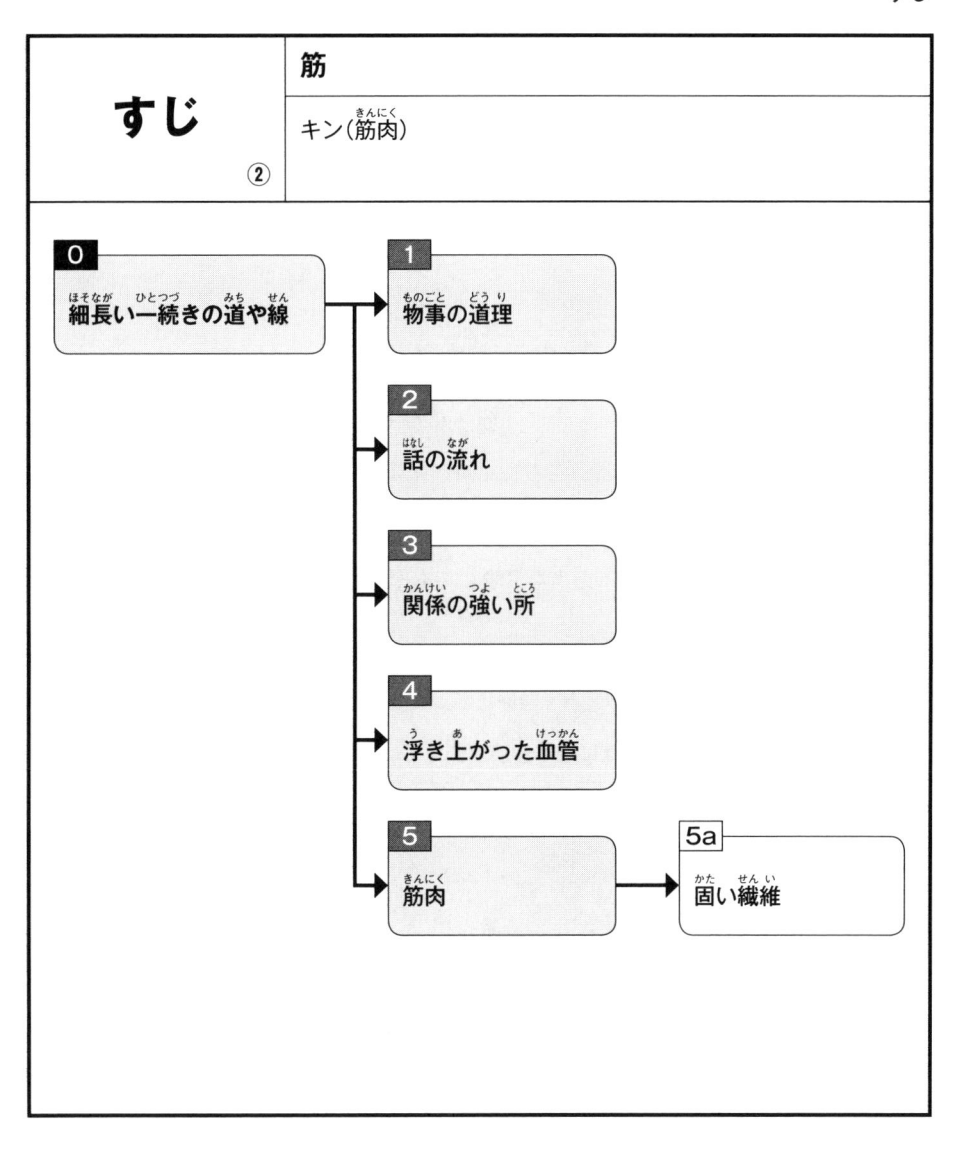

筋
キン(筋肉)

- **0** 細長い一続きの道や線
  - **1** 物事の道理
  - **2** 話の流れ
  - **3** 関係の強い所
  - **4** 浮き上がった血管
  - **5** 筋肉 → **5a** 固い繊維

0 細長い一続きの道や線
line, road, stream／가늘고 길게 이어진 길이나 선／一条细长的道路及线条

- 川沿いの筋が山へ行く近道です。
- 壁に二本の筋が走っているのが見えますか？
- 彼女はそれを聞いて、一筋の涙をこぼした。

すじ

- □ 筋金入り： ☞ [かね] **1**
- □ ～筋：～に沿った道　例）街道筋、尾根筋、川筋
- □ 売れ筋：よく売れている商品
- □ 道筋：通り道

---

1 物事の道理

coherency, logic ／사물의 도리／道理、条理

❓ 当然のプロセスや道理を、一続きの道に例えている

○ 1→2→3→4
× 1→3→4→2

- 議題3より、議題2を先に話し合うのが筋でしょう。
- 政治家の圧力で記事にしないなんて、筋の通らない話だ。

- □ 筋違い：道理に外れていること。見当違い
- □ 本筋：正当な道理。そもそもの話題

---

2 話の流れ

plot (of a story) ／이야기의 흐름／情节、话题展开

❓ 時間の流れを、起点から終点に続く道筋に例えている

- これ以上、筋を聞かされると犯人が誰だか分かってしまう。
- この小説は登場人物が多すぎて、時々、筋が混乱する。

- □ 大筋：物事の概要

---

3 関係の強い所

source of information, closely associated person/organization ／관계가 깊은 곳／有关方面、血统、门第

❓ つながっている関係を、一続きの道に例えている

- これは確かな筋からの情報です。

- □ 関係筋：ある事に関係ある人々や機関
- □ 消息筋：ある事の事情について、よく知っている機関や人
  例）消息筋によると、あの女優は先週まで入院していたらしい。

- □ 血筋：血のつながり。血統

すじ

4 浮き上がった血管

raised blood vessels ／불거져 나온 혈관／突出的血管

❓ 血管は、皮膚の上から一続きの道のように見えるから

- 父は額に筋を立てて怒った。
- その老人は、筋の浮き出た手で前方を示した。

5 筋肉

muscle ／근육／筋肉、肌肉

❓ 筋肉は皮膚の上から筋のように見えるから

- ストレッチは体のこわばった筋を伸ばす運動です。
- 練習中に、左足の筋を痛めて病院へ行った。

☐ 首筋：首の後ろ
☐ 筋肉：伸縮性を持つ動物の肉の部分

5a 固い繊維

tough fiber, string (in beans) ／단단한 섬유／咬不动的纤维、（植物）筋

❓ 野菜を人体に例えたときの、硬い筋肉のような部分だから

- サヤエンドウの筋を引いてから、水に5分ほど漬けます。
- セロリの筋は固くて食べられない。

すみ

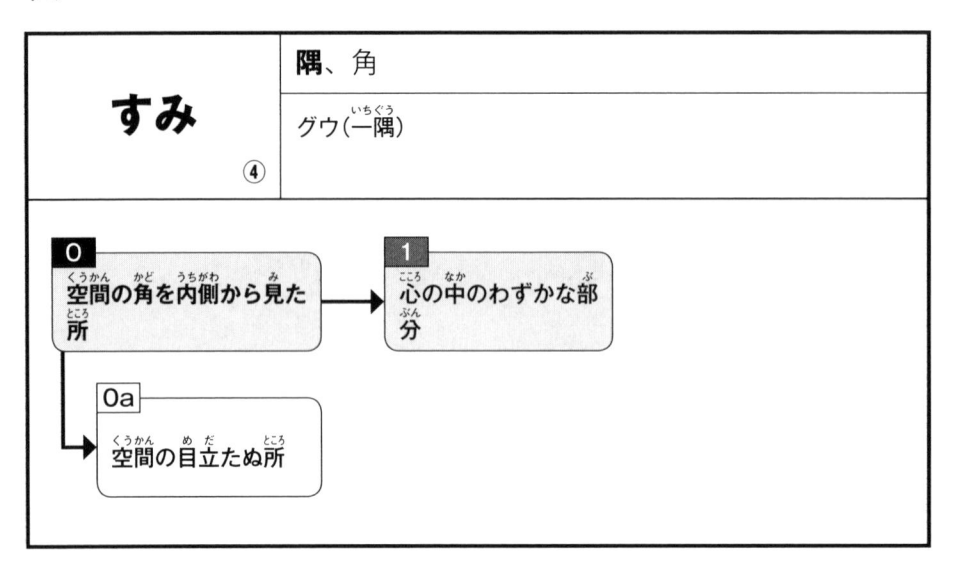

すみ ④	隅、角
	グウ(一隅<ruby>いちぐう</ruby>)

- **0** 空間の角を内側から見た所
  - **0a** 空間の目立たぬ所
- **1** 心の中のわずかな部分

---

0 空間の角を内側から見た所

corner (of room, etc.) ／공간의 모퉁이를 안쪽에서 본 곳／内側看得见的空间一个角落

- 部屋の隅にごみ箱が置いてある。
- 彼女は引き出しの隅に、いつも指輪を置いておく。

□ 隅っこ：隅に親しみや軽蔑を込めていう言葉

句 隅から隅まで：範囲の全て

0a 空間の目立たぬ所

nook, small corner ／공간 안의 눈에 띄지 않는 곳／空間内不醒目之处

❓ 人の目につきにくいという特徴が似ているから

- その事件は新聞の隅で小さく報道された。
- 二人の老女は町の隅でひっそりと暮らしていた。

□ 隅々：目立たないところ全て
　例）大掃除の時は、家の隅々まで磨くことにしよう。

□ 片隅：中心から外れた目立たぬ所
　例）その町の片隅には、古ぼけた小さな教会があった。

すみ

句 隅に置けない：意外な才能・経験・知識などがあって軽視できない

1 心の中のわずかな部分
corner (of one's mind) ／마음속의 아주 작은 부분／心中某个角落

❓ 心を空間と考えたときの、狭いが確かにある所を表す

- 幼い時の懐かしい思い出が、心の隅に残っている。
- 彼のことを、心の隅で少しだけ疑ってしまった。

☞ かど (p.85)

せかい

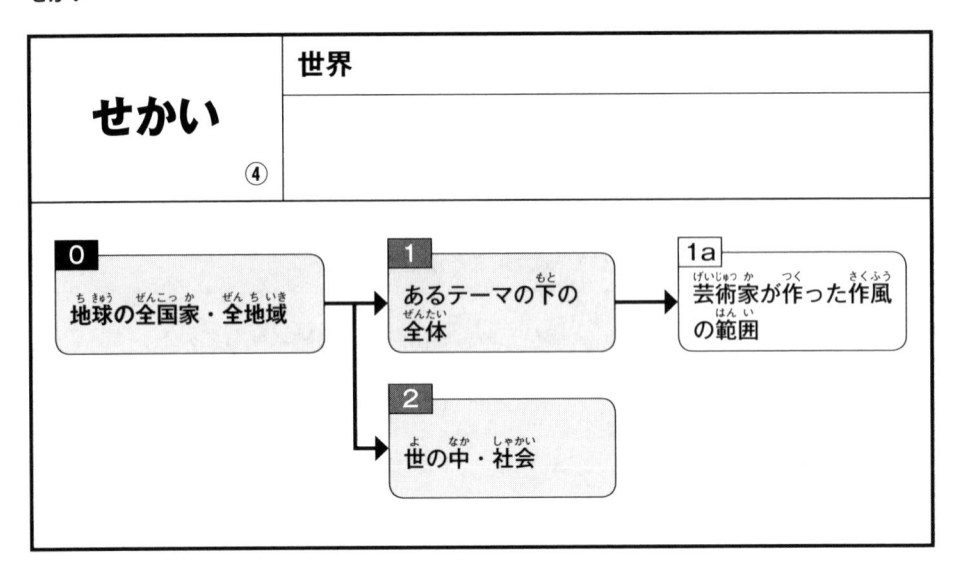

| せかい ④ | 世界 |

```
[0]                    [1]                      [1a]
地球の全国家・全地域  →  あるテーマの下の全体  →  芸術家が作った作風の範囲
                         ↓
                        [2]
                        世の中・社会
```

0 地球の全国家・全地域

the world (earth) ／지구의 전 국가・전 지역／地球上的全部国家、整个地区

- 世界の平和を祈る。
- 世界中の人々がその事件に注目した。

☐ **世界一**：全世界で一番
☐ **世界史**：世界全体の歴史で、日本では高校の科目
☐ **世界大戦**：世界的な大戦争。WW2は第二次世界大戦のこと
☐ **全世界**：世界の全て。世界中
例) 全世界の平和は、簡単に成し遂げられるものではない。

1 あるテーマの下の全体

world (of animals/business/etc.) ／어떤 주제 전체／特定主题下的整体

❓ あるテーマにおける全ては、限定された世界だから

- 温暖化は動物の世界にも影響がある。
- 医者の世界では、互いの収入については触れないのがルールだ。
- ビジネスの世界は、ただ儲かればいいというものでもない。

せかい

1a 芸術家が作った作風の範囲

artistic world/cosmos ／예술가가 만들어 낸 작품의 범위 ／艺术家的创作作风范围

❓ 特定の芸術家のテーマに焦点を当てているから

- 美術館でピカソの世界を満喫した。
- バルセロナでガウディの世界を体験した。

2 世の中・社会

world, environment, society ／세상・사회／人世、社会、行业、圈子

❓ 世界の人々が作り出したものだから

- 彼女とは住む世界が違うので、結婚できないだろう。
- 未知との出会いは、新しい世界への第一歩である。

せき

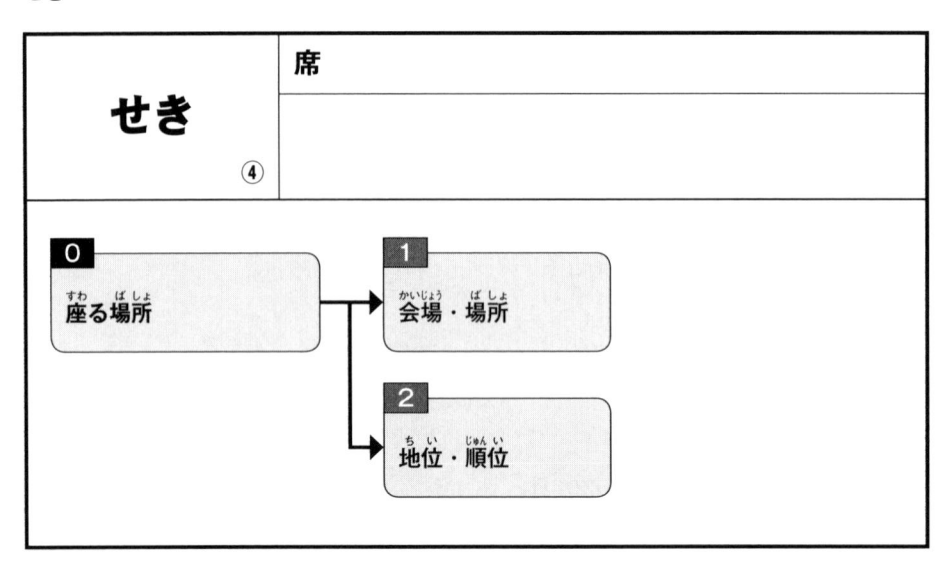

席 ④

- **0** 座る場所
  - → **1** 会場・場所
  - → **2** 地位・順位

---

0 座る場所
seat／앉는 장소／坐处、位子

- 私の席は、右の列の一番前です。
- 早く席に着きなさい。
- 電車やバスの中では、お年寄りに席を譲りましょう。

☐ 席替え スル：教室などで座る席を替えること
☐ 相席 スル：飲食店などで別の客と同じテーブルに着くこと
　例）ただいま相席になりますが、よろしいでしょうか。
☐ 客席：劇場などの座席
☐ 空席：誰も座っていない、空いている席
☐ 座席：乗り物や劇場などの座る席
☐ 指定席：劇場や列車などで、座る人が決められている席
☐ 自由席：劇場や列車などで、誰が座ってもよい席
☐ 退席 スル：席を離れて、その場を去ること
　例）憤った大使は退席すると、二度と戻らなかった。
☐ 着席 スル：席に座ること
　例）私たちが着席するなり、場内は真っ暗になった。

せき

☐ 満席：劇場や乗り物などの座席が全てふさがること

句 席を外す：一時、席を離れる
例）申し訳ありませんが、常務はただいま席を外しております。

1 会場・場所

venue, meeting place ／회장・장소／会场、场所

❓ 座る席を一部とする、会場の全体に意味を広げたから

- 大切なお祝いの席なのに、酔っ払ってしまった。
- 近いうちに話し合いの席を設ける予定だ。

☐ 席上：会合などの場
　例）歓迎会の席上で専務の代わりに挨拶をした。
☐ 席料：部屋や場所などを借りる料金
☐ 欠席 スル：授業や会合に出ないこと ⇔ 出席
☐ 出席 スル：授業や会合に出ること ⇔ 欠席
☐ 同席 スル：同じ会場にいること
　例）そのパーティーでは、ライバル会社の社長同士が同席した。

句 席を改める：今は終わりにして、改めて別の機会や場所を用意する　例）その件でしたら、席を改めて話し合いましょう。

2 地位・順位

position, rank ／지위・순위／地位、席次、排名

❓ その席に着く人の地位を象徴的に示すから

- 60歳になったら、息子に社長の席を譲ろうと思う。
- 多くのタレントがその人気番組の司会の席を狙っている。

☐ 首席：成績や順序が最高であること
　例）彼はあの名門大学を首席で卒業したそうだ。
☐ 末席：　☞「すえ」 **0**

せわ

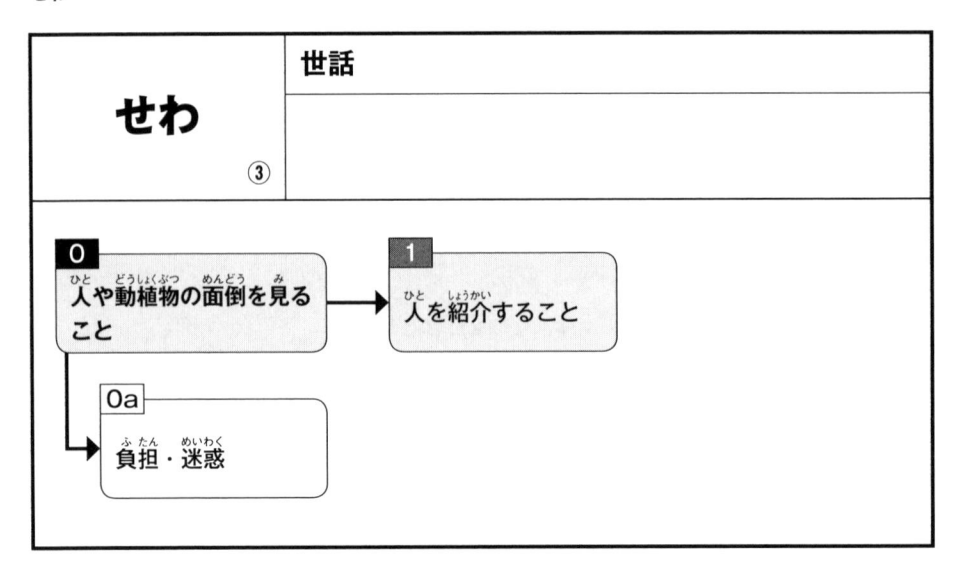

せわ ③	世話

```
[0] 人や動植物の面倒を見ること  →  [1] 人を紹介すること
      │
      └─[0a] 負担・迷惑
```

[0] 人や動植物の面倒を見ること

care (for a person/animal/plant) ／사람이나 동식물을 보살피는 일／照顾人、照料植物

- 散歩に連れて行ったり、体を洗ったり、犬の世話は大変だ。
- この木は世話をしていないのに、自然に大きな実をつけた。
- この老人ホームには、食事や掃除の世話をする人が足りない。

□ 世話人／役：世話をする人。特に団体の運営に中心的に携わる人

句 世話になる：個人や組織の保護・援助を受ける
例）留学中は、現地の先生方に大変お世話になった。

句 世話を焼く：自分から進んで人を援助する
例）彼女は時間があれば息子の家を訪れ、一日中世話を焼いている。

せわ

0a 負担・迷惑

burden, trouble ／부담・폐를 끼침／负担、麻烦

❓ 世話をした結果、負担や迷惑が生じることがあるから

- まったく、世話が焼ける子供だ。　＊「世話が焼ける」＝面倒な
- 親に世話をかけたくないので、一人暮らしを始めた。

句 大きなお世話：相手が自分のために保護・援助したことが、自分には迷惑なこと
例) 彼は親切心でお見合いを勧めてくれたようだが、私にとっては大きなお世話だ。

句 世話［が］ない：あきれるほどどうしようもない
例) 自分が掘った穴に落ちたのでは世話がない。

1 人を紹介すること

proving introductions ／사람을 소개하는 일／介绍

❓ 世話の中で、特に紹介や仲介に関することを表す

- 知り合いに世話をしていただき、その会社で働くことになった。
- 旅先で病気になったが、いい医者を世話してもらったので助かった。

文化ノート　これから誰かに世話をかけるときは、前もって「お世話になります」と感謝の気持ちを表す。また、手助けを受けた後は、「お世話になりました」と挨拶する。

せんせい

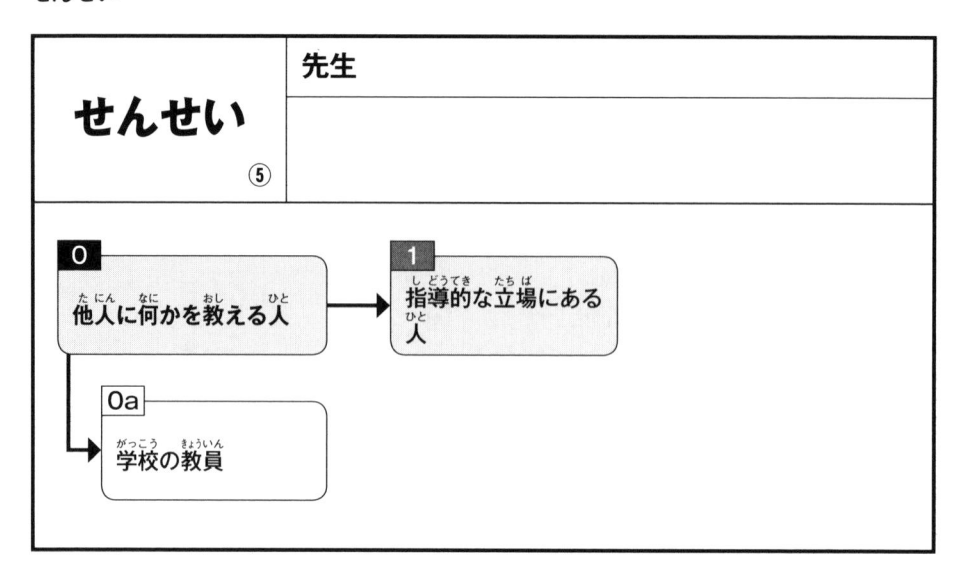

| せんせい ⑤ | **先生** |

```
[0] 他人に何かを教える人  →  [1] 指導的な立場にある人
  ↓
  [0a] 学校の教員
```

[0] 他人に何かを教える人

instructor, teacher ／다른 사람에게 무언가를 가르치는 사람／教別人学会某事的人

- 本日は、経営評論家の今村先生にお話しいただきます。
- こちらは私の生け花の先生です。

[0a] 学校の教員

school teacher, professor ／학교의 교원／学校的教員

❓ 教える人の中で、学校の教員は代表的な存在だから

- 私たちの英語の先生は、夏休みにアメリカへ行った。
- 田中先生、歴史のテストは来週の何曜日ですか。

せんせい

1 指導的な立場にある人

doctor, mentor ／지도적인 입장에 있는 사람／处于指导立场的人

❓ 指導的な立場にある人は、多くの場合教える立場にあるから

- 神経痛になったから、いつもの病院で先生に診てもらおう。
- あの弁護士の先生は、年収1億円だそうだ。

用法ノート 1 先生は他人に対する敬称なので、自分の事を言う場合は「教員」「教師」を用いる。

× 私はピアノの先生です ⇒ ○ 私はピアノの教師です。

2 カタカナで「センセイ」と表記すると、からかった印象になる場合がある。

例）どうやらそのセンセイ、文法がまるで分かっていなかったらしい。

そこ

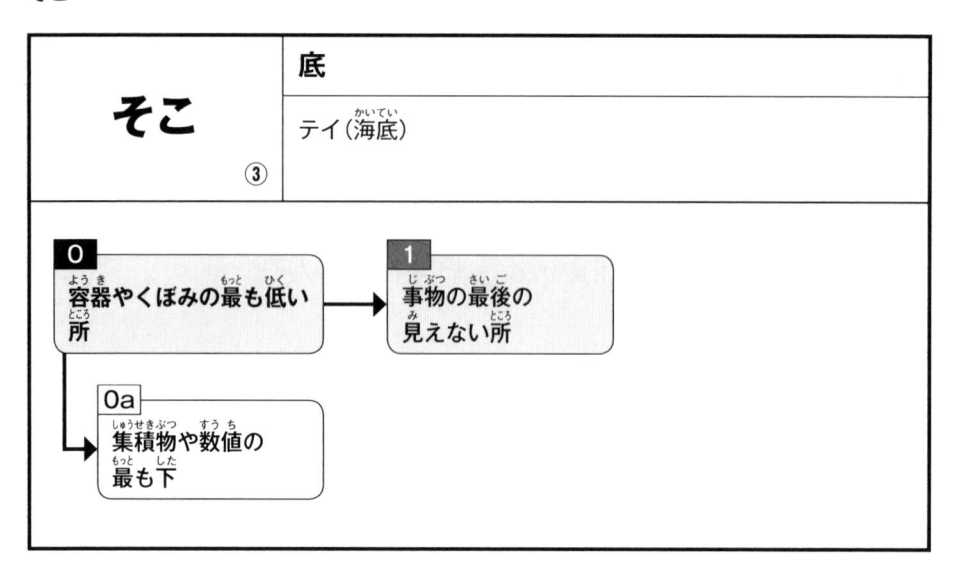

そこ ③	底
	テイ(海底)

- ⓪ 容器やくぼみの最も低い所
  - → ① 事物の最後の見えない所
  - → ⓪a 集積物や数値の最も下

⓪ 容器やくぼみの最も低い所

bottom (of a vessel/depression/etc.) ／그릇이나 움푹 팬 곳의 가장 낮은 곳／容器及凹处的最低部分

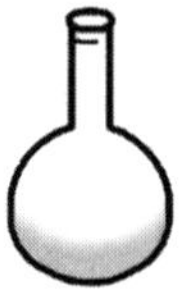

- この瓶は底が丸くなっている。
- 川が汚れているので、底が見えない。

□ 海底：海のいちばん下

⓪a 集積物や数値の最も下

bottom (of a pile), lowest ／쌓인 물건이나 수치의 가장 아래／堆积物的最低处、数值的最下限

❓ 見た目がくぼんでいて、底と似ているから

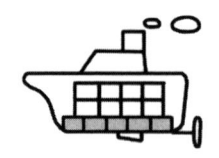

- 積荷の底はブラジルからのコーヒーでした。
- この会社の株価は、今が底値です。

句 底を突く：ある物が全てなくなる

そこ

1 事物の最後の見えない所

back of one's mind, hidden depths, profoundness ／사물의 맨 끝으로 보이지 않는 곳／内心深処、深淵（难以看见的部分）

❓ 底は覗きこんでもよく見えないように、事物の最後はなかなか分からないから

- 彼は心の底まで占い師に明かした。
- あの人の交渉の力量は底が知れない。

□ 底抜け：極端に度がはずれていること
　例）見ず知らずの人に一万円も貸すなんて、あの人も底抜けのお人よしだね。

□ 底冷え スル：体の奥までしみるような厳しい寒さ
　例）夕べは底冷えがして、布団がもう一枚欲しかった。

□ 奥底：奥の深いところ
　例）誰でも心の奥底には、人には言えない欲望が潜んでいると言う。

句 底が浅い：内容に深みがない
句 底が知れる：正体がたやすく分かってしまう

文化ノート 「上げ底」とは、底を上げて作った容器のこと。多くの場合、上げ底の箱に入れた品物は、容器こそ豪華だが中身は少ししか入っていない。

そと

そと ⑤	外
	ガイ（外国）、ゲ（外科）、ほか（外）、はず（外す、外れる）

0 ある範囲から出た部分

→ **1** よそ

→ **2** 表面

→ **3** 屋外

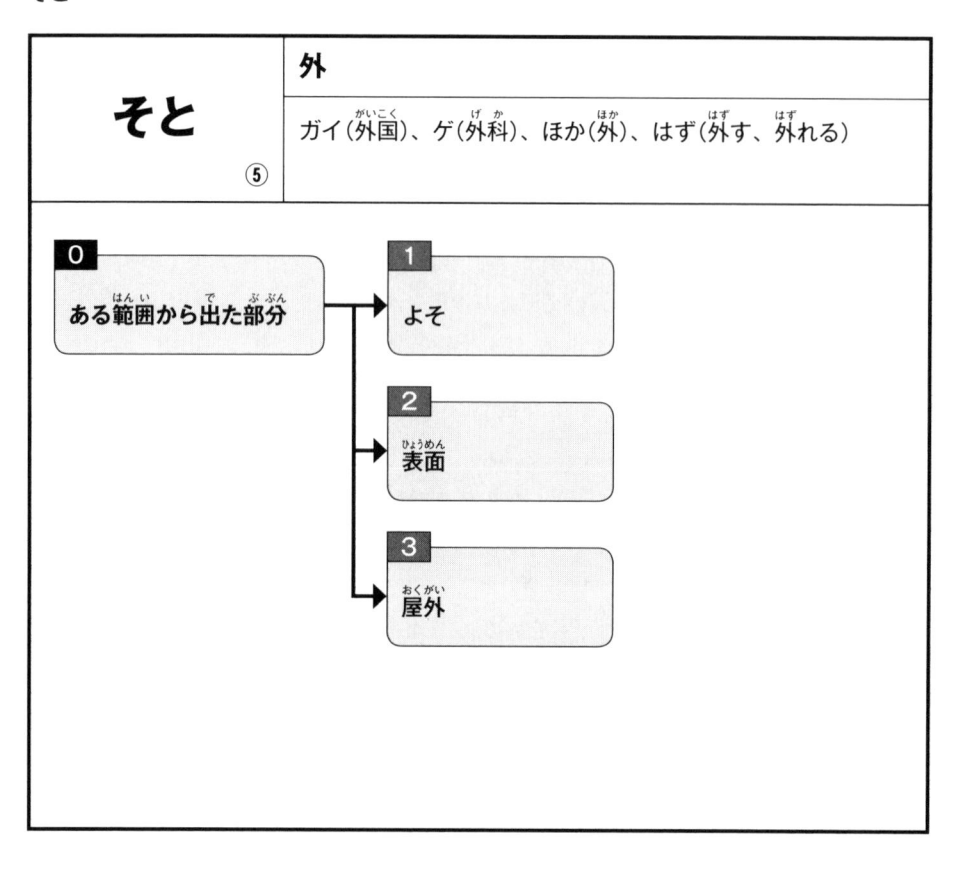

0 ある範囲から出た部分
outside／어떤 범위에서 벗어난 부분／超出某范围的部分

- 白線の外に出ないでください。
- 彼にとってその話題は関心の外のようだ。

☐ 外部：物の外側。よその人や組織　⇔ 内部
☐ 以外：特定の範囲の外
☐ 意外 ナ：予想していたことと違う
　例）意外なことに、その広場に入れるのは男性だけだった。
☐ 号外：重大な事が起きたときに臨時に発行する新聞
☐ 除外 スル：特定範囲から取り除くこと
☐ 論外 ナ：議論の範囲に入らないこと。論ずる価値のないこと

そと

句 蚊帳の外：内情が分からない所に置かれること
＊「蚊帳」＝蚊の侵入を防ぐために寝室に吊るす網
例）その計画については、彼はすっかり蚊帳の外だ。

1 よそ

external, out ／세 곳／外面

❓ ある集団を範囲とした場合の、その外側だから

- 夕飯は外で食べてくることが多い。
- 息子は甘えん坊だが、外ではしっかりしていると褒められることが多い。
- この情報は外に漏らしてはいけない。

☐ 外圧：外部や外国からの圧力 ⇔ 内圧
☐ 外見：外から見たありさま
☐ 外交：外国とのやりとり
☐ 外国：日本ではない国。他国
☐ 外車：外国製の自動車
☐ 外出 スル：よそへ出かけること
☐ 外食 スル：家の外で食事を取ること。また、その食事
☐ 口外 スル：秘密を外にもらすこと

2 表面

exterior ／표면／表面

❓ 表面はある空間の外側に接しているから

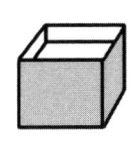

- 箱の外はビーズで飾り付けされていた。
- コップの外に水滴が付いている。

☐ 外面：物の外の面。見かけ ⇔ 内面
☐ 外科：手術などで直す医学の分野

そと

3 屋外(おくがい)

outdoors ／옥외 (건물이나 집의 밖)／屋外

❓ 自分(じぶん)がいる家屋(かおく)や建物(たてもの)の外(そと)は、個人(こじん)にとって外(そと)の中(なか)で際立(きわだ)った存在(そんざい)だから

- 外(そと)は雪(ゆき)が降(ふ)っている。
- 小屋(こや)から外(そと)に出(で)たら雪(ゆき)が降(ふ)っていた。
- 子供(こども)のうちは、外(そと)でたくさん遊(あそ)んで体力(たいりょく)を付(つ)けたほうがいい。

句 恥(はじ)も外聞(がいぶん)もない：恥(は)じる気持(きも)ちもないし、世間体(せけんてい)も気(き)にしない

☞ うち (p.55)

ただ

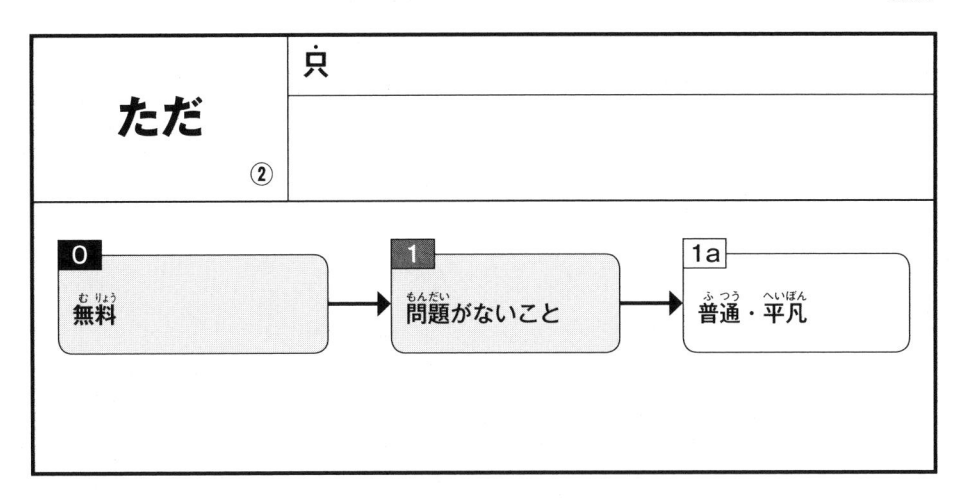

只 ②

```
[0 無料] → [1 問題がないこと] → [1a 普通・平凡]
```

0 無料
free of charge ／무료／不要钱、免费

- ジュースの試供品がただで配られている。
- この遊園地は入るだけならただだ。

□ ただ取り スル：無料で何かを得ること
□ ただ乗り スル：料金を払わずに乗り物に乗る不正行為
□ ただ働き スル：報酬なしで働くこと

句 ただほど高いものはない：ただで何かを貰うと、頼まれごとなどでかえって高くつくということ

1 問題がないこと
without trouble ／문제 없음／没问题、过得去

❓ 問題があることをお金がかかることに例えて、それがないことだから

- このことが世間に知れたらただでは済まない。
- 新たに問題が見つかったら、今度こそただでは置かない。

* 1 の用法では、「ただでは済まない」「ただでは置かない」のように否定語と呼応する。

ただ

> **1a** 普通・平凡
>
> ordinary／보통・평범／普通、平凡
>
> ❓ 取り立てて問題がないと、可もなく不可もないことが多いから

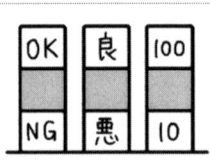

- 誰でも二十歳を過ぎればただの人だ。
- 今日はただの寒さではない。

☐ ただ事：普通のこと　＊否定語と呼応する。
　例）会長自ら営業会議に出席とは、ただ事ではないだろう。
☐ ただ者：普通の人　＊否定語と呼応する。
　例）この味付けの秘密を見抜くとは、彼はただ者ではないぞ。

たね ②	種
	シュ（種子）

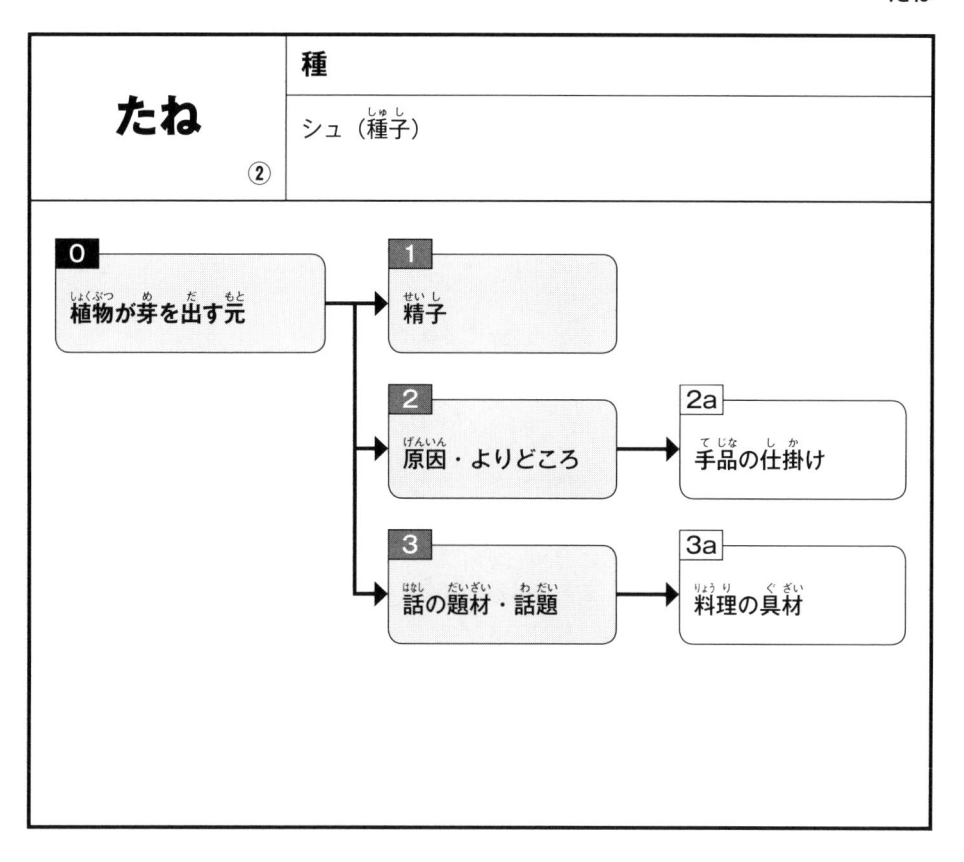

```
0 植物が芽を出す元 ──→ 1 精子
                  ├─→ 2 原因・よりどころ ──→ 2a 手品の仕掛け
                  └─→ 3 話の題材・話題 ──→ 3a 料理の具材
```

0 植物が芽を出す元

seed／식물이 싹을 틔우는 근원이 되는 것／植物发芽的籽儿

- 去年まいた種から芽が出た。
- ひまわりの種は食べられます。

☐ 種まき スル：田畑に種をまくこと
☐ 変わり種：普通とは違った種類のもの
☐ 種子：種の専門的な呼称
☐ 種族：同質の部類に属する動植物や集団
☐ 種類：形や性質が似ているものをカテゴリーにしたもの
＊一種、多種、雑種といった言い方もある。

たね

1 精子

sperm／정자／精子、种

❓ 種を植えると植物が生まれるように、精子が入ると人や動物が生まれるから

- その老人は自分には子種がなかったと告げた。
- あの馬は引退後、数十頭の雌馬に種をつけた。

☐ 種馬：繁殖のために飼われる雄の馬
☐ 種付け **スル**：優良な雄を雌に交配させること
☐ 子種：精子

2 原因・よりどころ

cause／원인・근거／原因、起因

❓ 種から植物ができるように、ある原因から物事が生じるから

- 彼女の悩みの種は娘がちっとも勉強しないことだ。
- あの男は町のトラブルを飯の種にしている。

2a 手品の仕掛け

secret (to a magic trick)／마술의 원리／变戏法的诀窍

❓ 手品のよりどころは、特に仕掛けにあるから

- メイソン氏のマジックは、まったく種が分かりません。
- 種をすぐ明かしては、プロのマジシャンとは言えない。

たね

3 話の題材・話題

topic／이야기의 제재・화제／说话的题材、话题

❓ 種があると植物が生長するように、題材は話をおもしろくするから

- こんなところを人に見られたら噂の種になります。
- このエピソードはかっこうの新聞種だね。

3a 料理の具材

ingredients／요리의 재료／烹调的材料、配料

❓ 題材が話をおもしろくするように、具材は料理をおいしくするから

- サバは生のままでは寿司の種にならない。
- おでんの種の中では、大根が一番好きです。

文化ノート ✏ 3 3a は俗語では「ネタ」とも言う。

たま

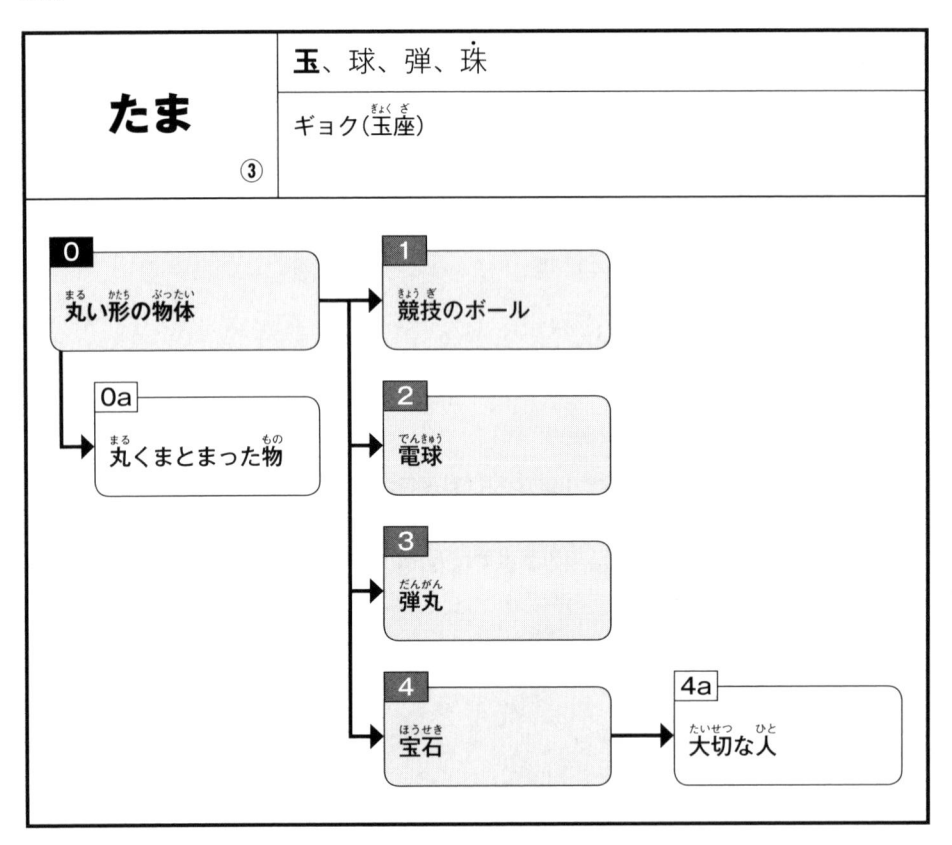

たま ③	玉、球、弾、珠
	ギョク(玉座)

```
[0] 丸い形の物体
  └─[0a] 丸くまとまった物
  ├─[1] 競技のボール
  ├─[2] 電球
  ├─[3] 弾丸
  └─[4] 宝石 ──[4a] 大切な人
```

[0] 丸い形の物体

ball, drop (of dew, etc.) ／둥근 형태의 물체／圆形物体

- 朝の草には玉の露が光っている。
- 目の玉が飛び出るほど驚きました。

☐ シャボン玉：せっけん水をストローの先に付け、膨らませた美しい気泡
☐ ビー玉：子供の遊びに使うガラスの玉
☐ 気球：熱した空気などを入れて上空に上げる物
☐ 地球：私たちが住む惑星

たま

0a 丸くまとまった物

ball (of something)／둥글게 뭉친 것／圓狀物品

❓ 形が玉に似ているから

- この毛糸の玉でマフラーを作ります。
- 火の玉が自分に迫ってくる悪夢を見た。

□ 飴玉：玉のように丸めた飴。キャンディー

1 競技のボール

ball (sports)／경기에 쓰이는 공／比賽用球

❓ 丸い形の物の中で、特にボールを表す

- 遅い球だったので簡単に取れた。
- 仕事が終わったら玉突きに行こう。　＊「玉突き」＝ビリヤード（billiards）

□ 球技：ボールを使って行うスポーツ
□ 球場：野球を行うグラウンド
□ 球団：プロ野球のチームを運営する団体
□ ～球：球技の種類　例）野球、卓球、庭球

2 電球

light bulb／전구／电灯泡

❓ 丸い形の物の中で、特に電球を表す

- 球が切れたから取り替えなければならない。

たま

3 弾丸

bullet／총알／枪弹、炮弹、书钉

❓ 丸い形の物の中で、特に弾丸を表す

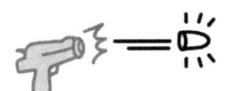

- 残念だが、そのピストルには弾が入っていない。
- その刑事は犯人の撃った弾に当たり、大怪我をした。

＊ 3 の用法では、通常「弾」と表記する。

□ 流れ弾：目標からそれて飛ぶ弾丸

4 宝石

gem／보석／玉石、宝石

❓ 丸い物の中で、特に丸い形をした宝石を表す

- 昔の人はこのような玉を磨いて大切にしたのです。
- こんな安っぽい飾り玉を、いったい部長はいくらで買ったんだ？

句 玉に瑕：それがなければ完璧なのに、存在する小さな欠点

4a 大切な人

dearest love／소중한 사람／宝贝

❓ 宝石が美しく大切な物であるように、愛らしく大切な人を表す

句 掌中の珠：とても大事にしているもの。特に最愛の子
例) どんな子供でも、親にとっては掌中の珠だ。

文化ノート 🖉 女性が結婚によって、多額の財産や高い地位を手に入れることを「玉の輿に乗る」と言う。男性がその立場になる場合は、俗語で「逆玉」と言う。

ちから

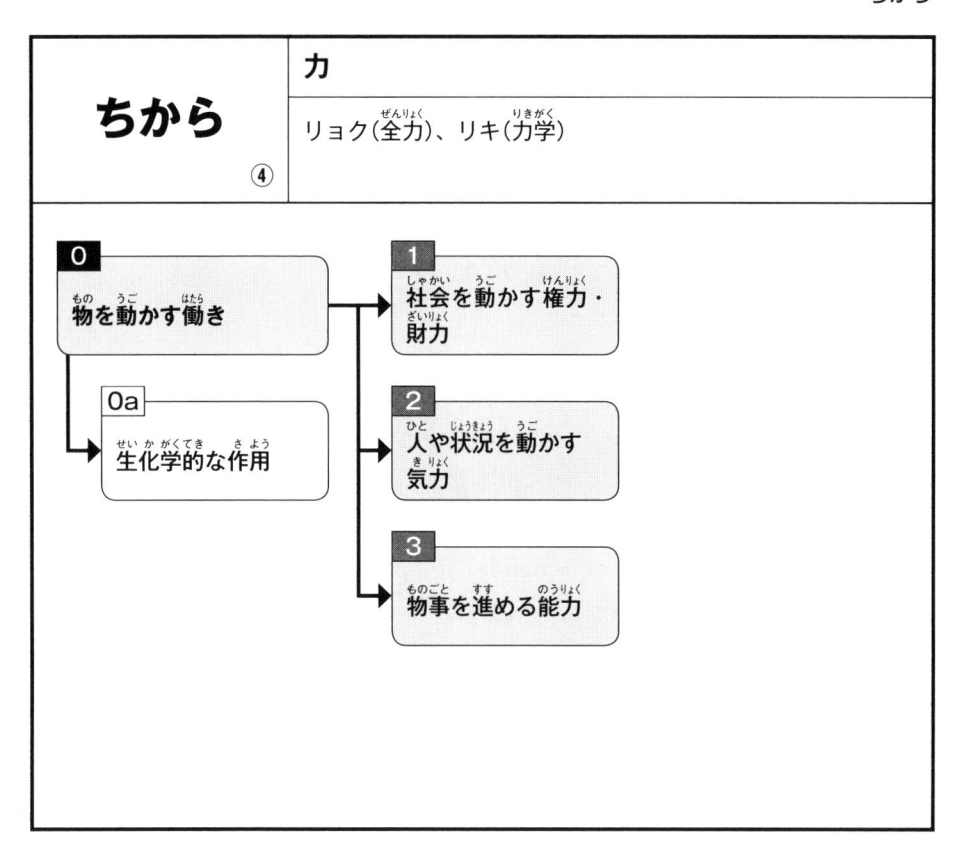

力
リョク(全力)、リキ(力学) ④

- **0** 物を動かす働き
  - **0a** 生化学的な作用
- **1** 社会を動かす権力・財力
- **2** 人や状況を動かす気力
- **3** 物事を進める能力

---

0 物を動かす働き

physical strength/force ／물체를 움직이는 작용／使物体移动的作用力

- 彼は腕の力が強い。
- これは風の力を利用して発電する仕組みです。

□ 力持ち：肉体的に強い力を持っている人
□ 力学：物体に働く力と運動の関係を研究する学問
□ 火力：火の勢い
　例）中華料理は、強い火力を使うとおいしくできる。
□ 筋力：筋肉の強さ
□ 重力：地球上の物体を中心に向かって引っ張る力

ちから

0a 生化学的な作用

biochemical effect ／생화학적인 작용／生化学的作用

❓ 物理的な働きが物を動かすように、生化学的な働きが人や動物を治すから

- 薬の力で痛みを抑えているが、もう限界だ。
- 人間には内臓の疾患を治す内的な力が備わっている。

1 社会を動かす権力・財力

power, influence, authority ／사회를 움직이는 권력·재력／推动社会的权力和财力

❓ 物理的な働きが物を動かすように、権力や財力は社会を動かすから

- その大臣は政治の世界で大きな力を持っている。
- その国は戦いに勝ち、強大な力を手に入れた。

☐ 権力：他人を支配し、従わせる力
☐ 効力：ある物事に効果を与える力
　例）この契約は来年の四月一日から効力がある。
☐ 財力：財産によって他人を従わせる力
　例）あの会社は豊富な財力を持つ一方で、いい人材は少ない。

2 人や状況を動かす気力

strength, energy ／사람이나 상황을 움직이는 기력／改变人及情况的气力

❓ 物理的な働きが物を動かすように、気力や心理的働きは、人や状況を動かすから

- 不合格の知らせを聞いて、力が抜けた。
- 目標の達成に向けて力を惜しんではならない。
- 彼女の音楽には、人を感動させる力がある。

☐ 活力：働き、生きるための力
　例）若者が少なくなると、都市から活力が消える。
☐ 気力：物事を達成するために必要な精神的な力
☐ 協力 スル：ある目的のために力を合わせること

句 力を入れる：重点的に取り組む
　例）新内閣は教育と福祉に力を入れるそうだ。
句 力を借りる：協力してもらう
句 力を尽くす：一生懸命に頑張る
　例）彼女は女性の地位の向上に力を尽くしてきた。

3 物事を進める能力

ability, capacity ／사물을 추진하는 능력／推动事物进展的能力

❓ 物理的な働きが物を動かすように、能力は物事を前に進めるから

- 彼のプレゼンの力は本当にすごい。
- 一郎は英語の力が弱いので受験が心配だ。
- コミュニケーションの力こそ、あらゆる仕事で必要とされるものだ。

□ 学力：教育を通じて獲得した能力
□ 実力：本当に持っている力

ちち

父
フ(父母)　※「お父さん」は慣例的な読み方 ⑤

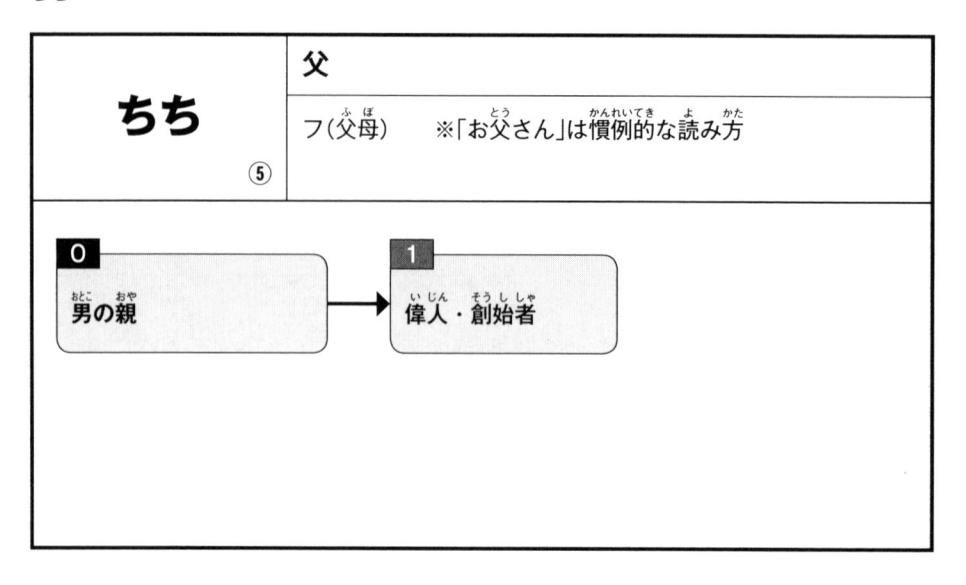

```
[0 男の親] → [1 偉人・創始者]
```

0 男の親
father／부모 중 남자／男性家长

- うちの父は秋田県で生まれました。
- 幼い頃に父を亡くしたので、顔をよく覚えていない。

□ 父方：父親の血筋のほう　⇔ 母方
　例）父方のおばが先日、急に訪ねてきた。
□ 父母：父親と母親
□ 祖父：親の父親。おじいさん　⇔ 祖母

1 偉人・創始者
the father of (something)／위인・창시자／伟人、创始者

❓ ある分野や国を人に例えたときの父親の役割をする人を表す

- 北里氏は、近代医学の父である。
- これがキューバ革命の父、カストロの像です。

ちゃ

茶
チャ（茶色）、サ（喫茶店）
⑤

- 0 （飲料としての）日本茶
  - 0a 茶の葉
- 1 喫茶
  - 1a 飲料を飲む休憩
  - 1b 茶の湯
- 2 茶色

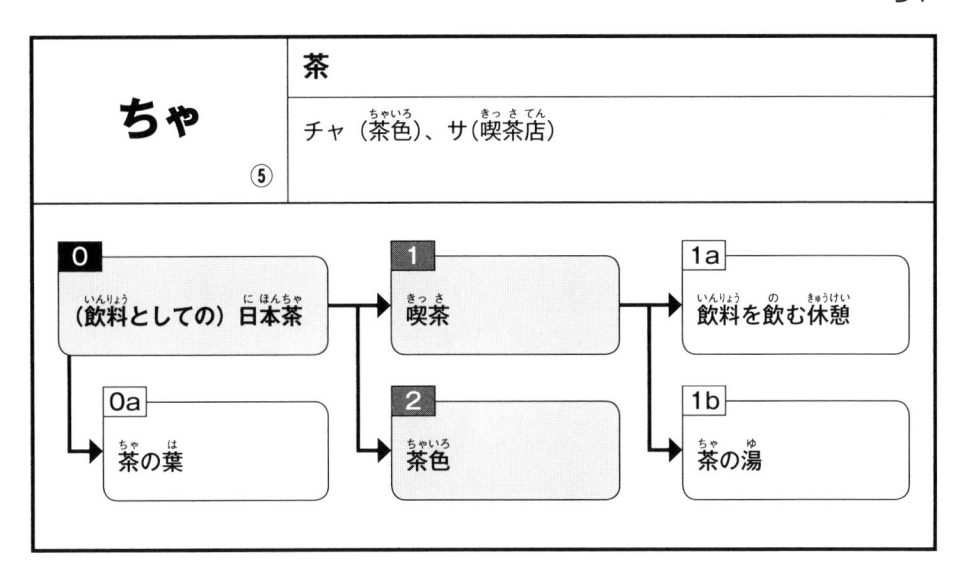

0 （飲料としての）日本茶

Japanese/green tea ／（음료로 마시는）녹차／（饮用的）日本茶

- 食事の後は、必ずお茶を入れることにしている。
- 茶は急須から最後の一滴まで注いでください。

句 茶々を入れる：邪魔する。妨害する
例）部長はまた大切な話に茶々を入れて、会議の進行を妨げた。

0a 茶の葉

tea leaf ／찻잎／茶叶

❓ 日本茶の原料だから

- 茶畑では人々が茶を摘んでいる。
- 花粉症に効くと言われる茶を購入した。

ちゃ

1 喫茶

tea drinking ／차를 마심／喝茶

❓ 日本茶を飲む行為のことを表すようになった

- おいしい玉露をいただいたので、お茶にしましょう。
- 天気のいい日は、庭でお茶の時間を楽しむ。

□ ～茶：さまざまな種類の茶
　例）緑茶、紅茶、ほうじ茶、ウーロン茶

句 お茶の子さいさい：簡単にできること
　例）このレベルの漢字なら、トムさんにすればお茶の子さいさいだ。

1a 飲料を飲む休憩

tea/coffee break ／음료를 마시는 휴식 시간／喝饮料休息

❓ お茶だけでなく、さまざまな飲料を飲んで休憩するようになったから

- そろそろお茶にしない？
- 細かいことは、向かいのカフェでお茶でも飲んで決めましょう。

1b 茶の湯

Japanese tea ceremony ／다도／茶会、茶道

❓ 日本茶を飲むときの作法が、芸術に高められたから

- 茶をたてる前に、お茶の作法を学ばなければなりません。
- お茶に招かれて、初めて茶室に入った。

句 お茶を濁す：曖昧な答えやいい加減な方法でごまかす
　例）返答に困る質問を受けたため、いずれ答えると言ってお茶を濁した。

2 茶色

brown／갈색／茶色

❓ 茶が染みこんだ布の色を、色の名前に用いたから

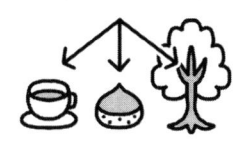

- このコートは茶というより赤に近い色だ。
- 茶色に染めた私の髪を見たとたん、父は不機嫌そうに顔をそむけた。

文化ノート 日本の喫茶店では通常、日本茶はメニューにない。逆に料理店などでは食後に日本茶が出ることがあるが、その場合、喫茶店で最初に出る水と同様に、料金はかからない。

つき

つき ④	月
	ゲツ(今月)、ガツ(五月)

- 0 地球の衛星 → 1 一カ月
- 0a 月光

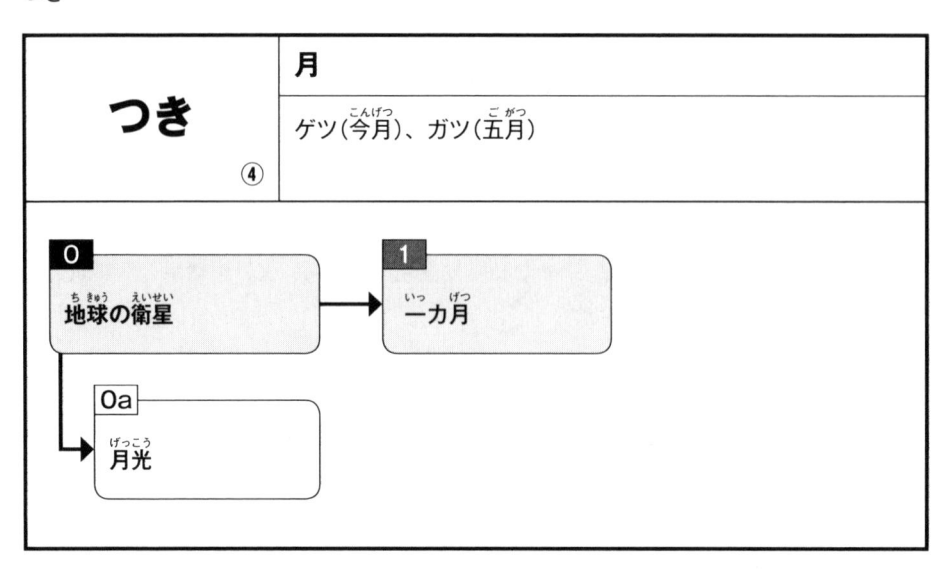

0 地球の衛星

the moon／지구의 위성／地球的卫星

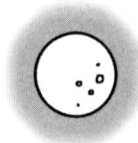

- 今夜はきれいな月が出ている。
- 日本では、月の影はうさぎに例えられている。

□ 月見：月を見て楽しむこと
□ 三日月：細長い弓型の月
□ 満月：全面が輝いて丸く見える月

0a 月光

moonlight／달빛／月光

❓ 月から出る光だから

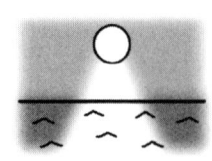

- 窓から月が差し込んでいる。
- 雲間から月が浜辺を照らすたびに、夜の波が金色に輝いた。

□ 月光：月の光

句 月が欠ける：満月の後で月が細くなる
句 月が満ちる：満月になる

つき

1 一カ月(いっかげつ)

month／한 달／一个月

❓ 月の満ち欠けがひとめぐりする期間が、昔の一カ月だから

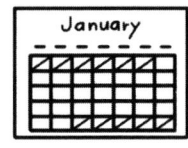

- 月に一回、大阪へ出張する。
- 月ごとの売り上げを見せてください。

☐ 毎月：どの月も
☐ 月末：その月の終わりの頃
☐ 今月：今の月
☐ 正月：①1年の最初の月　②1月のうち新年を祝う期間
☐ 先月：今月の前の月
☐ 来月：今月の次の月

句 月を越す：翌月になる
　例）会議を一週間後にしたら月を越してしまう。
句 月をまたぐ：翌月にわたる
　例）先方との交渉は結局、月をまたいでも終わらなかった。

☞　とし (p.231)、ひ (p.263)、ほし (p.289)

て

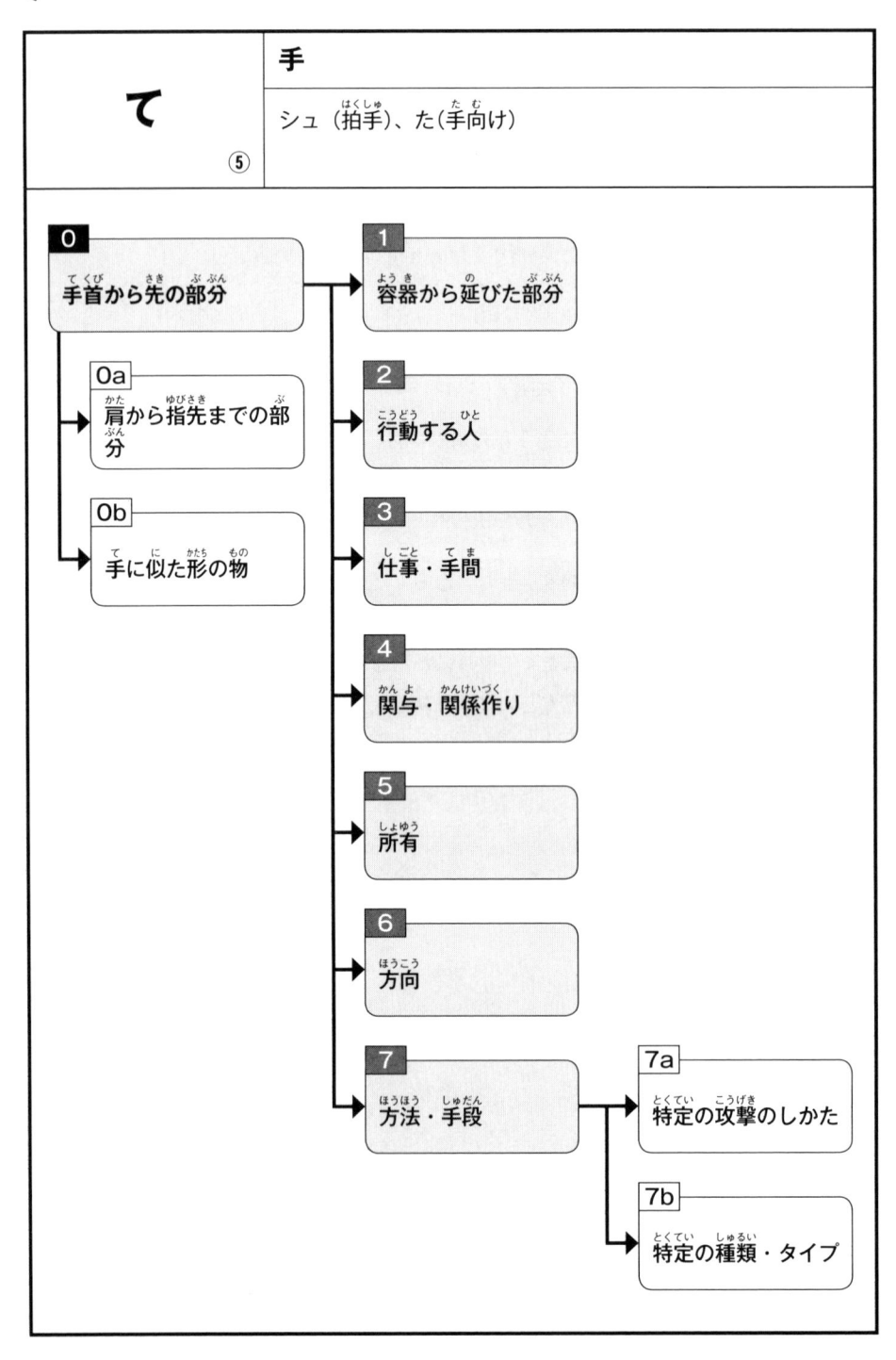

て ⑤	**手**
	シュ(拍手)、た(手向け)

0 手首から先の部分

- 0a 肩から指先までの部分
- 0b 手に似た形の物

1 容器から延びた部分

2 行動する人

3 仕事・手間

4 関与・関係作り

5 所有

6 方向

7 方法・手段
- 7a 特定の攻撃のしかた
- 7b 特定の種類・タイプ

て

⓪ 手首から先の部分
hand (of a human) ／손목의 끝에 달린 부분／从手腕到指尖的部分

- 手が冷たくなった。
- 手を叩いて味方を応援する。

□ 手洗い：手を洗うこと　＊「お」をつけた「お手洗い」はトイレの意味。
□ 手書き：手を使って鉛筆やペンで書くこと
□ 手作り：自分の手で作ること
　例）彼女は手作りの青いマフラーを贈ってくれた。
□ 手袋：手にはめる袋状の物
□ 手術 スル：患部を切ったり、摘出したりする治療
□ 手話：耳が聞こえない人が手を使って話す方法
□ 拍手 スル：両手を打ち合わせて音を出すこと

句 手が伸びる：手に取って食べてしまう
　例）ダイエット中だが、ついお菓子に手が伸びてしまう。
句 手に汗握る：見聞きすることで興奮、緊張する
　例）オリンピックでは、手に汗握る場面がたくさんあった。
句 手を上げる：暴力を振るう
　例）自分の子供に手を上げるなんて、信じられないことだ。
句 手を貸す：手助けする。手伝う
　例）彼はお年寄りに手を貸して、国道を渡った。
句 手を差し伸べる：援助を与える
　例）ユニセフを通じて、恵まれない人々に手を差し伸べよう。

⓪a 肩から指先までの部分
arm (of a human/animal; including the hand) ／어깨에서 손끝까지의 부분／从肩膀到指尖的部分

❓ 手首から先だけでなく、肩から先全体を表す

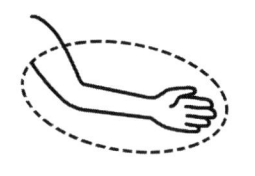

- 大きく手を振って行進する。
- ここまでの説明で分からない人は、手を上げてください。

て

0b 手に似た形の物
hand-shaped thing ／손과 형태가 비슷한 것／形狀類似手的物品

❓ 開いた手に似た形のものを指す

- 火の手は瞬く間に彼のアパートにまで伸びてきた。

☐ ヒトデ：人の手の形に似た海の生物。starfish
☐ 孫の手：手の形に似せた、背中を掻くための器具

1 容器から延びた部分
handle ／용기의 뻗어 나온 부분／(容器上延伸出来的部分) 把手、提手

❓ 胴体から伸びた手（☞ 0a ）の形に似ているから

- 急須の手を持って、ゆっくりとお茶を注ぎます。
- 長く使ったので、ひしゃくの手は汚れていた。

2 行動する人
performer of some action ／행동하는 사람／人手

❓ 手は行動する人が主として用いる体の部分だから

- 忙しくて手が足りない。
- 彼女は女手一つで4人の子を育て上げた。
- 話し手は聞き手に分かりやすく、話さなければならない。

☐ 歌い手：歌を歌う仕事の人。歌手
☐ 働き手：働く人
☐ 人手：他の人の力。働く人
☐ 運転手：運転する人

3 仕事・手間

labor, effort ／일・수고／工作、工夫

❓ 仕事や手間は、手を用いて行うことが多いから

- このつぼは、たいへん手がかかっている。
- 店員たちは梱包の手を休めて、彼の話に聞き入った。

□ 手数料：手続きや仲介などにかかる費用
□ 手間：ある仕事に費やす労力や時間

句 お手数をおかけします：自分にしてくれる手間に対する礼

句 手が込んでいる：手間がかかっている
　例) この料理は実に手が込んでいる。

句 手が離せない：他のことをする余裕がない
　例) 今ちょっと手が離せないので、あとでこちらから電話します。

句 手が離れる：世話がいらなくなる
　例) 子供が小学校に入って手が離れたので、また仕事を始めるつもりだ。

句 手に負えない：自分の力ではできない
　例) 子猫8匹の世話は、とてもじゃないが手に負えない。

句 手につかない：他のことが気になって集中できない
　例) 彼女のことが心配で、仕事が手につかない。

句 手を入れる：直したり、整えたりする
　例) 留学生の作文に先生が手を入れた。

句 手を加える：細工・加工をする
　例) デパートで買ったおかずにちょっと手を加えた。

句 手を抜く：いいかげんに済ます　cf. 手抜き スル
　例) ここは大事なところだから、手を抜いてはいけないよ。

句 手を回す：必要な準備を整えておく
　例) 事前に手を回しておいたから、交渉に伴う問題は何も起きないはずだ。

句 手を焼く：どう扱ってよいか分からず困る
　例) 彼女のわがままには、皆が手を焼いている。

4 関与・関係作り

involvement, relation-building／관여・관계를 맺음／参与、搞关系

❓ 多くの場合、関与や関係作りは手を用いて行うから

- 警察の手が容疑者の近辺に及んだ。
- A社とB社は手を結ぶことになった。

□ 握手 スル：挨拶として互いの手を握り合うこと

句 手が届く：自分の力で処理できる範囲内にある
　例）あと少し安ければ、この車に手が届くのだが……。

句 手が早い：女性とすぐ関係を結ぼうとする
　例）奴は手が早いから、気をつけた方がいい。

句 手を切る：それまであった関係を断つ
　例）あの取引先はすぐクレームをつけるので、もう手を切った。

句 手を組む：協力し合う
　例）君と手を組むにあたって、一言言っておきたいことがある。

句 手を出す：積極的に関わっていく
　例）彼はレストラン経営にも手を出した。

句 手を引く：やめる
　例）もう年なので、不動産業から手を引くことにした。

句 手を広げる：事業規模を大きくする。関係の範囲を広くする
　例）倒産理由としては、多様な事業に手を広げすぎたことが挙げられます。

句 手を携える：協力して、事を行う
　例）これまで二人は手を携えて頑張ってきた。

句 深手を負う：大怪我をさせられる
　例）主人公は脱走の途中に深手を負った。

5 所有

possession／소유／弄到手

❓ 所有することを、手の中に入れることに例えた

- 私の会社は6年前、人の手に渡ってしまった。
- 新しい歌舞伎座の一等席が、やっと手に入った。

☐ **入手** スル：自分のものにすること

句 **手に入れる**：自分のものにする
　例）3年間貯金をして、ついにこの車を手に入れた。

句 **手にする**：①自分のものにする
　例）宝くじに当たって1億円を手にした夢を見た。
　②手に持つ
　例）学校の先生だけあって、マイクを手にすると堂々と話ができる。

句 **手中に収める**：ある物を所有や支配の範囲内に収める
　例）その王は紛争を制し、隣国を手中に収めつつあった。

6 方向

direction／방향／方向

❓ 方向は主に手を使って示すから

- 二人の行く手に多くの困難が待ち受けていた。
- 右手に見えるのが東京スカイツリーです。

て

7 方法・手段

method, means／방법・수단／方法、手段

❓ 主に手を用いて行うときのやり方を表す

- さまざまな手を使ったものの、金庫は開かなかった。
- こんな単純な手にひっかかってしまった。
- いろいろな手を尽くして、解決への道を探ることだ。

□ 手順：物事をする順番
□ 手続き スル：事務上の処置
□ 手段：目的を達成するための方法

句 手を打つ：対処・対応策を考えて実施する
　例）経営状況から言うと、一刻も早く何か手を打つべきだ。

7a 特定の攻撃のしかた

play/move (in game/sport/etc.)／특정한 공격 방법／特定的打法、下棋法

❓ 手を用いた結果である、争いやスポーツでの形だから

- ポーカーでいい手ができても、笑ってはいけない。
- 横綱は「突き出し」という手で勝った。

7b 特定の種類・タイプ

type／특정한 종류・유형／特定的种类、形状

❓ 主に手を使って作った生産品だから

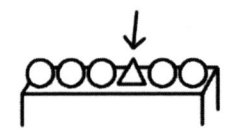

- この手の商品は、もう売られていない。
- 厚手のカーテンが欲しいのですが。

☞ あし (p.27)、うで (p.60)

てん

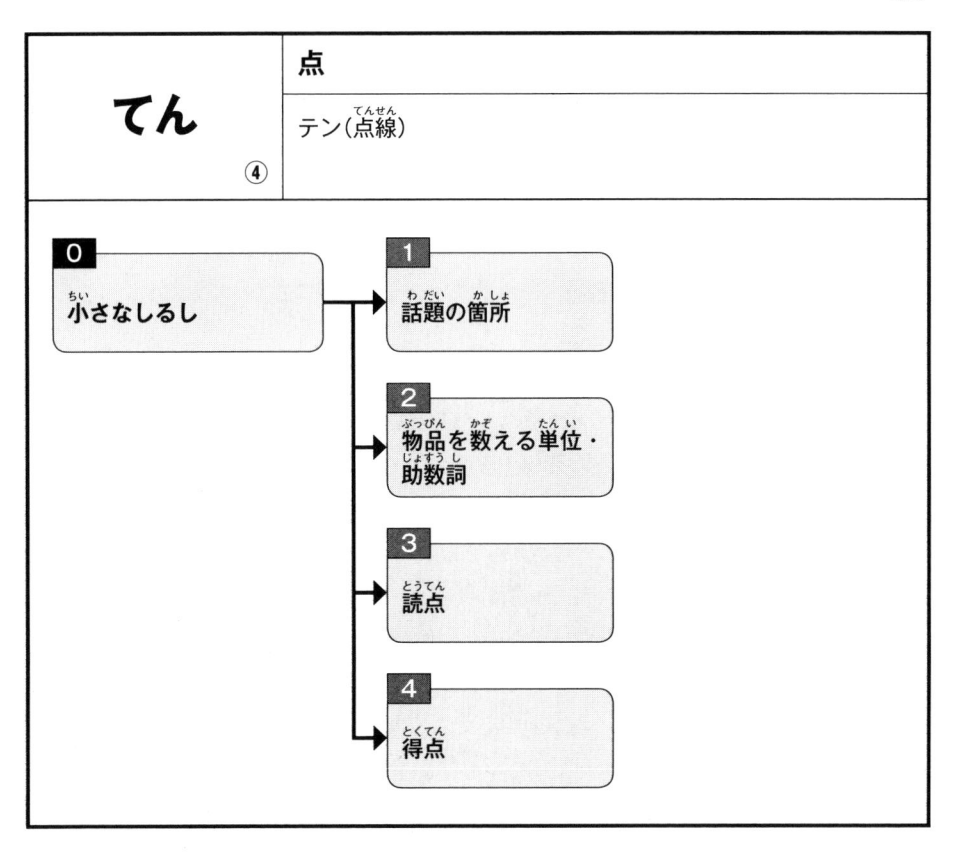

点
テン(点線) ④

```
0 小さなしるし
├→ 1 話題の箇所
├→ 2 物品を数える単位・助数詞
├→ 3 読点
└→ 4 得点
```

0 小さなしるし
point, dot／작은 표시／小记号

- 紙に鉛筆で点を書きます。
- 間違った漢字には、赤で点を打っておいたので書き直しなさい。

□ 点火 スル：最初に小さく火をつけること
□ 点線：点で描いた線
□ 点々：点があちこちにある様子

てん

1 話題の箇所

point (in question), focus／화제가 되는 부분／论点、观点、谈点

❓ 点のように目立つ物事だから

- この計画には、二つの点で問題があります。

□ 点検 スル：一つずつ詳しく調べること
□ 欠点：悪い所
□ 弱点：弱い所
□ 終点：電車やバスなどが最後に到着する所　⇔ 起点
□ 重点：重要視する所
□ 地点：ある場所
　例) この地点から5kmにわたって道が混んでいます。
□ 難点：難しい所。問題点
　例) 特別に難点のない作戦だったのに、なぜ失敗したのだろうか。
□ 要点：物事の中心である大切な所
　例) 税制改革を中心に、本政策の要点を説明します。
□ 利点：よい所

2 物品を数える単位・助数詞

counter for the number of items／물품을 세는 단위／物品的计数单位、量词

❓ 筆記具で点を書くように、指先で指して数えるから

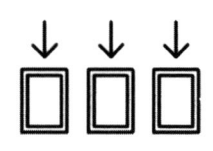

- 亜希子は自慢の3点を写真展に出品した。
- こちらの品は、2点で1万円とお買い得になっています。

3 読点(とうてん)

punctuation mark ／문장의 쉼표／逗号

? 点の中で、特に意味の切れ目のしるしを表す

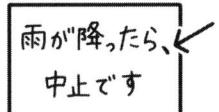

- 意味が切れるところで、点を打ちましょう。
- 一つの文の中に点が多すぎて読みにくい。

＊句点(。)は「丸」と言う。

4 得点(とくてん)

points (score, etc.), grading ／득점／得分

? 点を数値のしるしとしたから

- 100点というのは結局、1点また1点の積み重ねだ。
- あの先生はレポートの点が甘い。

＊ 4 の用法では、一つ目の例文のように助数詞にもなる。

☐ 点数：取った点の数
☐ 満点：あやまちのない最高の点数

てんき

| てんき ⑤ | 天気 |

```
0 気象の状況  →  1 人の性格・機嫌
    ↓
    0a 晴天
```

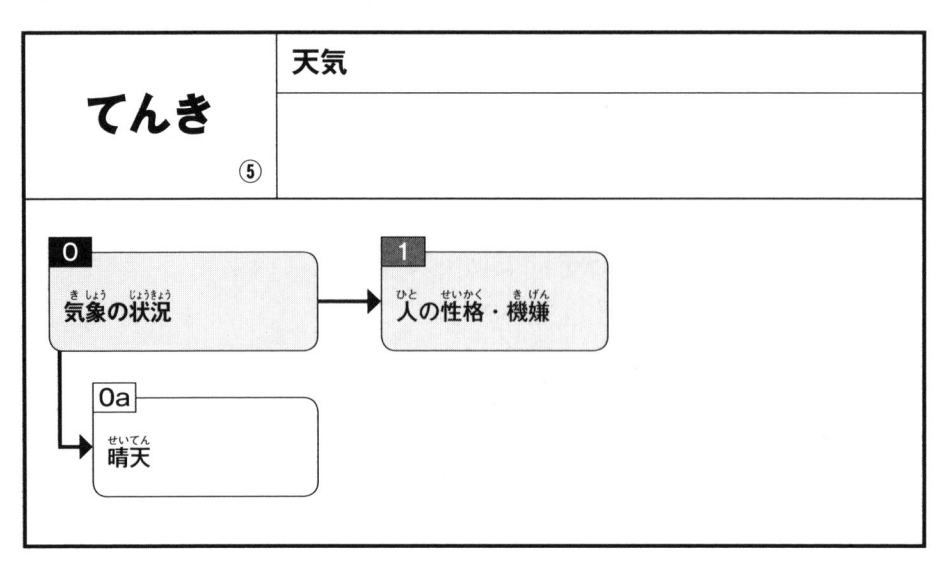

---

0 気象の状況

weather／기상 상황／气象情况

- 山の天気は変わりやすい。
- 週末から天気は回復に向かうでしょう。
- □ 天気予報：当日かそれ以降の気象状況を予想して報じること

0a 晴天

fine weather／맑은 날씨／晴天

❓ 気象の状況の中で、特に望ましいものに意味を絞ったから

- やっとお天気になりましたね。
- 天気の日は散歩に出かけたくなる。
- □ 天気雨：晴れているのに雨が降っていること

てんき

1 人の性格・機嫌

personality, mood ／사람의 성격・기분／人的性格、心情

❓ 天気の変化のように、性格や機嫌もよくなったり悪くなったりするから

- □ **お天気屋**：機嫌や気分が変わりやすい人
  例）彼女は、お天気屋の部長に毎日、振り回されている。
- □ **能天気** ナ：物事を深く考えず、異常に気楽でいる様子
  例）こんな失敗をしても笑っていられるとは、能天気な奴だな。

＊ 1 の用法は合成語のみ。

とおり

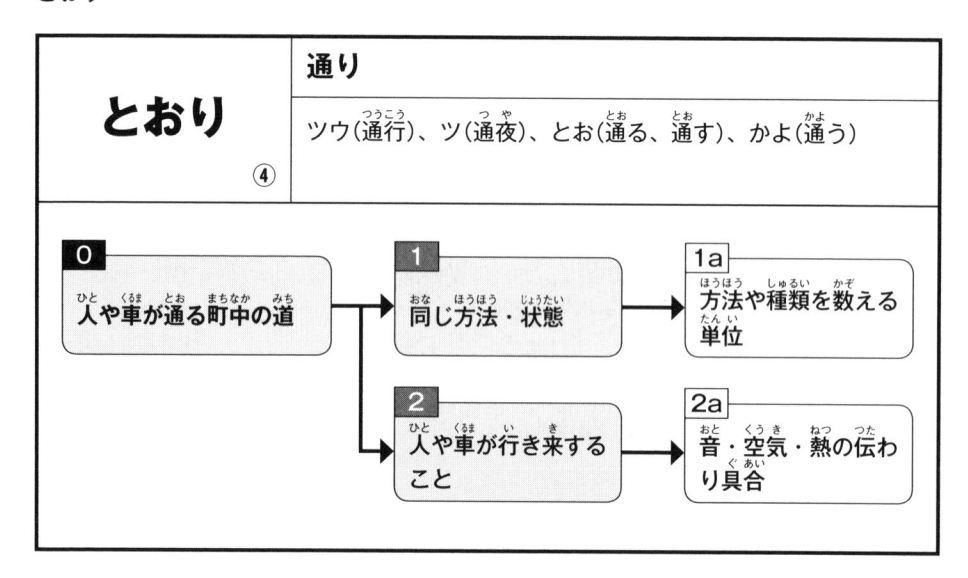

とおり ④	通り
	ツウ(通行)、ツ(通夜)、とお(通る、通す)、かよ(通う)

```
[0] 人や車が通る町中の道 → [1] 同じ方法・状態 → [1a] 方法や種類を数える単位
                      → [2] 人や車が行き来すること → [2a] 音・空気・熱の伝わり具合
```

[0] 人や車が通る町中の道

street, avenue ／사람이나 자동차가 다니는 시내의 길／人车来往的城中道路

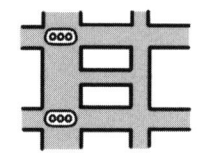

- 前の通りで偶然田中さんに会った。
- この道の名前は「立教通り」です。

☐ 裏通り：建物の陰などにあり、大通りからは見えない通り
⇔ 表通り
☐ 大通り：大きくてにぎやかな通り

[1] 同じ方法・状態

as, in the same way ／같은 방법・상태／同様、原样

❓ 人や車が道をたどるように、行動はある方法や状態をたどるから

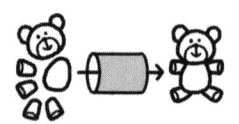

- 説明書の通りに組み立てれば簡単です。
- 祖母に習った通りに作ったら、おいしいクッキーが焼けた。
- 彼は約束通り、10時半に駅前に来た。

とおり

1a 方法や種類を数える単位

unit for counting methods/types ／방법이나 종류를 세는 단위／方法及种类的计数单位

❓ 目的地に行く道を数えるように、目標を達成する方法を数えるから

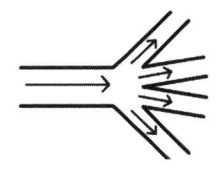

- 4人いれば4通りの考え方があります。
- その刑事は二通りの推理を私たちに語った。

□ 一通り：主なものはだいたい全て
　例）家事は一通り終わったから、少し休もう。

2 人や車が行き来すること

traffic ／사람이나 자동차가 왕래함／人来车往

❓ 通りは、人や車が行き来する場所であり、そのありさまを表す

- ここは車の通りが多いので、道を渡るときは注意してください。
- 昔この商店街は賑やかだったが、今は人の通りも少ない。

□ 通りがかり：ちょうどそばを通ること　cf. 通りがかる 動I
　例）道に迷ったので、通りがかりの人に聞いた。

2a 音・空気・熱の伝わり具合

flow/movement (of sound/air/heat/etc.) ／소리・공기・열의 전달 상태／声音、空气及热量传播的程度

❓ 車が行き来するように、音・空気・熱が伝わるから

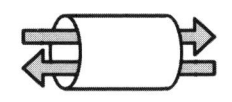

- この家は南北に窓があって、風の通りがいい。
- 肉に穴を開けてから焼くと、火の通りが早くなります。

とき

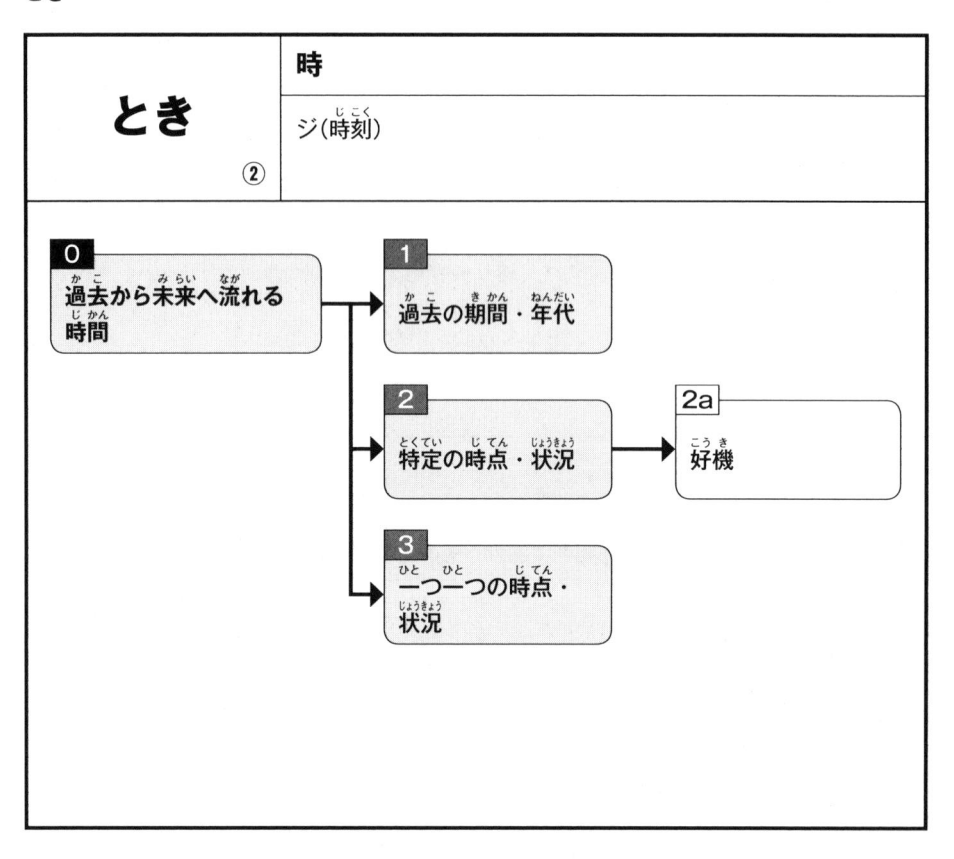

とき ②	**時**
	ジ(時刻)

```
[0] 過去から未来へ流れる時間
   ├─→ [1] 過去の期間・年代
   ├─→ [2] 特定の時点・状況 ──→ [2a] 好機
   └─→ [3] 一つ一つの時点・状況
```

0 過去から未来へ流れる時間

time (temporal continuum) /과거에서 미래로 흐르는 시간/从过去向未来推移的时间

- 辛いことでも、時がたてば忘れてしまう。
- もう12月とは、時の流れは早いものだ。

とき

1 過去の期間・年代

period/era in past／과거의 기간・연대／当时、当年

❓ 時の中で、特に過去の期間に焦点を当てている

- 海部首相の時には日本の景気はよかった。
- 知名度が上がるに従い、彼は時の権力と戦うようになった。

2 特定の時点・状況

point in time／특정한 시점・상황／特定的时点、状況

❓ 流れる時の中で、何かが起きるまたは起きた時点を表す

- 私が駅に着いた時、その電車は出発直前だった。
- 地震の時は、あわてないでまず火を消しなさい。

☐ 今時：現代。最近
☐ 昼時：正午のころ。昼食を取る時間
☐ 非常時：国家における重大な危機の時

2a 好機

favorable opportunity／좋은 기회／机会、时机

❓ 特定の時点のうち、特にチャンスの場合を表す

- この会社に残るか独立するか、決心の時がきたようだ。
- 今は我慢して、時をみて一気に実行しよう。

☐ 書き入れ時：商売で利益が多くなる時期
☐ 花見時：花見をするのにちょうどいい時期
☐ 引き時：役目や地位から離れるべき時
　例）会社も軌道に乗ったし、今が社長としての引き時だと判断した。

句 時の人：今、世間で話題になっている人
　例）その戦場カメラマンは、瞬く間に時の人となった。

とき

3 一つ一つの時点・状況

that time, at times ／개별적인 시점・상황／每个时点、一个一个情况

? ある条件が当てはまる、不特定の時点を表す

- どんな服装が適切かは、時と場合による。
- 誰でも時には失敗することがある。

句 時の運：その時の成り行き。巡り合わせ
　例) 勝負は時の運だから、また次の試合で頑張ろう。

☞ じかん (p.151)、つき (p.206)、ひ (p.267)

どく

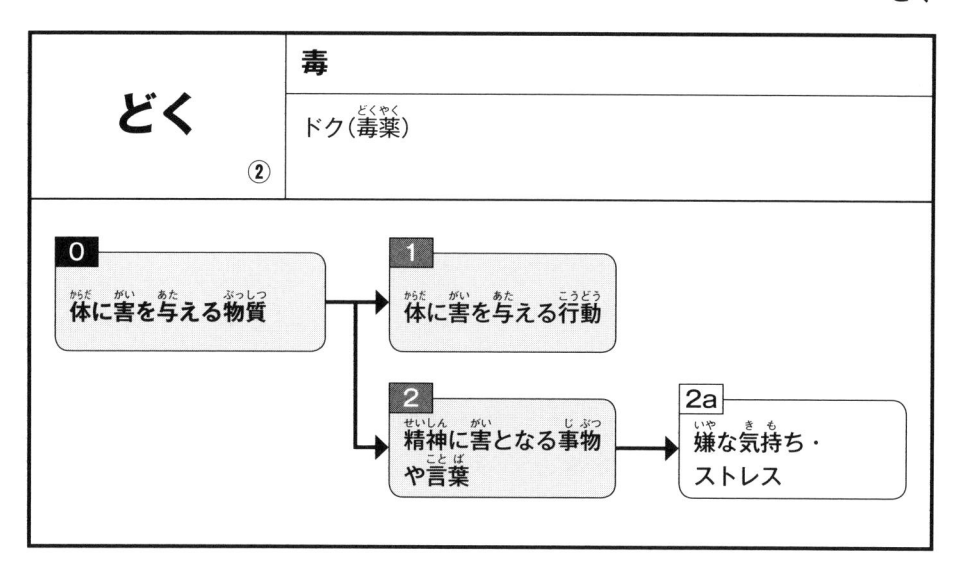

毒
ドク(毒薬)　②

```
[0 体に害を与える物質] → [1 体に害を与える行動]
                    ↓
                   [2 精神に害となる事物や言葉] → [2a 嫌な気持ち・ストレス]
```

0 体に害を与える物質

poison, venom／몸에 해를 끼치는 물질／对人体有害的物质

- この魚には毒がある。
- 砂糖を取りすぎると、毒になる。

□ 毒〜：毒が含まれる物　例) 毒キノコ、毒ガス、毒薬
□ 毒殺 スル：毒を用いて殺すこと
□ 消毒 スル：日光や薬などによって、体に害のある物質を取り除くこと

1 体に害を与える行動

an act that is physically harmful／몸에 해를 끼치는 행동／对人体有害的行为

❓ 毒が体に害を与えるように、ある行動は体に害を与えるから

- たばこの吸いすぎは体に毒だ。
- 夜更かしは体に毒だ。
- コンピュータの使いすぎは目に毒だ。

＊ 1 の用法では、「〜に毒だ（＝〜によくない）」の形で使う。

どく

2 精神に害となる事物や言葉

things/words that are emotionally harmful／정신에 해가 되는 사물이나 말／対精神有害的事物及言語

❓ 毒が体に害を与えるように、ある言葉や事物は精神に害を与えるから

- 部長の毒のある言葉に、彼女は傷ついたみたいだ。
- この番組は音と光が派手で、子供には毒だ。
- 青少年に毒となる雑誌は、コンビニで販売すべきではない。

□ 毒舌：厳しい皮肉や批判の言葉　コ 毒舌をふるう
□ 毒づく 動I：激しく悪口を言う
□ 気の毒 ナ：かわいそうな様子
　例）彼女の身の上話が気の毒で、泣かずにはいられません。

句 毒にも薬にもならない：　☞「くすり」 1

2a 嫌な気持ち・ストレス

malice, stress ／싫은 느낌・스트레스／厌烦的心情及精神压力

❓ 精神に害を与えられた結果、嫌な気持ちやストレスが生じるから

- 取調べの席で彼は「心に毒が溜まっていた」と答えた。
- その生徒たちはしばしばブログで毒を吐いている。

☞ びょうき (p.283)

ところ

ところ ⑤	所、処
	ショ（場所）

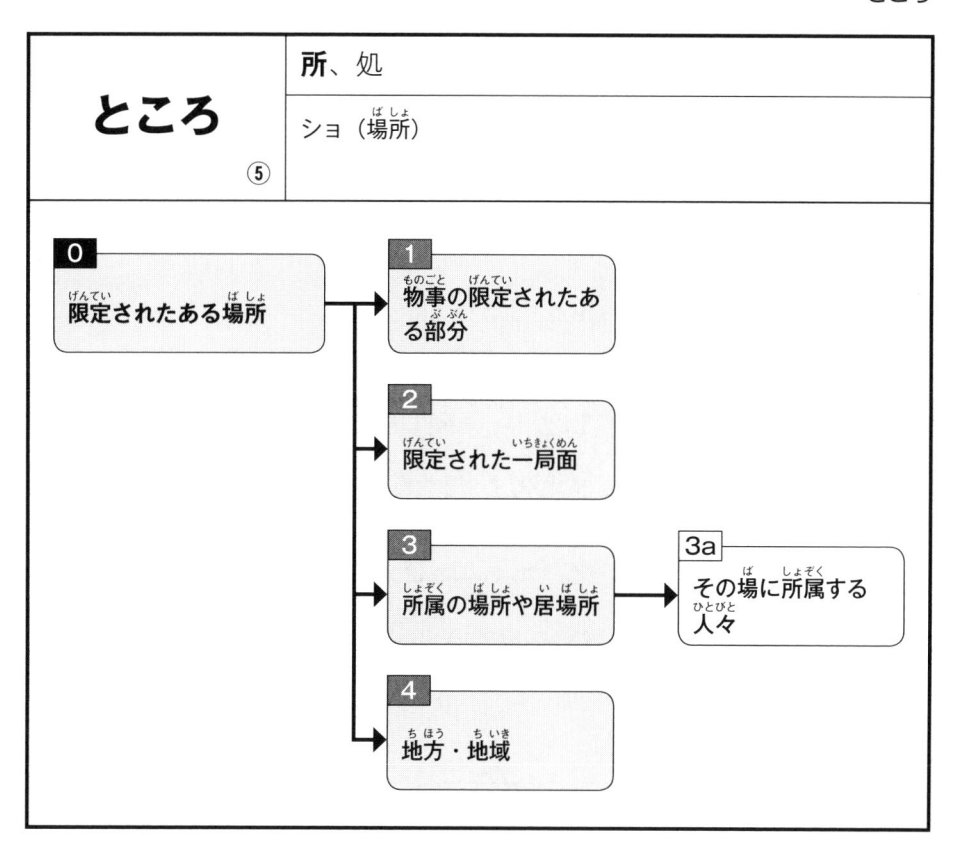

```
[0] 限定されたある場所
  ├→ [1] 物事の限定されたある部分
  ├→ [2] 限定された一局面
  ├→ [3] 所属の場所や居場所 →[3a] その場に所属する人々
  └→ [4] 地方・地域
```

[0] 限定されたある場所

place (spatial location) ／한정된 어떤 장소／限定的某个场所

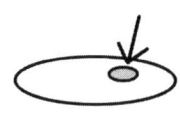

- 私の家は、町外れの静かな所にあります。
- この財布は、切符売り場の所に落ちていました。
- その幼児は父親の所へ駆け寄った。
- 家具を置いたら、机を置く所がなくなった。

ところ

1 物事の限定されたある部分

part, aspect／사물의 한정된 어떤 부분／事物限定的某个部分

❓ 空間のある場所のような、情報や感情のある部分を表す

- ここがこのレポートの面白いところだ。
- 私が調べたところ、その部長は先月にもう辞めていた。
- 彼の短気なところは父親そっくりだ。
- 笑いたいところを我慢して最後まで聞いた。

＊ 1 の用法では、通常はひらがなで表記する。

□ 見どころ：①見る価値のあるところ
　例）この新作映画の見どころは、どんなところですか？
　②将来性　例）あの新入社員、なかなか見どころがあるな。

句 非の打ちどころがない：欠点がまったくない
　例）鄭さんは礼儀正しいし、勉強もできるし、まったく非の打ちどころがない。

2 限定された一局面

scene, situation／한정된 어떤 상황／限定的某个局面

❓ 空間のある場所のような、時間のある部分を表す

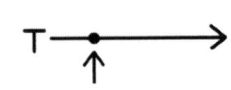

- 彼が家から出てくるところを見た。
- 仕事が終わったところで電話します。
- 彼女はついに入院するところとなった。
- まあ反省もしているようだし、今日のところは許してやろう。

＊ 2 の用法では、通常はひらがなで表記する。

3 所属の場所や居場所

home, one's place／소속된 장소나 거처／所在场所及住处

❓ 場所のうち、特に組織や住居などの所属や居場所を表す

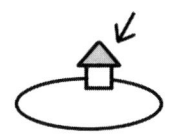

- 今日は友達のところに泊まるつもりだ。
- 君のところはいつボーナスが出るんだい？
- この近くにコーヒーのおいしい所があるよ。

句 所帯を持つ：家族を持ち、生活の基盤を整える
　例）所帯を持った以上、保険のことも考えなくてはいけない。

句 出る所へ出る：法廷や警察署など、公の場で正しい方を決める
　例）出る所へ出て、決着をつけようじゃないか。

3a その場に所属する人々

people of a certain group／어떤 곳에 소속된 사람들／当时在场的人

❓ 所属する場所というカテゴリーに入る人々を表す

- 今度のプロジェクトは社内の中堅どころで進めます。
- 予算がないので、二流どころの芸人しか集められません。

＊ 3a の用法では、通常はひらがなで表記する。また、「中堅どころ」「二流どころ」のように、「～どころ」という形式で使われる。

4 地方・地域

region／지방・지역／地方、地区

❓ 限定された場所の中で、特に地方や地域を表す

- 寒さの厳しい所で生まれた私は、暑いのが苦手です。
- 庄内地方は、昔は海運で栄えた所でした。

☐ 米どころ：米の産出で有名な地域
☐ 酒どころ：日本酒の生産で有名な地域

ところ

* 「米_{こめ}どころ」「酒_{さけ}どころ」のように、「〜どころ」と使う場合_{つかばあい}はひらがなで表記_{ひょうき}する。

句 所変_{ところか}われば品変_{しなか}わる：土地_{とち}が変_かわれば、習慣_{しゅうかん}も変_かわるということ

とし

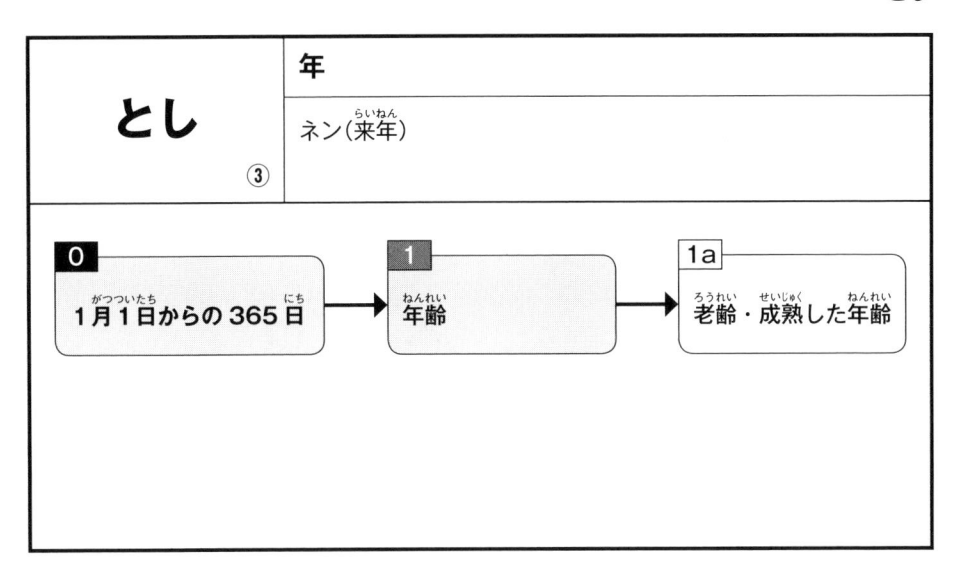

とし ③	年
	ネン（来年）

0 1月1日からの365日 → **1** 年齢 → **1a** 老齢・成熟した年齢

---

0 1月1日からの365日

year／1월 1일부터 시작하여 365일／从1月1日算起的365天

- A：今年はどんな年でしたか。
  B：楽しい年でした。来年もいい年にしたいです。

☐ 年明け：新しい年になること
☐ 年越し スル：12月31日の夜。古い年を送り、新しい年を迎えること
☐ 年の瀬：年末　例）毎日暖かくて、年の瀬という感じがしない。
☐ うるう年：366日ある年
　例）うるう年には、オリンピックとアメリカ大統領選挙がある。
☐ 年始：①年の初め　⇔　年末　②年の初めの祝い
☐ 年収：一年間の収入
☐ 年中：一年中いつでも　＊「年がら年中」とも言う
　例）あの店は年中「閉店セール」というのをやっている。
☐ 年代：過ぎた年月。時代　☞ **1**
　例）80年代の日本は景気がよかった。
☐ 年中行事：毎年、同じ時期に行われる儀式
　例）七五三は日本の代表的な年中行事だ。

とし

- □ 年々：年ごと。毎年毎年
- □ 平年：通常の状態にある年
- □ 例年：いつもの年
  例）寒かったせいで、桜の開花が例年より遅い。

句 年が明ける／年が改まる：新しい年になる

1 年齢

age ／연령／年龄

❓ 1年の時間を人の年齢の区切りとしたから

- 弟とは二つ年が離れています。　＊私が10歳である場合、弟は8歳であるということ。
- 年を取ってから、よく泣くようになった。

- □ 同い年：年齢が同じこと。また、その人
  例）いとこの陽子ちゃんとは同い年です。
- □ 年少：年齢が下であること。幼稚園・保育園の入園年度
  ⇔ 年長
- □ 年代：特定の年齢層　☞ 0
  例）私たちの年代は、若いときから苦労が多かった。
- □ 年長：年齢が上であること。幼稚園・保育園の最終年度
  ⇔ 年少
  例）あの子は今、年長だから来年は小学校です。
- □ 成年：おとな。日本では20歳以上
- □ 中年：青年と老年の間の年齢層
- □ 晩年：生涯の終わりに近い時期

とし

1a 老齢・成熟した年齢

aged, at that age ／노령・지긋한 연령／老龄、很成熟的年龄

❓ 年齢の中で、年を取って成熟した年齢に意味を絞ったから

- 少し走っただけで疲れてしまうなんて、もう年だ。
- あの人はいい年をして親に頼っている。

□ 年寄り：老人
□ 年配：中年以降の年齢
　例）図書館で年配の男性に話しかけられた。

句 年甲斐もない：年齢不相応に愚かである
句 年が年：相当の年齢である
　例）いやあ、年が年ですからこの寒さはこたえます。

文化ノート 大晦日の夜には「細く長く生きる」との思いをこめて、細く長い「年越し蕎麦」という名の蕎麦を食べる。また正月には、新しい年を祝って、「年賀状」という専用のはがきを送り合うが、ほとんどの人がその準備は12月中に行う。

とり

	鳥
とり ⑤	チョウ(白鳥)

```
[0] 羽とくちばしのある動物 → [1] ニワトリ → [1a] 鶏肉
```

0 羽とくちばしのある動物

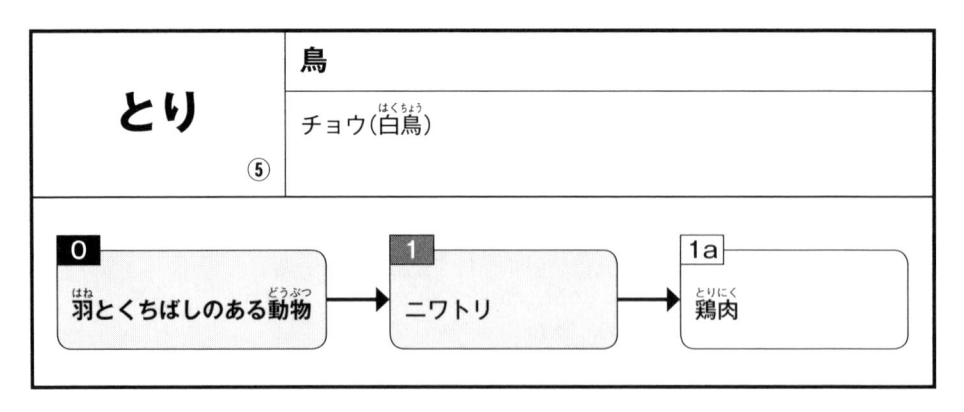

bird ／깃털과 부리가 있는 동물／长有羽毛、尖嘴的动物

- ダチョウは鳥だが、飛ぶことはできない。
- この公園の水辺には、多くの鳥が集まってくる。

句 閑古鳥が鳴く：店が暇で客が来ない
例) あそこに大型スーパーができてからというもの、うちの店は閑古鳥が鳴いている。

1 ニワトリ

chicken, rooster, hen ／닭／鸡

❓ 鳥の中で、日本人の食生活に最も関わりがある存在に意味を絞ったから

- うちはトリを飼っているので毎朝、新鮮な卵が食べられる。
- 息子は毎朝「コケコッコー」というトリの鳴き声で目を覚ます。

1a 鶏肉

chicken (meat) ／닭고기／鸡肉

❓ ニワトリについての人の関心は、普通は肉の部分にあるから

- 牛や豚は苦手だが、トリなら食べられる。

□ 焼き鳥：鶏肉を串に刺して焼いた料理

なか

なか ⑤	中
	チュウ(中心)、ジュウ(年中)

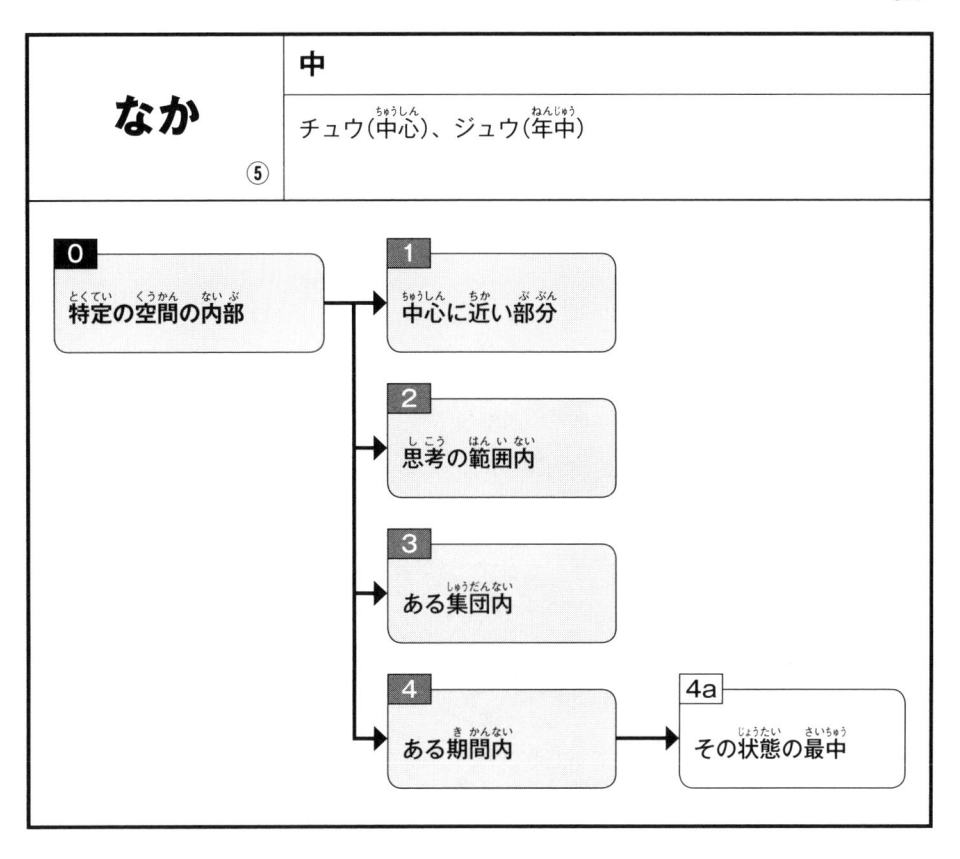

```
0 特定の空間の内部 → 1 中心に近い部分
                → 2 思考の範囲内
                → 3 ある集団内
                → 4 ある期間内 → 4a その状態の最中
```

0 特定の空間の内部
inside／특정한 공간의 내부／特定空间的内部

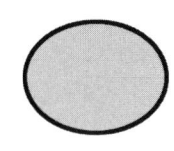

- 部屋の中へ入ってください。
- 持ち物を全部かばんの中に詰めた。

□ 中身／中味：中に入っているもの。実質的な内容
□ 駅中／駅ナカ：駅の構内にある商業施設　＊新語
□ 街中：商店や住宅が集まっている所
□ 世の中：人々が活動する社会、世間

句 術中に嵌る：相手の計略に引っかかる
　例) 相手チームの術中に嵌り、大事な試合に負けてしまった。

なか

1 中心に近い部分

middle ／중심에 가까운 부분／接近中心的部分

❓ 中心は、内部の典型的な所だから

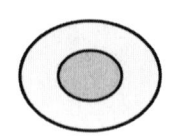

- 混雑した車内では、入り口付近の客が中へ詰めるのがマナーだ。
- このリンゴは傷が付いていたが、中のほうは大丈夫なようだ。

□ 真ん中：ちょうど中心。中央に当たる所
□ 中央：真ん中の位置
　例）中央の赤いボタンは、非常の時に押してください。
□ 中核：物事の中心

2 思考の範囲内

in one's mind/thoughts/etc. ／사고의 범위 안／思考範圍內

❓ 心を区切りのある空間に例えた場合の内部だから

- 助けてくださいと、心の中で何度も唱えた。
- 夢の中なら空を自由に飛ぶこともできる。

3 ある集団内

among, in a certain group ／어떤 집단 내／某個集體之內

❓ 集団を区切りのある空間に例えた場合の内部だから

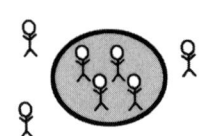

- 社員の中には、彼のことをよく思わない者もいた。
- 彼は、全校生徒の中で一番背が高い。

□ 家中：うちの中。その人たち　＊他にも「町中」「日本中」「世界中」などがある。

4 ある期間内

during, within a certain period ／어떤 기간 내／某个期间内

❓ 時間を空間に例えて区切った場合の内部だから

- 中三日置いて返信が届いた。
- 3年間の高校生活の中で、思いやりの大切さを学んだ。

□ 夜中：夜の半ば
□ 中元：夏、世話になっている人に贈る品物
□ 中古：使われて古くなった品物　＊中古の本は「古本」と言う。
　⇔ 新品
　例）日本は中古品や中古車などが多く出回っている。
□ 中世：古代と近世の間の時代　＊日本では主に鎌倉～室町時代。

4a その状態の最中

amid, during a certain situation ／어떤 상태의 한창인 때／当中

❓ 管のような空間に例えた時間の中に、人がいると考えるから

- 大雨が降る中、走って帰った。
- お忙しい中、お集まり頂いてありがとうございます。

□ 中座 スル：話の途中に席を離れること
□ 中止 スル：終わっていないうちに止めること。計画だけで止めること
□ 中退 スル：学校を修了する前に退学すること
□ 中断 スル：途中で止めたり、途切れたりすること
□ 不幸中の幸い：不幸な出来事の中で、せめてもの救いとなること
　例）大変な事故だったが、誰も怪我をしなかったのが、不幸中の幸いだ。

なま

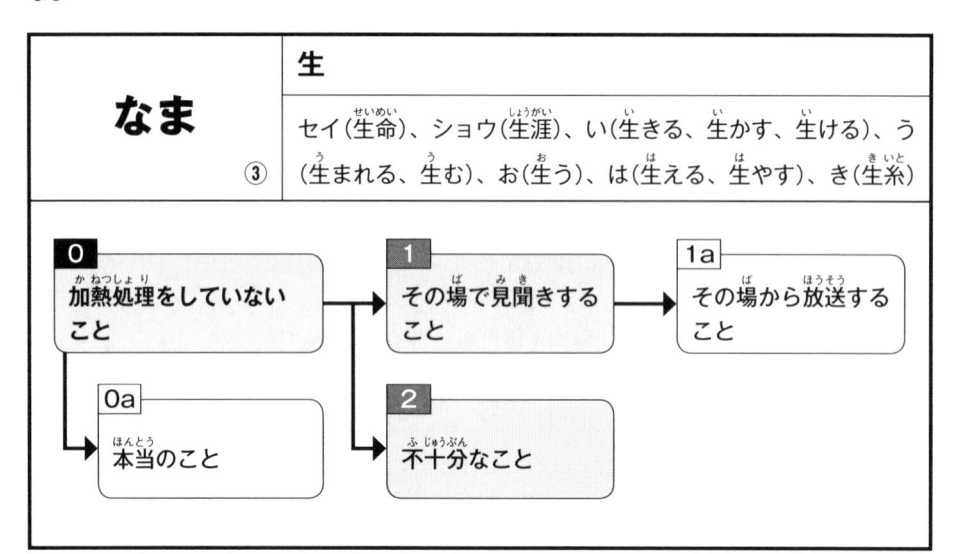

なま ③	生
	セイ(生命)、ショウ(生涯)、い(生きる、生かす、生ける)、う(生まれる、生む)、お(生う)、は(生える、生やす)、き(生糸)

```
[0] 加熱処理をしていないこと  →  [1] その場で見聞きすること  →  [1a] その場から放送すること
  ↓
[0a] 本当のこと              [2] 不十分なこと
```

0 加熱処理をしていないこと

raw, uncooked, draft (beer) ／가열 처리를 하지 않음／未经加热处理

- 私は生の魚が食べられない。
- 野菜は生で食べるより、煮た方がたくさん食べられる。

☐ 生臭い イ：生の魚や肉の嫌な匂いがする
☐ 生ごみ：調理で生じた野菜や魚など材料のごみ
☐ 生卵：調理していない卵
☐ 生身：生きていて暖かい、血の通った人の体
☐ 生水：煮沸していない水

0a 本当のこと

real, candid, firsthand ／진실／自然、真实

❓ 熱で変わる前の食べ物のように、変えられていない本来のことを表す

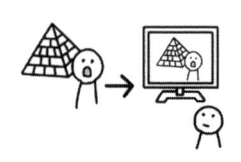

- エジプトから市民の生の声が届いた。
- これこそ、解雇された労働者の生の叫びだ。

☐ 生原稿：活字になっていない、肉筆の原稿

なま

□ 生々しい **イ**：①今できたばかりのような　②目の前で見ているかのような

1 その場で見聞きすること

live (performance) ／그 자리에서 보고 들음／亲眼所见、亲耳所闻

❓ その場で見聞きすると未加工だが、時間が経った場合は加工された物を見聞きすることが多いから

- コンサートを生で見たのは初めてだが、本当に素晴らしい。
- オーケストラはやっぱり生の演奏が一番だね。

1a その場から放送すること

live (broadcast) ／현장에서 방송함／当场直播

❓ その場から放送すると未加工だが、その場でないと加工されて放送されることが多いから

- この試合は北京から生放送でお送りしています。
- 生[の]番組は何が起こるか分からない。

2 不十分なこと

half(-finished), insufficient ／부족함／不充分、不成熟、幼稚

❓ 加熱処理が十分でないことから、不十分なこと一般に意味を広げたから

- このTシャツは生乾きなので、着ると気持ちが悪い。
- そっちの肉は、まだ生焼けだから食べないで。

＊ **2** の用法では「生乾き」「生焼け」など、主として接頭辞として用いる。

□ 生あくび：中途半端なあくび
□ 生暖かい **イ**：少しだけ暖かくて気持ち悪い
□ 生意気 **ナ**：大した存在ではないのに出過ぎた様子。また、その人

なま

例)新入社員なのに会社の方向性を語るとは、生意気な奴だ。
- □ 生ぬるい イ:①ぬるくて気持ちが悪い ②厳しさに欠ける
- □ 生半可 ナ:中途半端な
- □ 生返事:いい加減な返事

なみ

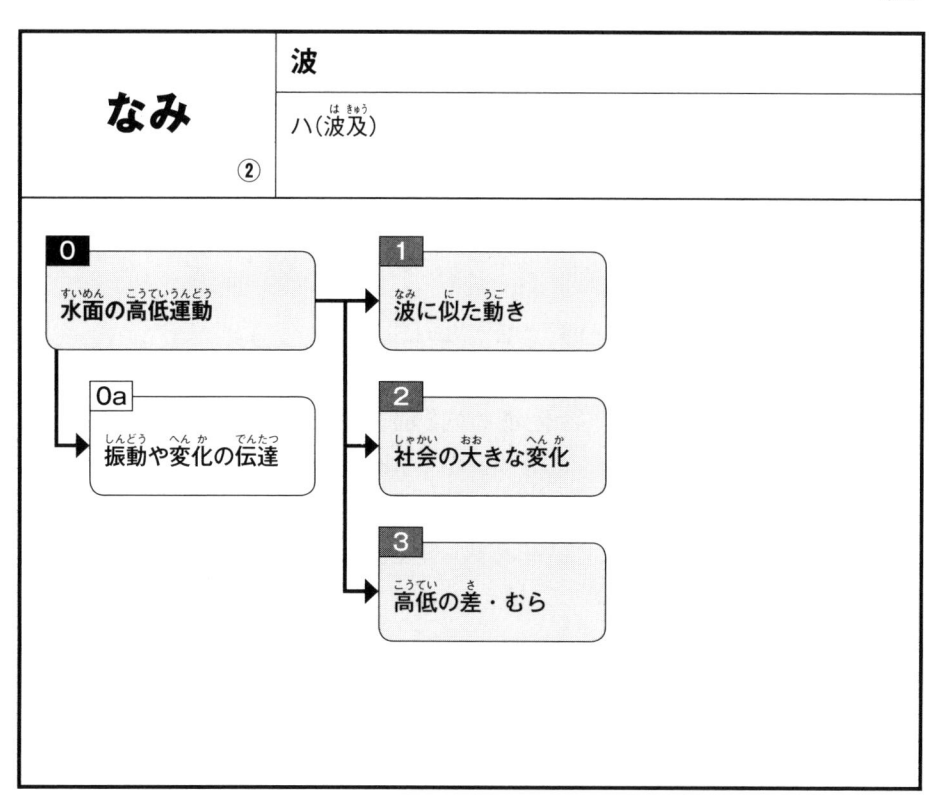

なみ ②	波
	ハ(波及)

```
[0] 水面の高低運動
  ├─→ [0a] 振動や変化の伝達
  ├─→ [1] 波に似た動き
  ├─→ [2] 社会の大きな変化
  └─→ [3] 高低の差・むら
```

0 水面の高低運動

wave (water) ／수면의 고저 운동／水面起伏波动

- 押しては引く波は、決して止む事がない。
- 大きな波が引いたら、浜辺に魚が打ち上げられていた。

☐ 波打ち際：波が打ち寄せてくる所
☐ 波音：波が寄せては返す音　＊大波は「ざぶん」、小波は「ちゃぷちゃぷ」など。
☐ 波乗り：サーフィン（surfing）
☐ 波間：波のうねりの間
☐ 荒波：荒れ狂う激しい波
☐ さざ波：細かく小さな波
☐ 波止場：船が着く場所

なみ

0a 振動や変化の伝達

wave (sound, electricity, etc.) ／진동이나 변화의 전달／振动及变化的传播

❓ 音や電気の伝わり方は、波の伝わり方に似ているから

- 音の波の形をレーザー光線で見てみよう。
- 電気も音も波である以上、変換が可能だ。

☐ 波及 スル：影響が次々に広がる
☐ 波動：空間の変化が次々に伝わっていく現象
☐ 音波：物体の振動が空気に生じる現象
☐ 短波：波長が短い電波。HF（High Frequency）
☐ 電波：一般的な電磁波。ラジオ波
☐ 脳波：脳の活動にともなって起こる電流の変化。また、それを記録したもの

1 波に似た動き

wave-like motion ／파도와 비슷한 움직임／类似波浪的运动

❓ 波の様子と動きが似ているから

- 開店と同時に人の波が押し寄せてきた。
- 稲穂の波が揺れている様子は、いかにも秋らしい。

☐ 人波：波のように動く大勢の人々

2 社会の大きな変化

wave (major social trend) ／사회의 큰 변화／社会大潮流

❓ 波のように個人の力では制御できないから

- 高齢者の多くはIT革命の波についていけない。
- なぜ日本はグローバル化の波に乗り遅れたのだろうか。

3 高低の差・むら

fluctuation ／높낮이의 차・고르지 못함／高低之差、不均匀

波のように高低差がある現象や様相だから

- あのチームは、好調と不調の波が激しい。
- 成績に波があるところが石田君の欠点だね。

句 波に乗る：調子がいい。時流に乗じる

にもつ

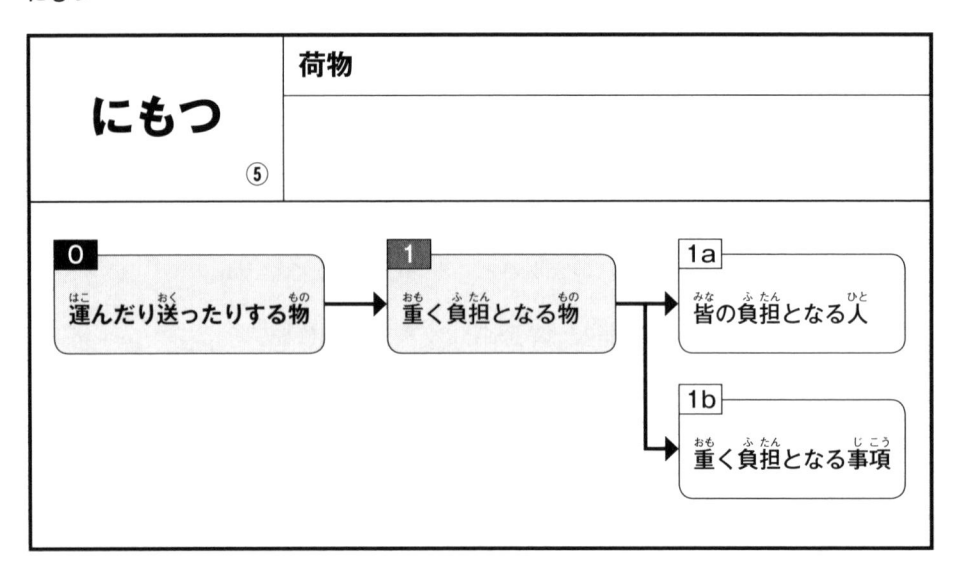

にもつ ⑤	荷物

```
┌─────────────────┐   ┌─────────────────┐   ┌─────────────────┐
│ 0               │   │ 1               │   │ 1a              │
│ 運んだり送ったりする物 │ → │ 重く負担となる物  │ → │ 皆の負担となる人  │
└─────────────────┘   └─────────────────┘   └─────────────────┘
                                         │
                                         │   ┌─────────────────┐
                                         │   │ 1b              │
                                         └→ │ 重く負担となる事項 │
                                             └─────────────────┘
```

0 運んだり送ったりする物

luggage, package／옮기거나 부치는 물건／搬运的物品

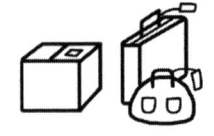

- そこの荷物を1階のロビーに運んでください。
- アメリカから、荷物と共に手紙が届いた。

□ 手荷物：手で運ぶ荷物。特に旅客が自分で持ち運ぶ荷物

1 重く負担となる物

burden／무겁고 부담이 되는 것／负担很重的东西

❓ 運ぶのに大変だという、荷物の特徴に似ているから

- コートは荷物になるから置いていこう。

にもつ

1a 皆の負担となる人

a drag (on someone) ／모두에게 부담이 되는 사람／包袱、累赘

❓ 荷物があると負担になるように、その人がいると負担になるから

- 私はチームのお荷物にはなりたくないから、辞めるよ。
- うちのチームは弱いから、リーグ全体のお荷物扱いだ。

＊ 1a の用法では、普通、軽蔑を示す「お」を付け、「お荷物」として用いる。

1b 重く負担となる事項

a weight (on one's shoulders) ／무겁고 부담이 되는 사항／负担重的事项

❓ 荷物があると負担になるように、その事があると負担になるから

- 両親の離婚によって、彼は重い荷物を背負ってしまった。
- 社長にはなったものの、負債の返済という荷物を抱え込むことになった。

ねつ

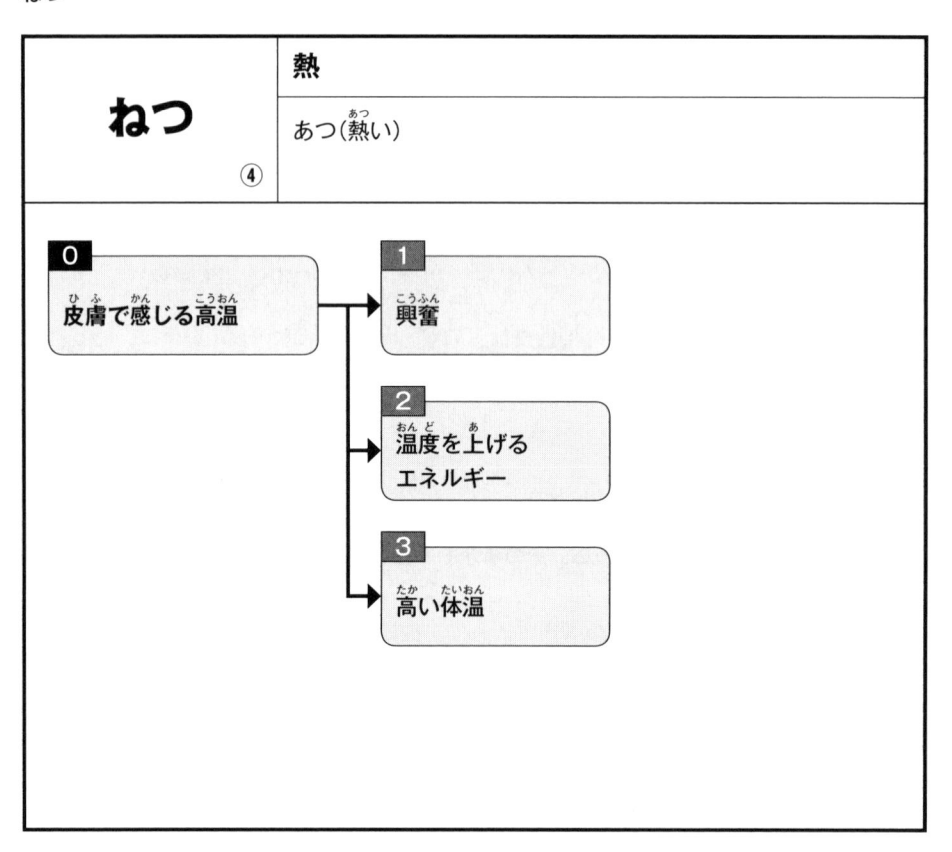

ねつ ④

熱

あつ(熱い)

```
0 皮膚で感じる高温
  ├→ 1 興奮
  ├→ 2 温度を上げるエネルギー
  └→ 3 高い体温
```

0 皮膚で感じる高温

heat (physical sensation) ／피부로 느껴지는 고온／皮肤感觉到的高温

- 太陽の熱で氷を溶かす。
- パソコンやテレビの内部に熱がこもると、故障の原因になる。
- フライパンの熱を少し冷ましてから、卵を入れましょう。

☐ 熱帯：赤道付近の地帯
☐ 熱湯：沸騰した熱いお湯
☐ 加熱 スル：熱を加える
☐ 高熱：非常に高い温度の熱　☞ 3
☐ 地熱：地球の内部から伝わる熱

ねつ

1 興奮

excitement, passion／흥분／热情、热中

❓ 情熱的な思いを抱くと、体が熱を持ったように感じるから

- サッカーの試合となると、つい熱が上がってしまう。
- 彼女は今、あの男性アイドルにお熱だ。
- 5年前にシドニーに行ってからというもの、両親の海外旅行熱は冷めない。

□ 熱意：物事に対する意欲や情熱
　例）発明に対する彼の熱意は大したものだ。

□ 熱心 ナ：意欲や情熱を持っている様子
　例）陳さんは毎日熱心に文法の勉強をしている。

□ 熱中 スル：心を集中し、夢中になること
　例）テレビゲームに熱中して時間を忘れてしまった。

句 熱が冷める：好きな気持ちや意欲がなくなる
　例）一時、あれほどテニスが好きだったのに、今では熱が冷めてしまった。

句 熱が入る：意欲が高まる
　例）大会が1週間後に迫り、練習に熱が入る。

句 熱を上げる：夢中になっている
　例）彼は今、韓国の女性アイドルグループに熱を上げている。

2 温度を上げるエネルギー

heat (energy)／온도를 올리는 에너지／升温的能量

❓ エネルギーは、熱発生の原因となるから

- 熱は高温のものから低温のものに移動する。
- 太陽の熱を電気に変えることは、既に普通に行われている。

□ 熱量：熱エネルギーの大きさを示す量（カロリーやジュールなど）

ねつ

3 高い体温

fever ／높은 체온／体温高、发烧

❓ 病気の場合、体の高い熱に関心が絞られるから

- 風邪を引いたらしく、今朝から熱があります。
- 熱を下げるために、薬を飲んで寝た。

☐ 高熱：非常に高い体温 ☞ **0**
☐ 平熱：健康なときの体温

文化ノート 🖉　風邪を引いて熱が出たとき、日本では普通、風呂に入らずに暖かくして寝るのがいいとされている。

ばか

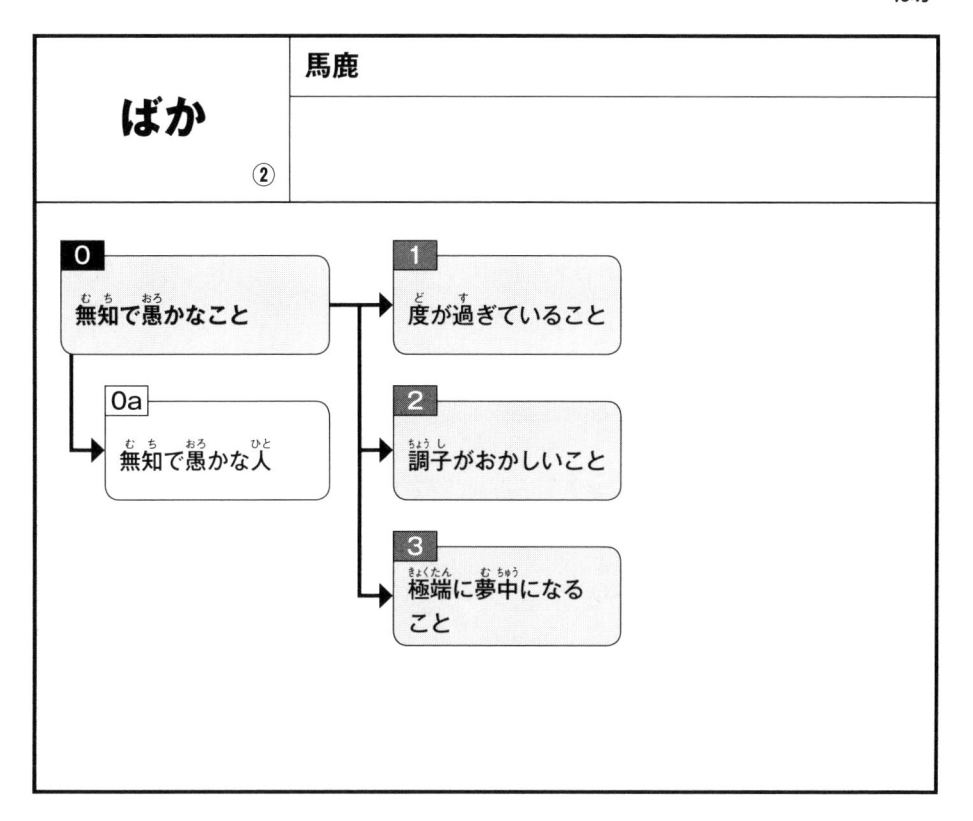

馬鹿 ②

```
┌─────────────────┐      ┌─────────────────┐
│ 0               │      │ 1               │
│ 無知で愚かなこと │─────▶│ 度が過ぎていること │
└─────────────────┘      └─────────────────┘
        │
        │                ┌─────────────────┐
        ▼                │ 2               │
┌─────────────────┐      │ 調子がおかしいこと │
│ 0a              │─────▶└─────────────────┘
│ 無知で愚かな人   │
└─────────────────┘      ┌─────────────────┐
                         │ 3               │
                         │ 極端に夢中になる  │
                         │ こと             │
                         └─────────────────┘
```

0 無知で愚かなこと

foolishness／무지하고 어리석음／愚笨无知

- 雨の日に花に水をやるなんて馬鹿だ。
- 馬鹿を言うな。
- 馬鹿な計画をやめさせる。

句 **馬鹿にする**：人や事柄を価値のないものと見なして軽視する
  例）方言を使う人を馬鹿にするとは差別というものだ。

句 **馬鹿にならない**：軽視できない
  例）最近は安くなったとはいえ、毎日かけると電話代が馬鹿にならない。

句 **馬鹿を見る**：愚かなことをして損をする
  例）あんな人たちにだまされるなんて、馬鹿を見たなあ。

ばか

0a 無知で愚かな人

fool ／무지하고 어리석은 사람／愚笨无知的人

❓ **0** のような特性を持っている人のことを表す

- 雨の日に花に水をやるなんて、あいつは馬鹿だ。
- 自分からあんな危ない所へ行くなんて、兄貴も馬鹿だね。
- 馬鹿な奴だ、経験もなしに北極旅行をしようなんて。

句 馬鹿の一つ覚え：聞き覚えた一つのことを、何度も得意そうに持ちだすこと

1 度が過ぎていること

extreme ／도가 지나침／异常、过头

❓ 極端さという点が似ているから

- あいつ、馬鹿力があるな。　＊「馬鹿に」＝極端に
- 今年の冬は本当に馬鹿陽気で、史上二番目の暖冬らしいよ。

☐ 馬鹿力：普通では考えられないほどの強い力
☐ 馬鹿正直 ナ：あまりに正直すぎて、融通が利かない
　例）就職面接では、あまり馬鹿正直に答えないほうがいい。
☐ 馬鹿丁寧 ナ：丁寧すぎるために不自然な
　例）馬鹿丁寧な挨拶は不快だ。

2 調子がおかしいこと

malfunctioning ／상태가 이상함／失灵（不好使、不中用）

❓ 無能さという点が似ているから

- センサーが馬鹿になったらしく、全然反応しない。
- ねじが馬鹿になったから取り換えなくちゃ。
- ＊ **2** の用法では、物・機械などに用いる。

ばか

3 極端に夢中になること

nut (about sports/etc.)／극단적으로 열중함／过渡热衷于、缺乏常识

❓ 他を省みないという点が似ているから

- スポーツ馬鹿だった兄は、毎日サッカーやら野球やらに明け暮れていた。
- 私は役者馬鹿で、芝居のこと以外は何も考えていません。

句) 親ばか：親が子に対する愛情に溺れて愚かな行動をすること
例) 主人は子供の写真を毎日撮るほど親ばかです。

はな

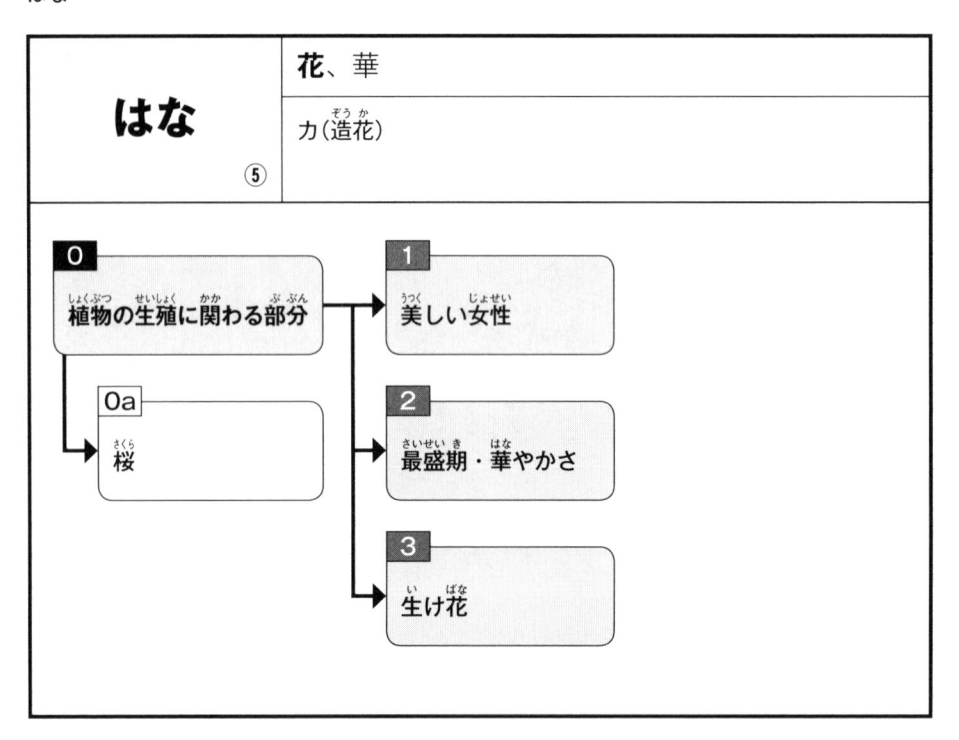

はな ⑤	花、華
	カ(造花)

- **0** 植物の生殖に関わる部分
  - **0a** 桜
- **1** 美しい女性
- **2** 最盛期・華やかさ
- **3** 生け花

---

0 植物の生殖に関わる部分

flower /식물의 생식과 관련된 부분/ 有关植物的生殖部分

- 昨日買ったばかりの花がもう枯れてしまった。
- この花はいい香りがする。
- 誕生日にもらった花を花瓶に挿した。

0a 桜

cherry blossoms /벚꽃/ 櫻花

❓ 花の中で、特に日本人が大切にする桜に意味を絞ったから

- 今年はいつ、花見に行きますか。

はな

1 美しい女性

beautiful woman／아름다운 여성／美丽的女性

❓ 美しい女性を、美しい花に例えた

- 彼女は仕事ができるし、皆に親切なので職場の花だ。
- 彼女はいつもパーティーの花だ。

句 両手に花：美しい女性に囲まれていること
例）美人の姉妹が左右に座ってくれたので両手に花だった。

2 最盛期・華やかさ

best days, splendor／전성기・화려함／最盛期、辉煌显赫

❓ 花が美しく開いたときのように、ある期間で最も華やかな時期のことを表す

- 今が人生の花かもしれない。
- 彼にとっては2001年からの5年間が、サッカー選手としての花だった。

□ 花形：その時代に人気があり、人々に賞賛されるもの
　コ 花形選手／役者
　例）次世代の花形産業はロボット産業でしょう。

句 花を持たせる：相手に名誉や栄光を譲る
　例）閉会の挨拶を部下にやらせ、花を持たせた。
句 花を添える：よいことを加える
　例）横綱は全勝して、優勝に花を添えた。

3 生け花

Japanese flower arrangement／꽃꽂이／插花

❓ 花を素材や対象にしている行動だから

- 友人の大久保さんが、私のお花の先生です。
- 私は小さい頃から、お茶やお花を習わされていた。

はな

	鼻、洟
はな ⑤	ビ(鼻炎)

0 匂いをかぐための器官 → **1** 鼻水・鼻汁

0 匂いをかぐための器官

nose ／냄새를 맡기 위한 기관／嗅闻味道的器官

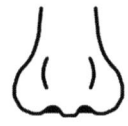

- 象の鼻にはいろいろな働きがある
- 先日、窓に鼻をぶつけてとても痛かった。

☐ 鼻声：鼻にかかった声
☐ 鼻血：鼻の粘膜の出血
☐ 鼻詰まり：鼻の穴の通りが悪い状態

句 鼻息が荒い：強気だ
例) あの会社は中国市場のシェアを広げようと鼻息が荒い。
句 鼻が高い：自慢だ
例) 息子がスポーツ大会で優勝したので、私は鼻が高い。
句 鼻にかける：優れていることを見せつける
例) あの人は一流大学を出たことをすぐ鼻にかける。
句 鼻につく：うっとうしい。嫌だ
例) 彼女の説明のしかたはどうも鼻につく。

はな

1 鼻水・鼻汁

mucus, snivel／콧물／鼻水、鼻涕

❓ 鼻の中にあり、鼻から出るものを指す

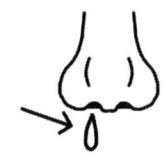

- 風邪気味でどうも鼻が出て困る。
- そこにティッシュがあるから、鼻をかみなさい。

* **1** の用法では、「鼻水」「鼻汁」と言わず、「鼻」とぼかして表現している。また、漢字は「洟」とも書く。

はなし

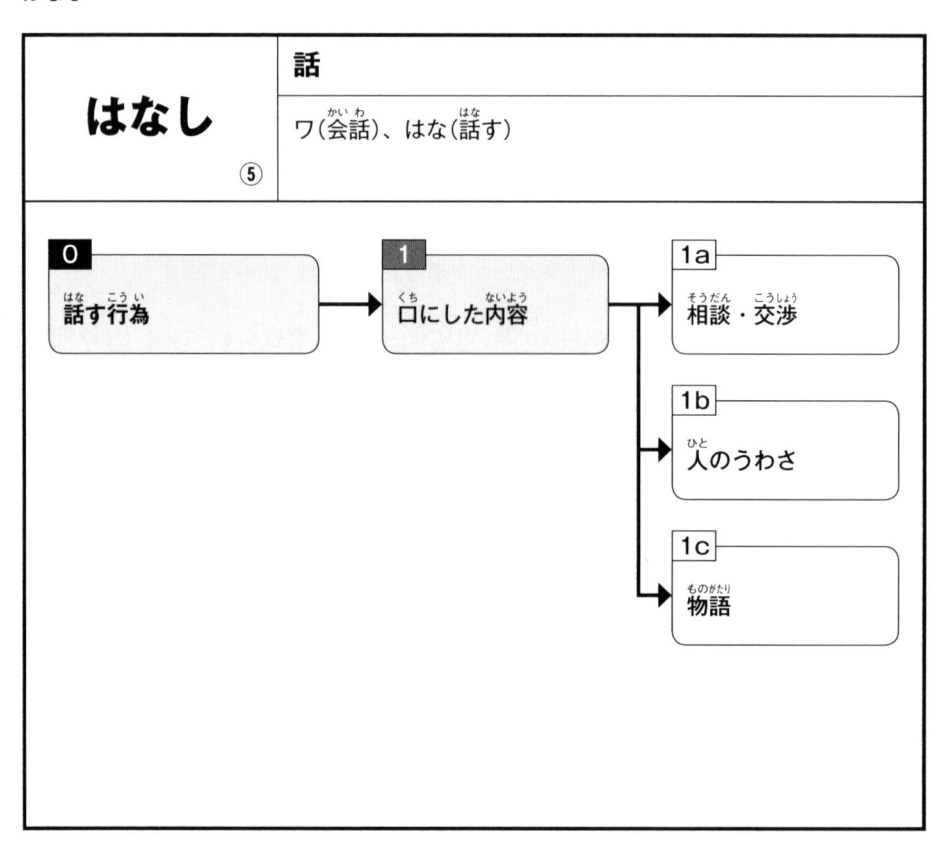

はなし ⑤	話
	ワ(会話)、はな(話す)

0 話す行為 → **1** 口にした内容 → **1a** 相談・交渉

1b 人のうわさ

1c 物語

---

0 話す行為

speaking／말하는 행위／说话行为

- あの人は話が上手だ。
- この工場では作業中、話をしてはいけない。

☐ 話し合い スル：互いに話すこと
☐ 話し相手：話をする相手
☐ 話し言葉：会話をする時に使う言葉 ⇔ 書き言葉
☐ 立ち話 スル：立ったまま話すこと
　例) 立ち話では疲れますから、どうぞ中に入ってください。
☐ 話術：話し方の技術

はなし

1 口にした内容

talk, topic／말의 내용／说的内容

❓ 話すという行為の中身を表す

- あの二人はいつも車の話ばかりしている。
- 食事中に病気の話はやめましょう。
- まったくひどい話ですね。
- 面白い話を聞いたから、今度教えてあげるね。

☐ 裏話：ある話題について、一部の人だけが知っている話
　例) 以上があの事件の裏話です。
☐ 作り話：空想で作った、事実ではない話
　例) そんな作り話なんか誰も信じませんよ。
☐ 身の上話：自分の今までの人生についての話
　例) その老人は突然、長い身の上話を語り始めた。
☐ みやげ話：旅行中の体験についての話
　例) ハワイ旅行のみやげ話を楽しみにしています。
☐ 昔話：昔を思い出してする話
☐ 笑い話：思わず笑いたくなるような楽しい話
☐ 会話 スル：二人以上の人間が互いに話すこと。また、その内容
☐ 実話：本当にあった話
　例) この映画は実話に基づいて制作されたとのことだ。

1a 相談・交渉

consultation, negotiation／상담・교섭／商谈、交涉

❓ 人が話す内容の中で、特に相談や交渉事に意味を絞ったから

- あんな言い方では話がまとまらない。
- あなたが行かないと言うのなら話は別だ　＊「話は別だ」＝別の結論だ。

はなし

1b 人のうわさ

gossip, rumor ／남의 소문／传闻、消息

❓ 人が話す内容の中で、特にうわさ話に意味を絞ったから

- 町中が二人の話でもちきりだ。
- 松本さんは次の選挙に出るという話だ。

☐ 話半分：話の中で事実は半分くらいだということ
  例) あの人は何でも大袈裟に言うから、話半分に聞いておいた方がいい。
☐ うわさ話：世間で言われている話

1c 物語

story, tale ／이야기／故事

❓ 人が話す内容の中で、特に物語に絞られた

- お父さん、また桃太郎の話を聞かせてよ。
- これはこの土地に伝わる話なんですが……。

☐ おとぎ話：昔の言い伝えや物語
☐ 童話：子供のために作られた物語

文化ノート 若者言葉の「恋バナ」とは、自分たちの恋愛に関する話のこと。「恋の話」「恋愛の話」などを省略して「恋バナ」となった。

はは

はは ⑤	母
	ボ(祖母)　※「お母さん」は慣例的な読み方

0 女の親　→　**1** 何かを生み出すもの

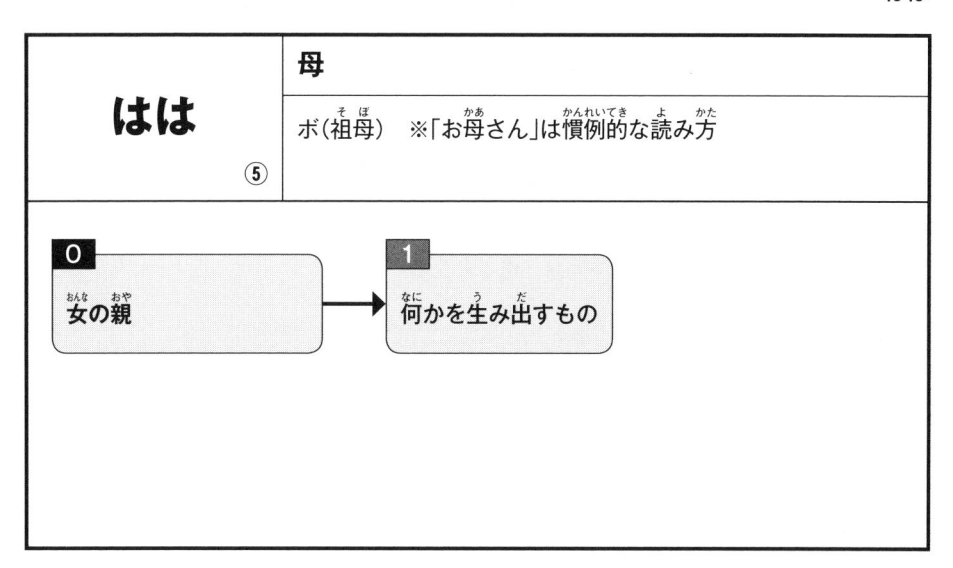

0 女の親

mother／부모 중 여자／女性家长

- 母の実家は北海道です。
- お母さんあっての今のあなただ、ということを忘れないようにね。

□ 母方：母親の血筋の方　⇔ 父方
　例) 母方のおじは海運会社に勤めている。
□ 継母：子供と血のつながりのない母親
　例) 私を大切に育ててくれた継母への恩は忘れられない。
□ 母語：自分が最初に身に付けた言葉
□ 母子家庭：母親と子供だけの家庭
□ 母性：女性が持つ母としての性質　⇔ 父性
□ 母体：母親の体　☞ **1**
□ 祖母：親の母親。おばあさん

はは

1 何かを生み出すもの

the mother of (something) ／무언가를 만들어 내는 것／創造源泉

❓ 子を生む母のような、何かを生み出す存在を表す

- 必要は発明の母と言われている。
- この作物は、母なる大地の恵みだ。

☐ 母校：その人が卒業した学校
☐ 母体：発展・派生した物の、元の形 ☞ ⓪

はんたい

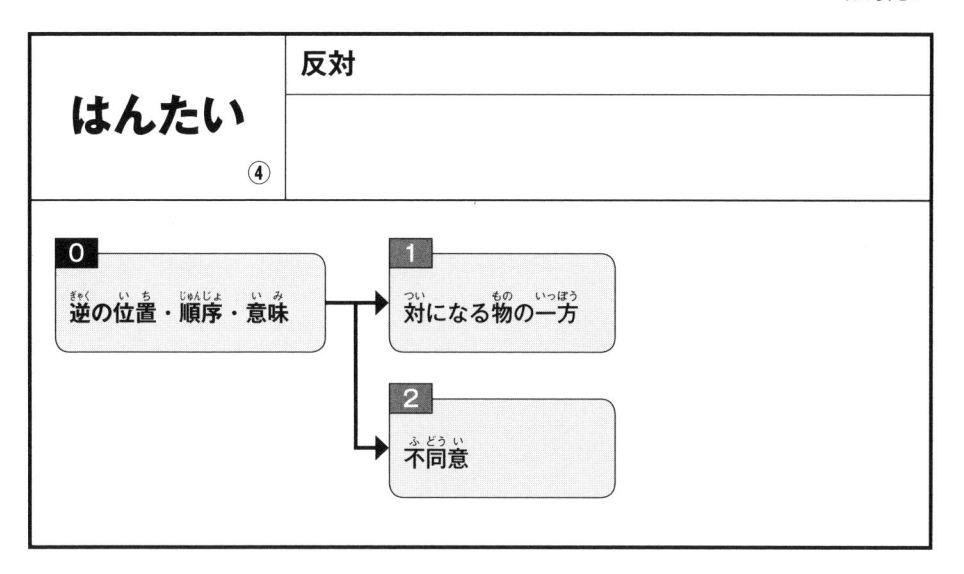

はんたい ④	反対

```
┌─────────────────┐      ┌─────────────────┐
│ 0               │  →   │ 1               │
│ 逆の位置・順序・意味 │      │ 対になる物の一方  │
└─────────────────┘      └─────────────────┘
                         ┌─────────────────┐
                    →    │ 2               │
                         │ 不同意          │
                         └─────────────────┘
```

0 逆の位置・順序・意味

opposite, backwards, contrary／반대되는 위치・순서・의미／相反的位置、順序、意思

- 子供の頃、右という漢字をときどき反対に書いていた。
- 漢字の書き順が反対だ。

□ 反対語：反対の意味の言葉　例）「原因」の反対語は「結果」です。
□ 正反対：全く反対であること
　例）あの二人、仲はいいくせに、性格ときたら、まるで正反対だ。

1 対になる物の一方

the other／짝을 이루는 것의 한쪽／成対物品中的另一个

❓ 対になったものは、形が逆であることが多いから

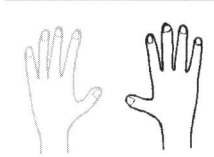

- 反対の手を出してください。
- いいえ、空気が抜けたのはこちらではなく、反対のタイヤです。

はんたい

2 不同意 ⇔ 賛成

opposition, objection ／불찬성／반対

❓ 不同意は相手の意見の逆だから

- 山田さんの意見には反対だ。
- 君のグループ内にも、この案に反対する人は少なくない。

＊ 2 の用法では、「反対する」動Ⅲ としても用いられる。

☞ ぎゃく（p.102）

ひ

ひ ④

火、灯
カ(火事)、ほ(火影)

```
[0] 物が燃えるときの現象 ──→ [1] 高ぶった感情
     │
     ├──→ [0a] 炊事用の火
     │
     └──→ [0b] 火事

[2] 明かり ──→ [2a] 希望

[3] 暖気
```

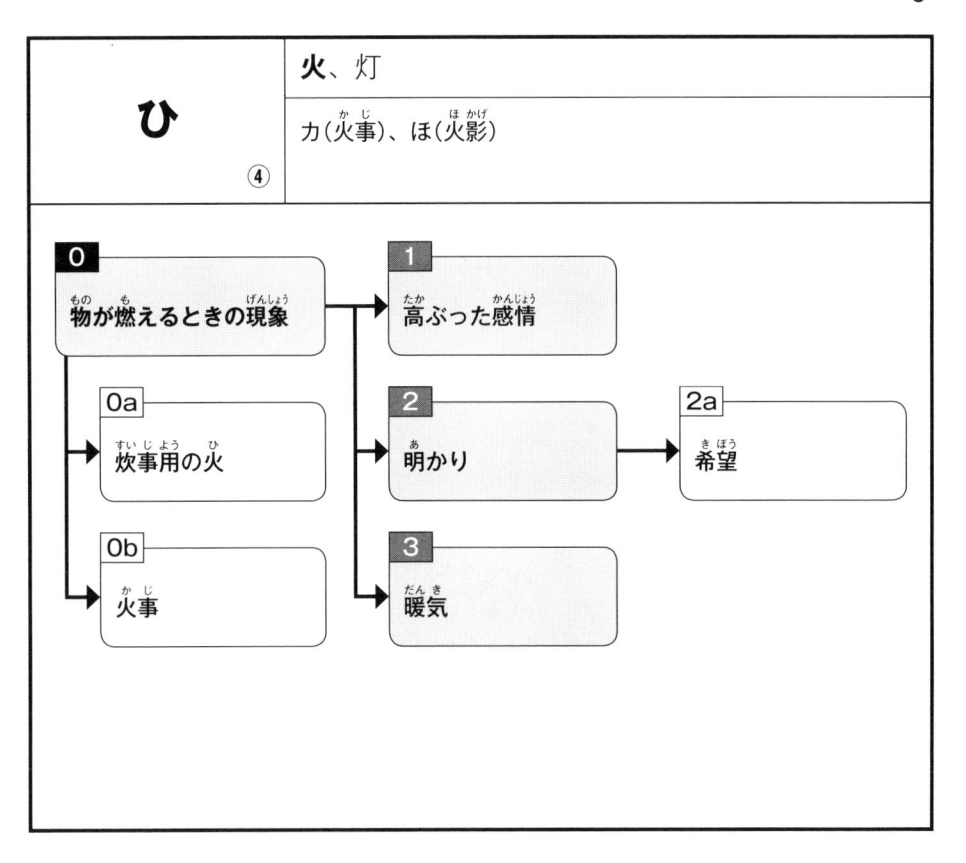

0 物が燃えるときの現象

fire, flame ／물체가 탈 때의 현상／物品燃烧时的现象

- 火は外側がいちばん熱いという。
- ガスの火を弱くしてください。

☐ 火遊び スル：①火をもてあそぶこと ②その場限りの情事
☐ 火消し：①火を消すこと。また、その人 ②問題の解決や揉み消しをする人
☐ 火種：①火をおこす元の火 ②騒動の原因
☐ 火の車：経済状態が困窮していること
☐ 火花：物がぶつかって瞬間的に出る火
☐ 下火：火や勢いが衰えること　□ 下火になる

263

ひ

- ☐ たき火 スル：屋外で木や落ち葉などを燃やすこと
- ☐ 天火：調理器具の一種。オーブン
- ☐ 花火：火薬を混ぜたもので、火を付け、光や音を楽しむ
- ☐ 火炎：大きく燃えているときの火
- ☐ 火山：マグマが噴火してできた山
- ☐ 火星：太陽系の4番目の惑星
- ☐ 火葬 スル：遺体を焼いて葬ること　＊日本では最も一般的な方法
- ☐ 火薬：熱や衝撃で爆発する物質
- ☐ 引火 スル：火が移って燃えること
- ☐ 点火 スル：火をつけること
- ☐ 発火 スル：火を発すること
- ☐ 火の手：燃えている火の勢い
- ☐ 噴火 スル：火山から溶岩やガスが吹き出ること

- 句 火が／火の付いたよう：あわただしい　☞ 1
- 句 火に油を注ぐ：盛んな物事にいっそうの勢いを加える
- 句 火のない所に煙は立たない：噂が立つには根拠があるということ
- 句 火蓋を切る：戦いが始まる

0a 炊事用の火

cooking flame/heat／취사에 쓰이는 불／炊事用火

❓ 火の中で、人の生活に身近なものだから

- やかんを火にかけて数分待った。
- 日が経っているので、この魚は火を通して食べてください。

☐ 口火：ガスコンロなどに火を付けるための火

ひ

0b 火事

fire ／화재／火灾

❓ 火の中で、人が最も恐れるものだから

- 火の用心！
- あの古い家から火が出たものの、すぐに消し止められた。

☐ 火の元：火事の原因になるような火を使う場所
☐ 火災：火事による災害
☐ 出火 スル：火事が起こること
☐ 大火：大きな火事
☐ 放火 スル：火事を起こすために故意に火を付けること

1 高ぶった感情

burning (with anger/jealousy/etc.) ／고조된 감정／高昂的感情、兴奋

❓ 感情が高ぶると、火が付いたように体温が上がるから

- 彼は怒りの火に身を焦がした。
- 彼女は夫の不倫相手の女に、嫉妬の火を燃やした。

句 火が／火の付いたよう：赤ちゃんなどの泣き声が激しい

ほぞ 0

句 火が／火の出るよう：怒りや恥ずかしさで顔が赤くなる様子

2 明かり

light ／불빛／灯火、灯光

❓ 昔は火を明かりとして使ったから

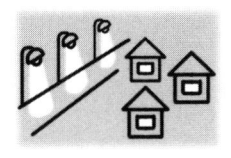

- 夕方、団地の家々に静かに灯がともる。
- 二人は黙って町の灯を見下ろしていた。

＊ 2 の用法では、通常「灯」と表記する。

ひ

2a 希望

ray (of hope, etc.), torch (of tradition, etc.) ／희망／希望

❓ 火が場を明るく照らすように、希望は心を明るくするから

- 子供たちの希望の灯を消さないよう、ご協力お願いいたします。
- 先生のことばは私たちの心に灯をともした。

＊ 2a の用法では、通常「灯」と表記する。

3 暖気

warmth ／온기／热气

❓ 火が持っている、人や場所を暖める働きに特に注目している

- そこは火の気がない小部屋だった。
- すっかり濡れてしまったから、まずは火に当たろう。

ひ

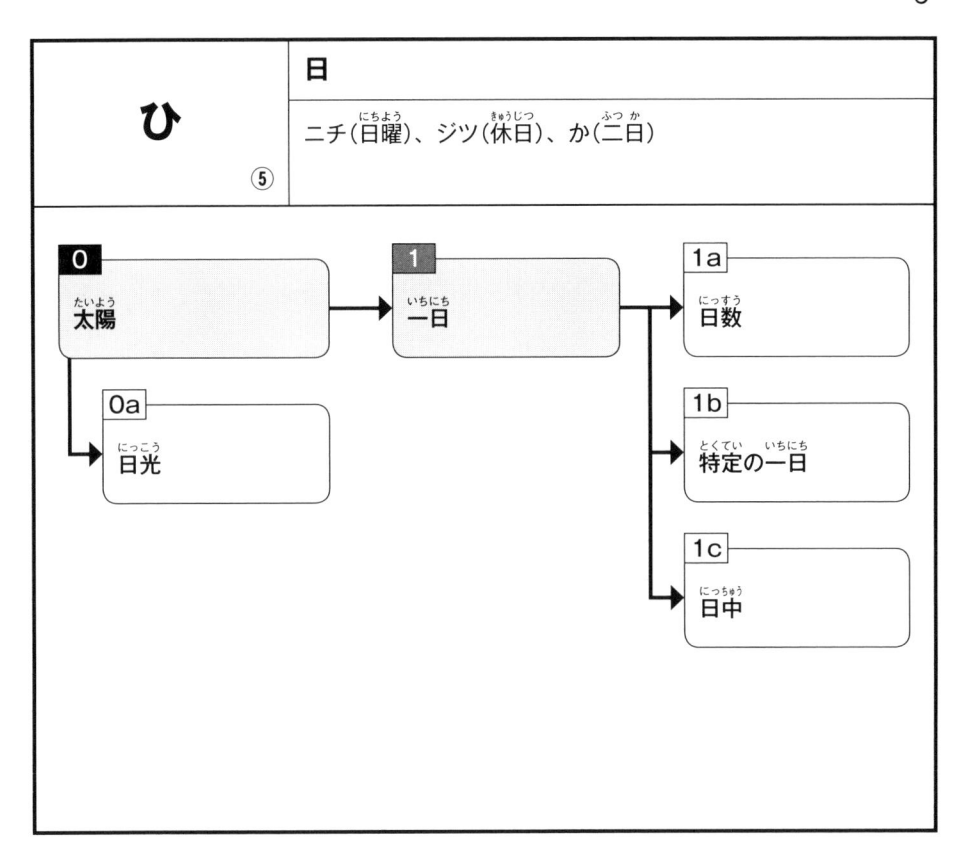

日
ニチ(日曜)、ジツ(休日)、か(二日)
⑤

- 0 太陽(たいよう) → 1 一日(いちにち) → 1a 日数(にっすう)
- 0a 日光(にっこう)
- 1b 特定の一日(とくていのいちにち)
- 1c 日中(にっちゅう)

0 太陽(たいよう)
sun／태양／太阳

- 雲(くも)が去(さ)って、日(ひ)が出(で)てきた。
- 山(やま)の向(む)こうに日(ひ)が沈(しず)んだ。

□ 日(ひ)の入(い)り：夜(よる)、太陽(たいよう)が沈(しず)むこと ≒日没(にちぼつ) ⇔日(ひ)の出(で)
□ 日(ひ)の出(で)：朝(あさ)、太陽(たいよう)が出(で)ること ⇔日(ひ)の入(い)り
□ 朝日(あさひ)：朝(あさ)、東(ひがし)の空(そら)に見(み)える太陽(たいよう) ⇔夕日(ゆうひ)
□ 夕日(ゆうひ)：夕方(ゆうがた)、西(にし)の空(そら)に見(み)える太陽(たいよう) ⇔朝日(あさひ)

ひ

0a 日光(にっこう)

sunlight ／햇빛／日光、阳光

❓ 太陽から出る光

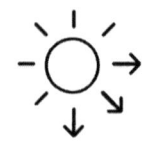

- 嵐は去り、雲の間から日が差してきた。
- 海に行って、日に焼けた。

☐ 日当たり：太陽の光が当たること
　例）この部屋は日当たりがいい。
☐ 日陰：物が邪魔して太陽の光があたらない場所　⇔ 日なた
☐ 日差し：太陽の光が差すこと。また、その光
　例）外は日差しが強いから、帽子をかぶって行きなさい。
☐ 日なた：太陽の光が当たっている場所　⇔ 日陰
☐ 日焼け スル：太陽の光で肌が赤くなったり黒くなったりすること
　例）久しぶりに会ったら、孫さんはひどく日焼けしていた。

1 一日(いちにち)

day (24-hour period) ／하루／一天

❓ 太陽が一回りする時間のことを表す

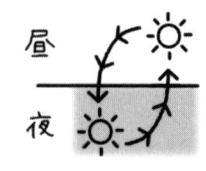

- 彼は日に10回もメールを送ってくる。
- 今日はどんな日でしたか。

☐ 日帰り スル：出かけて、その日のうちに帰ること
　例）日帰りで熱海へ旅行に行くつもりです。
☐ 日記：毎日の出来事などを書いた記録

ひ

1a 日数

days (remaining/since/etc.) ／일수／天数

❓ 一日が積み重なった結果だから

- 試験までもう日がない。
- 日本に来てから、だいぶ日がたった。

1b 特定の一日

day (of some event) ／특정한 날／特定的一天

❓ いろいろな一日の中で、特に関心ある日の場合

- あの試験の前の日、どんなに緊張して眠れなかったことか。
- 手順を間違えた日には、大変なことになる。
- 明日は父の日だから何か贈り物をしよう。

□ 命日：人が亡くなった日

句 日を改める：また別の日にする
例）お忙しいようなので、日を改めて伺います。

1c 日中

daytime ／낮／白天、白昼

❓ 一日のうち、太陽が見えている時間に意味を絞ったから

- 夏が近づいて、日が長くなった。
- 冬が近づいて、日が短くなった。

□ 日中：太陽が出ている時間。昼間
例）日中の気温は20度まで上がりました。

ひかり

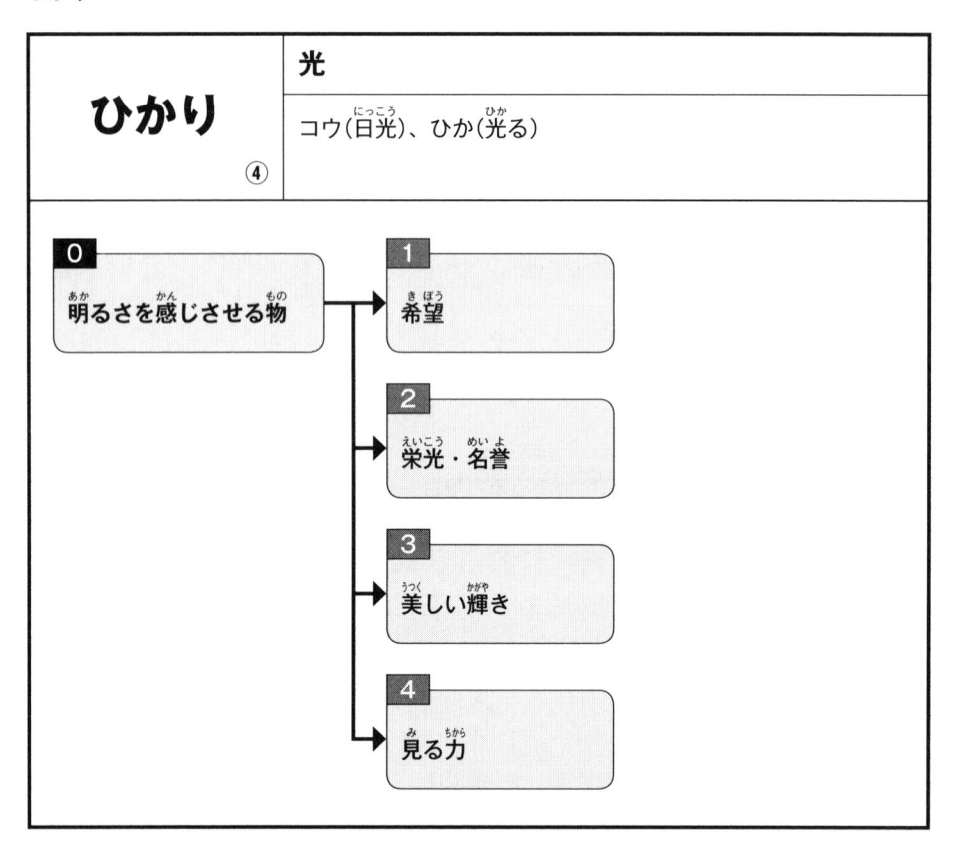

ひかり ④	光
	コウ(日光)、ひか(光る)

```
[0] 明るさを感じさせる物
    ├→ [1] 希望
    ├→ [2] 栄光・名誉
    ├→ [3] 美しい輝き
    └→ [4] 見る力
```

[0] 明るさを感じさせる物

light, illumination ／밝음을 느끼게 하는 것／让人觉得明亮的物品

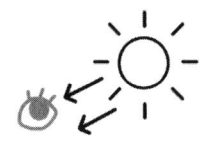

- カーテンを開けると、太陽のまぶしい光が差し込んできた。
- 光の速度は、毎秒約30万キロメートルだ。

☐ 光り輝く【動Ⅰ】：きらきらと光る
☐ 光学：光を研究する学問
☐ 光線：差してくる光
☐ 光熱費：電気やガスの費用
☐ 日光：太陽から出る光

句 脚光を浴びる：世間の注目の的となる

ひかり

例) あの歌のヒットで、彼は一気に脚光を浴びた。
句 光を当てる：今まで目立たなかったものを表立って取り上げる
例) この映画は、外国人労働者の日常に光を当てた作品だ。

1 希望

hope ／희망／希望、光明

❓ 光があると明るくなるように、希望があると心が明るく前向きになるから

- 行き詰まっていたプロジェクトにようやく一筋の光が見えた。
- 事故に遭ってからしばらくの間は、人生の光を失ったようだった。

＊「希望」と「光」を一緒にして、「希望の光」のように使うことができる。

2 栄光・名誉

glory, honor ／영광・명예／榮光、名誉

❓ 光が当たると輝くように、栄光や名誉は輝いて見えるから

- 多くの選手の光と影を見てきた監督の言葉には重みがある。
- 光の当たらない場所にいても、常にベストを尽くすべきだ。

☐ 光栄 ナ：人に認められたりして、名誉に思うこと
例) 優秀賞という輝かしい賞を頂き、大変光栄です。
☐ 栄光：大きな名誉
例) 優勝したチームには、栄光の印にメダルが与えられた。

3 美しい輝き

radiance, sparkle ／아름다운 광채／光澤

❓ 光が反射して輝くと、それ自体が光っているように見えるから

- 神秘的な光を放つ美しい宝石が並んでいた。
- 金閣寺はいつ見てもまぶしいくらいの光を放っている。
- その話を聞いた瞬間、彼の目に光がさした。

ひかり

- □ 光沢：つや
  - 例）この花瓶は19世紀のものだが、今でもすばらしい光沢を保っている。

- 句 後光が差す：神秘的な光を発している
  - 例）彼女はいつも明るく元気で優しく、私には後光が差して見える。

4 見る力

eyesight／보는 능력／观察力

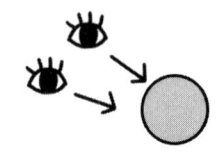

❓ 目が見えることは、光を感じられることだから

- 彼は昨年事故で両目の光を失ってしまった。
- 生まれつき目の見えなかった少女が、手術によって初めて光を得た。

- □ 光景：目に映る景色、ある場面の具体的な状態
  - 例）あの大地震直後の光景は、一時たりとも忘れたことがない。
- □ 観光：いろいろな風景や風物を楽しむために見に行くこと

☞ ひ（p.267）

ひだり

ひだり ⑤	左
	サ(左右)

0 人が東を向いた時の北側 → **1** 革新派

0 人が東を向いた時の北側
left (side) ／사람이 동쪽을 향하였을 때의 북쪽／面朝东时的北侧

- 本屋の左に郵便局があります。
- 左に曲がれるものなら曲がりたいが、あいにく通行止めだ。

☐ 左足：左側の足　⇔ 右足
☐ 左利き：左手の方が右手より自由に使える人　⇔ 右利き
☐ 左手：左側の手　⇔ 右手
☐ 左折 スル：左に曲がること　⇔ 右折
☐ 左遷 スル：今より低い地位に移すこと　☞ [みぎ] **3**

1 革新派
reformist, progressive ／혁신파／革新派

❓ 昔の議会では、革新派が左に座ったから

- その作家はかなり左寄りの意見を表明した。

☐ 左派：政治における革新的な考えのグループ　⇔ 右派
☐ 左翼：政治における革新的な考えの人。また、その考え　⇔ 右翼

文化ノート 和服の着方の一つに「左前」があり（イラスト参照）、死んだ人に着物を着せるときに使う。

左前　右前

☞ みぎ (p.298)

ひと

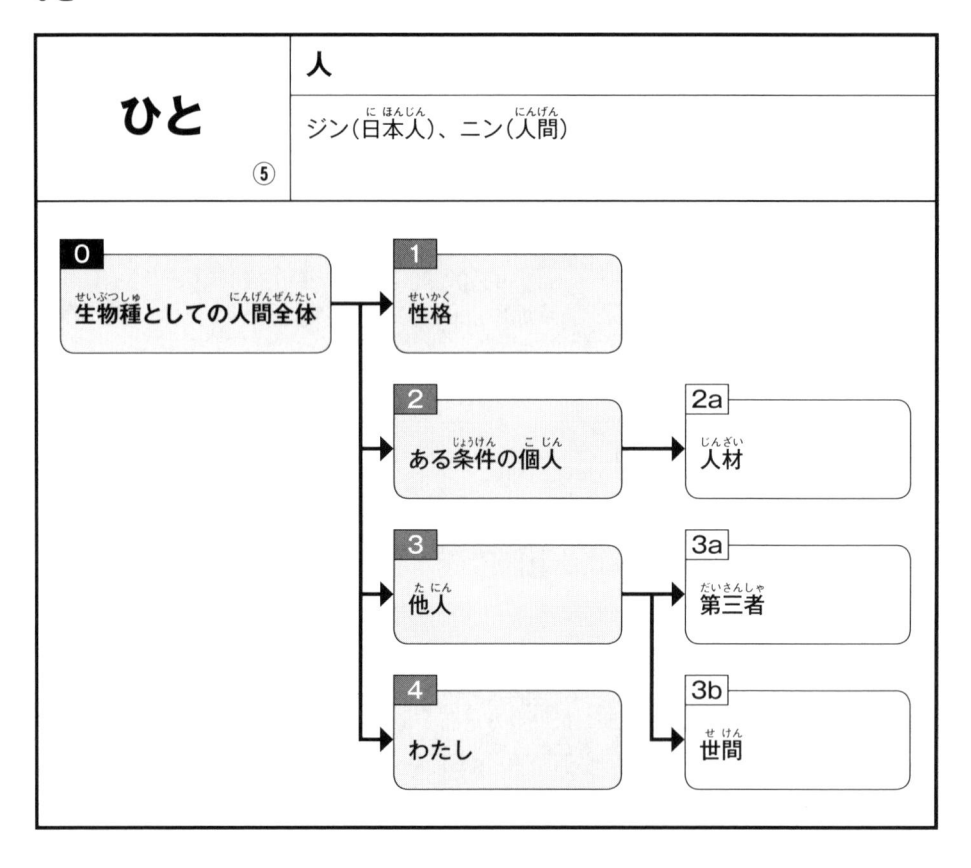

ひと ⑤	人
	ジン(日本人)、ニン(人間)

```
[0] 生物種としての人間全体
     ├→ [1] 性格
     ├→ [2] ある条件の個人 ──→ [2a] 人材
     ├→ [3] 他人 ──→ [3a] 第三者
     │                  └→ [3b] 世間
     └→ [4] わたし
```

[0] 生物種としての人間全体

humans, humankind／생물의 종으로서의 인간 전체／生物种类中的整个人类

- ヒトは二足歩行をする。　＊種を示す場合はカタカナで表記する。
- 人は地球のさまざまな環境に適応できるよう、努力してきた。

☐ 人肌：人間の肌。人間の肌くらいの温かさ
　例) 牛乳を人肌程度に温めてください。

☐ 人工：人の力で作ること　⇔　天然
　例) たいていのコーヒーショップには、人工の甘味料が置いてある。

☐ 人口：　☞ [くち] 5

ひと

- 人種：人類を外見などの特徴によって区別した種類
    - 例）学者の中には、人種は社会的要因で形成された制度と考える人も多い。
- 人生：人間が生きている期間　例）昔は人生は50年と言われた。
- 人体：人の体
- 人脈：人と人の社会的なつながり
    - 例）自分で会社を興すのであれば、人脈を大切にすべきだ。
- 人命：人間の命
- 人類：人間を他の生物と区別して言う用語
    - 例）人類は言語を持つという点で、他の動物と異なる。
- 人情：人間が本来持っている人間らしい感情。思いやり
    - 例）このあたりは、人情あふれる下町です。

1 性格

personality／성격／性格、人品、品质

❓ 人の中身に焦点を当てている

- 田中さんは人がいい。
- いきなり後ろからおどかすなんて、人が悪いな。

- 人柄：人の性質や性格
    - 例）彼女は人柄がいいから、ぜひ採用すべきです。
- 人格：その人の人間性。特にそれが優れていること
    - 例）立派な人格は、経験と反省によって形成される。

2 ある条件の個人

person／어떤 조건의 개인／某个条件下的个人

❓ 人の中で、特にある条件の個人を表す

- 田中さんという人が来ました。
- 男の人はこの部屋に、女の人は隣の部屋に移動してください。
- あそこで本を読んでいる人は誰ですか。

275

ひと

- □ 人違い スル：ある人と他人を間違えること
  - 例）A：すみません、平野さんですか。
  - 　　B：いいえ、人違いです。
- □ 恩人：助けてくれた人　例）田中さんは私の命の恩人です。
- □ 故人：亡くなった人
- □ 主人：☞［しゅじん］
- □ 新人：新しく仲間になった人
  - 例）こちらの河田は、当社営業部の新人です。
- □ 成人 スル：日本では20歳以上の男女
- □ 先人：昔の人　例）先人の教えを侮ってはならない。
- □ 達人：経験と努力によってある分野を極めた人
  - 例）あの老人は小柄だが、弓の達人とのことだ。

- 句 意中の人：好意を抱いている人
  - 例）意中の人に告白したが、だめだった。
- 句 うちの人：自分の夫　例）うちの人はすぐ飲みに行ってしまう。

2a 人材

workers, help／인재／人才

❓ 人の労働力としての側面に焦点を当てている

- 我が社では、現場でも事務でも人が足りない。
- いい人がいたら、今すぐにでも経理に採用したいのだが。

- □ 人手：労働力　例）当社はいつも忙しくて、人手が足りない。
- □ 人材：有能な、役に立つ人物
  - 例）優秀な人材なしには、我が社の発展は期待できない。
- □ 人件費：人の労働に対して払う経費
- □ 求人：会社などが働く人を探すこと
  - 例）新卒の求人が少ないというが、中小企業では実は求人が増えている。

- 句 人使いが荒い：雇った人をひどく、無理に働かせる
  - 例）あの会社は人使いが荒いのでたいていの人はすぐ辞めてしまう。

3 他人

others／타인／他人

❓ 人の中で、特に自分以外の他人に焦点を当てている

- この悲しみは、人には決して分からないだろう。
- 彼は人の弱みに付け込んでお金を儲けている。
- 叔父は人に言えない苦しみを負って生きた。

☐ 人当たり：他人と接するときの態度
　例）西山さんは人当たりがよく、営業にはぴったりだ。
☐ 人影：人の姿
　例）この通りは店がすべて閉まり、人影が絶えてしまった。
☐ 人嫌い：他人と関わるのを嫌がること。その性格
　例）あの家のおじいさんは人嫌いで有名だ。
☐ 人気：人がいる様子
　例）人気のない夜道を一人で帰るなんて、心細い限りだ。
☐ 人様：他人　例）人様の前でそんなことを言うものではない。
☐ 人真似 スル：他人の真似
　例）人真似ではなく、独創的な実験方法を考えてみよう。
☐ 人見知り スル：初めて会う人に対して打ち解けない
　例）うちの子は人見知りが激しいので困る。

句 人ごとではない：自分には無関係だとしていられない
句 人目につく：注目される
句 人目を盗む：他人に見つからないように、こっそり行動する
　例）二人は人目を盗んで真夜中にアパートを出た。
句 人目を憚る：他人に見られないように配慮する

ひと

3a 第三者

someone ／제삼자／第三者

❓ 人の中で、話し手・聞き手以外の人に焦点を当てている

- 人が来ていますので、ちょっと席をはずします。
- 人を介して新しいビジネスの話が来た。

3b 世間

others, people ／세간／人间、社会

❓ 他人の集まりが世間を構成するから

- 人の噂も七十五日。　＊「世間の噂は、いずれ消えてしまうものだ」という意味のことわざ。
- 悪事は必ず人に知られてしまうものだ。

□ 人一倍：普通の人以上に
　例）彼は司法試験に合格するため、人一倍努力した。

□ 人聞き：他人の評判
　例）ビジネスを「金儲け」だなんて、人聞きの悪いことを言うな。

□ 人ごみ：人で混雑していること。また、その場所
　例）賑やかな人ごみの中にいると、反対に寂しくてしょうがない。

□ 人騒がせ ナ：大きな理由もなく世間の人を驚かせたり騒がせたりすること
　例）まったくあいつは人騒がせな奴だ。

□ 人並み ナ：人と同じくらいの程度
　例）正月ぐらいは、人並みに休みたいものだ。

□ 人気：ある人に対する世間からの評判
　例）あの歌手は若い人から老人まで、幅広く人気がある。

□ 万人：多くの人　例）彼の経営の実力は、万人が認めるところだ。

句 人並み外れた：世間の多くの人の程度から大きく外れている
　例）あのプロレスラーは人並み外れた体格の持ち主だ。

4 わたし

I, me / 나 / 我

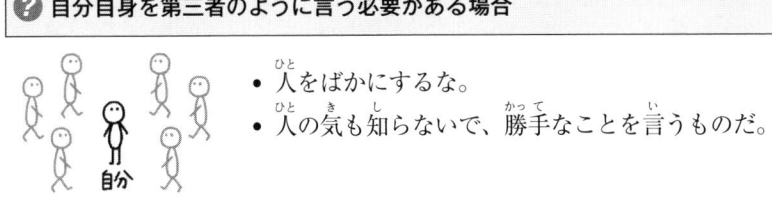

❓ **自分自身を第三者のように言う必要がある場合**

- 人をばかにするな。
- 人の気も知らないで、勝手なことを言うものだ。

ひとり

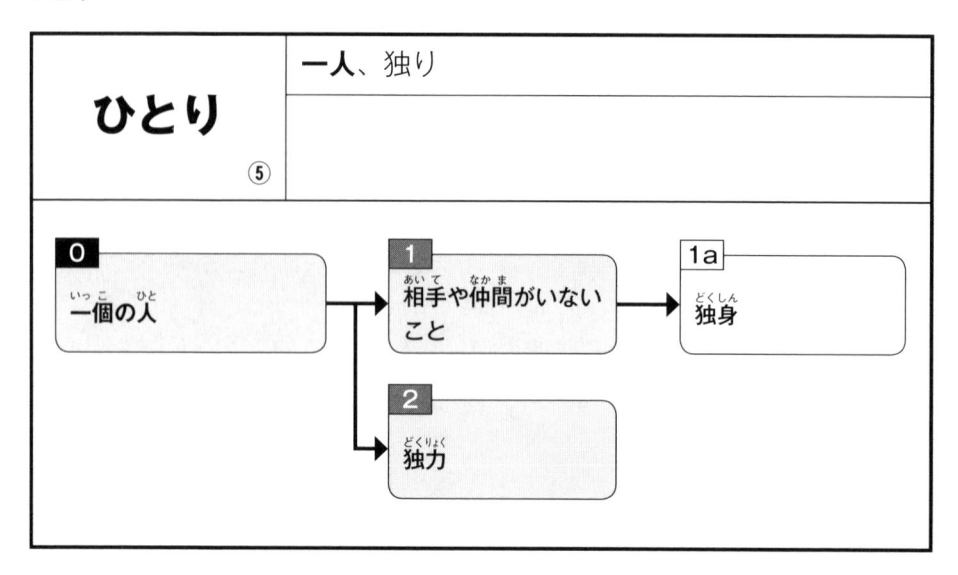

ひとり ⑤	一人、独り

```
[0 一個の人] → [1 相手や仲間がいないこと] → [1a 独身]
                ↓
              [2 独力]
```

0 一個の人

one person／한 사람／一个人

- 私には息子が一人います。
- 会場の入り口で一人一枚ずつマスクが配られた。

☐ 一人一人：それぞれ
  例）一人一人が最大限努力することなしに、このプロジェクトは成功しない。

☐ 人っ子一人：誰一人　*後ろには打ち消しの語が続く
  例）金曜日の夜にも関わらず、街には人っ子一人いなかった。

1 相手や仲間がいないこと

alone／상대나 동료가 없음／没有对手、同伴

❓ 一人ということは、相手や仲間がいないということだから

- あの子はよく一人で遊んでいる。
- 苦しいときは一人で悩まないで、必ず誰かに相談してください。

ひとり

- □ 一人歩き スル：事柄が最初の意図と無関係に動いていくこと
  - 例）彼女については、噂だけが一人歩きしている。
- □ 一人勝ち スル：他の人は皆負けて、一人・一社だけ勝つこと
  - 例）コンピューターでは今、あの会社が一人勝ちだ。
- □ 一人／独り暮らし：一人で暮らすこと
- □ 一人言：一人で物を言うこと
- □ 一人占め スル：自分だけのものにすること
  - 例）彼女は優秀だが、すぐに手柄を一人占めする。
- □ 一人旅：自分一人で旅をすること
- □ 一人っ子：兄弟姉妹のいない、ただ一人の子
- □ 一人ぼっち：家族や仲間がいなくてただ一人であること
  - 例）子供の時はいつも一人ぼっちで寂しかった。
- □ 一人／独りよがり ナ：自分だけがよいと思いこむこと
  - 例）そういう独りよがりな考えでは、誰もついてきませんよ。
- □ 一人相撲：周りのことや結果を考えずに、一人だけで必死になること。また、その結果も悪く終わること
  - 例）緊張からミスを繰り返し、完全な一人相撲でまた負けた。

1a 独身

unmarried ／독신／独身、単身

❓ 人生で一人でいるということは、独身の場合が多いから

- 息子は40になってもまだ一人です。
- 独りなので、たまに料理を作っても余ってしまう。

- □ 独り住まい：独りきりで住んでいること

ひとり

2 独力(どくりょく)

on one's own ／독력 (혼자의 힘) ／个人的力量、单干

❓ 一人でいると多くの場合、他人の力を借りられなくなるから

- 手術後、五日目から一人で歩けるようになった。
- これからは何でも一人でやっていかなくてはならない。

□ 一人立ち スル：他人の力を借りず自分の力だけでやっていくこと
例) 新入社員たちは今日で研修を終え、明日から一人立ちします。

用法ノート 　1a などのように、一人である結果の「寂しさ」「独立」などの意味を含む場合には、「独り」の表記も用いられる。

☞ あいて (p.25)、みな (p.307)

びょうき

びょうき ⑤

病気

- ⓪ 体に異常がある状態 → ① 悪い癖

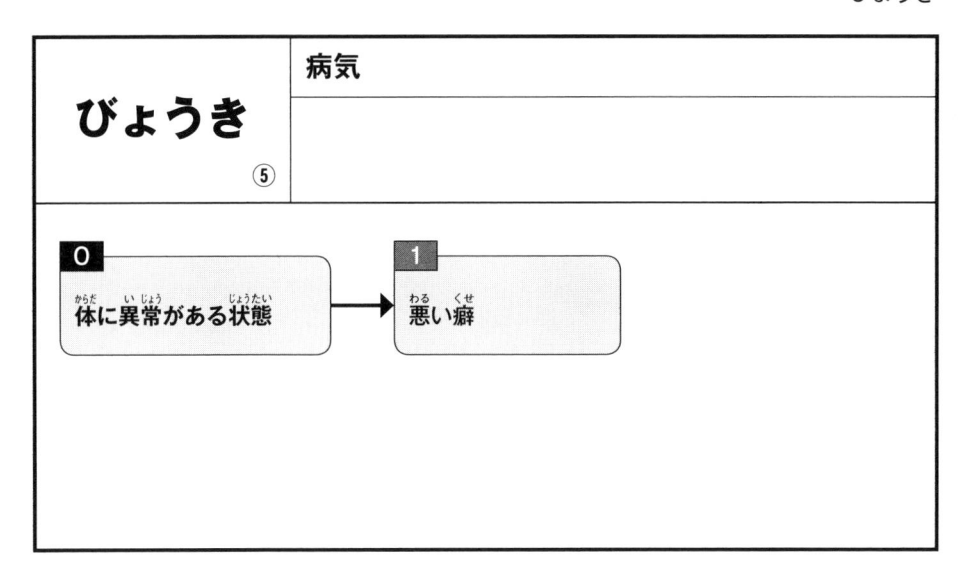

⓪ 体に異常がある状態

illness／몸에 이상이 있는 상태／身体出现异常

- 現代医学では、この病気を治す薬は存在しない。
- 医者は彼の病気をガンと診断した。
- 彼は病気がちで、学校を休んでばかりいる。

① 悪い癖

bad habit／나쁜 습관／毛病、缺点、癖好

❓ 体に異常があるのに似て、心に異常がある状態を表す

- 彼の酒好きと来たら、ほとんど病気です。
- また彼女の悪い病気が始まって、ブランド品に大金を使っているそうだ。

☞ からだ (p.91)、き (p.95)、ぐあい (p.104)、くすり (p.106)、こころ (p.127)、ねつ (p.246)

べつ

べつ ③	**別**
	ベツ(区別)、わか(別れる)

0 同じでないものを分けること → **1** あるものと異なる

0 同じでないものを分けること
distinction／같지 않은 것을 나눔／区別、分开

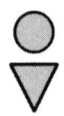

- 応募資格は、男女の別を問いません。
- 5年間、昼夜の別なく働いてお金を貯めた。
- データを国別に見れば、最も数値が高いのは日本に違いない。

☐ 区別 スル：違いを見て分けること
　例）あの兄弟、そっくりで区別ができない。
☐ 差別 スル：ある人々を劣っているとして、不当に扱うこと
　例）そういった差別は許されないと、老人は涙ながらに訴えた。
☐ 性別：男性と女性の別
☐ 分別 スル：種類によって分けること
　例）ごみを分別して出すようにしてください。

1 あるものと異なる

different, apart from ／어떤 것과 다름／不同、另外、特別

❓ 区別したものは、結果として互いに異なっているから

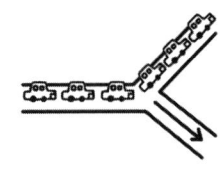

- この道は混んでいるから、別の道を行きましょう。
- 入会金と別に、月会費が5,000円要ります。

□ 別荘：避暑などのために建てられた、自宅とは別の家
□ 別々 ナ：それぞれ異なること
　例）注文したものは、別々に払いましょう。

句 別に：これといって特に　＊後ろには打ち消しの語が来る。
　例）連休は、別に面白いことはありませんでした。
句 ～は別とする：～を他の問題として考える
　例）購入する物品には10％の税金が掛かるが、食料品は別とする。

ほう

ほう ②	方
	かた(話し方)

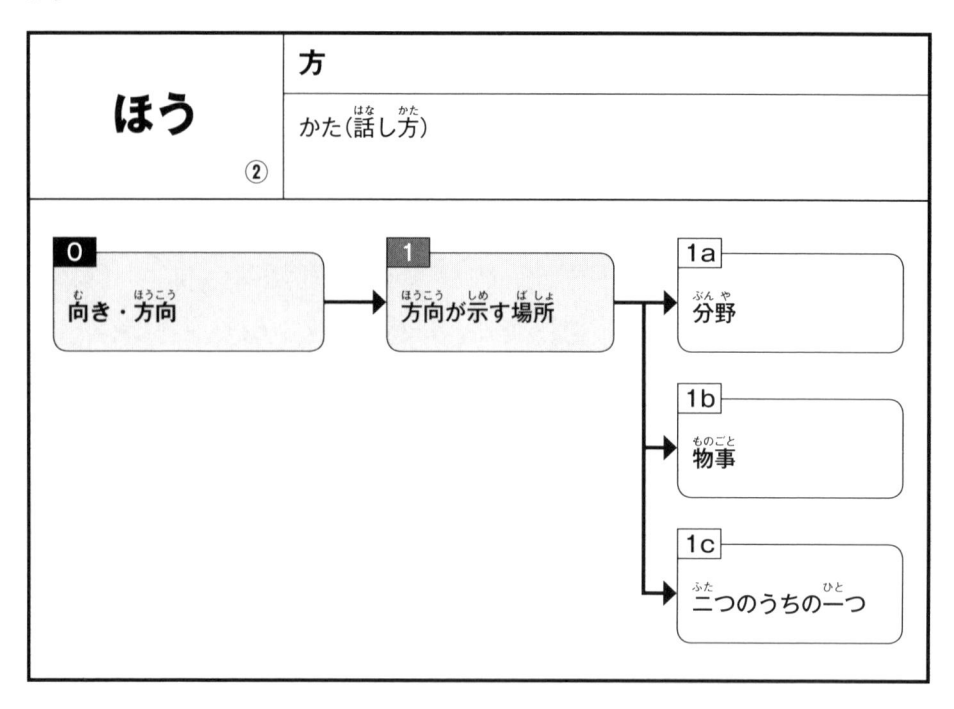

```
[0]                    [1]                      [1a]
向き・方向     →    方向が示す場所      →    分野

                                            [1b]
                                       →    物事

                                            [1c]
                                       →    二つのうちの一つ
```

[0] 向き・方向

direction／방면・방향／朝向、方向

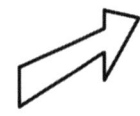

- 東の方を見てください。
- 駅はあちらの方です。

[1] 方向が示す場所

in/toward (some area)／방향이 가리키는 장소／方向所示場所

❓ [0]の方向が示している場所だから

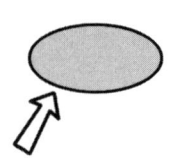

- 山の方では、もう雪が降っているだろう。
- 一般的に、関東の方では濃い味の料理が多い。

□ 地方：国の一部の地域
例) 地方税であれ国税であれ、予算の無駄遣いは許されない。

ほう

1a 分野
field／분야／领域、方面

❓ 学問などの分野は一定の領域や空間と見なされるから

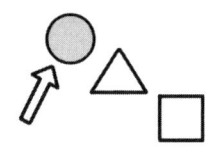

- 将来は建築の方に進もうと思っています。
- 昔から勉強の方は苦手だった。

1b 物事
part, side／사물／事情

❓ ある場所で、そこに存在する物事を表す

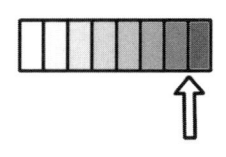

- この小説は最後の方はつまらなかった。
- 最近、本社の方はどうですか。
- ミルクティーの方、もう少々お待ちください。

1c 二つのうちの一つ
one (of two things)／둘 중 하나／两者之一

❓ どちらかを選んだとき、選んだ方向を指し示すことが多いから

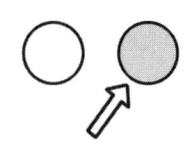

- りんごよりメロンの方が、値段が高い。
- いいえ、責任があるのは私の方です。申し訳ございませんでした。
- せっかくの申し出だから、受けた方がいい。

☐ 片方：二つあるうちの一つ
　例）この靴下、また片方どこかへ行ってしまった。

ほか

ほか ④	他、外
	タ(他人)

- 0 話題の範囲以外の物事 → 1 予測の範囲を超える状態

0 話題の範囲以外の物事

other, another, in addition ／화제 범위 외의 사물／话题范围以外的事

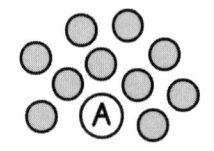

- Aさんの他10名が参加します。
- この部屋にはないから、他を探そう。

□ 他ならない：まさに　＊「他ならぬ＋名詞」の使い方が多い
　例）今の私があるのは、他ならぬ母のおかげだ。
□ 他界 スル：死ぬこと
□ 他人／他者：他の人
□ よりほか[は]：そのこと以外はない　＊後ろには打ち消しの語が来る。
　例）何度やってもだめだから、あきらめるよりほかはない。

1 予測の範囲を超える状態

beyond expectation ／예측 범위를 벗어난 상태／超出预测范围的状态

❓ 話題の範囲を予測の範囲に例えたとき、その外にあるから

- 1万円くらいで売れるだろうと考えていたが、思いのほか、高値で売れた。

ほし ④

星

セイ(星座)、ショウ(明星)

- **0** 夜空に光る天体
  - **1** 星型の印(☆)
    - **1a** 勝敗の印
  - **2** スター
  - **3** 目当て・目星
  - **4** 星まわり・吉凶

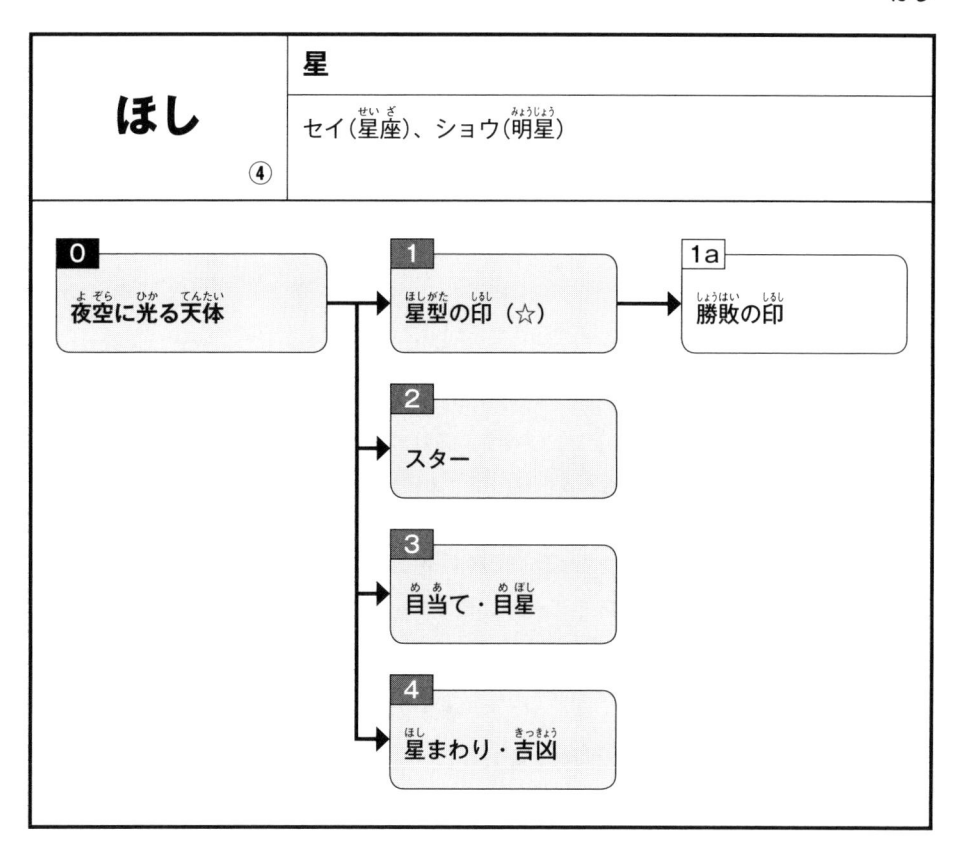

0 夜空に光る天体

star／밤하늘에 반짝이는 천체／夜空中发光的天体

- 空には無数の星が輝いている。
- 夕方、いちばん先に見える星は金星だ。

☐ 星空：晴れて星がきらめいている空
☐ 星座：星をさまざまな形に見立てて区分したもの
☐ 衛星：地球における月のように、惑星の周囲を公転する天体
☐ 惑星：太陽のような恒星の周囲を公転する天体。太陽系の惑星の名前は、水星・金星・地球・火星・木星・土星・天王星・海王星

ほし

1 星型の印（☆）
star (mark), asterisk ／별 모양의 기호／星号

❓ 星に形を似せた印のことを表す

- 航海士は上のランクになるほど肩章の星が多くなる。
- あのホテルは星が五つだから最高のランクだ。

1a 勝敗の印
win/loss, mark indicating win/loss ／승패의 표시／胜败的评分

❓ 勝ちを輝く白い星、負けを輝かない黒い星で表した

- FC杉並は今季、勝ち星はまだ一つだ。
- 彼は昨年のチャンピオンを破って大きな星を挙げた。

□ 星取り表：勝敗を白黒の星で示した表
□ 白星：勝ち。また、勝ちを示す印
□ 黒星：負け。また、負けを示す印

句 星を落とす：試合に負ける
句 星を稼ぐ：勝って成績を上げる

2 スター
star (in a profession, etc.) ／스타／明星

❓ 天空で輝く星のように、人々が見上げる所で輝いて見える人だから

- 彼女こそ、ポップス界の希望の星だ。
- あの野球選手は高校時代には、甲子園の星と言われたものだが……。

□ 新星：①新たに発見された星　②急に注目を集めた人

ほし

3 目当て・目星

what one wants／표적・목표／目的、指标、目标

❓ 星が目立つように、視界や心の中で目立っている物だから

- バーゲンの前に、欲しい品物に目星をつけておこう。
- 刑事たちは、地道な聞き込み捜査で星を挙げた。　＊「星を挙げた」＝容疑者を逮捕した

＊ 3 の用法は、合成語、俗語で使われる。

☐ 図星：①目当ての所　②指摘がまさにその通りであること

4 星回り・吉凶

the stars (fortune)／운명・길흉／星运、吉凶

❓ 星は人々の運命を示すとされてきたから

- 自分は幸運の星の下に生まれたのだと思います。
- こんな素敵な彼女に出会えたなんて、星の巡り合わせに違いない。

☐ 星占い：星の位置や動きで運命を占うこと。占星術
☐ 星回り：運命を決めるとされる星のありよう

まえ

まえ ⑤	**前**
	ゼン(前方)

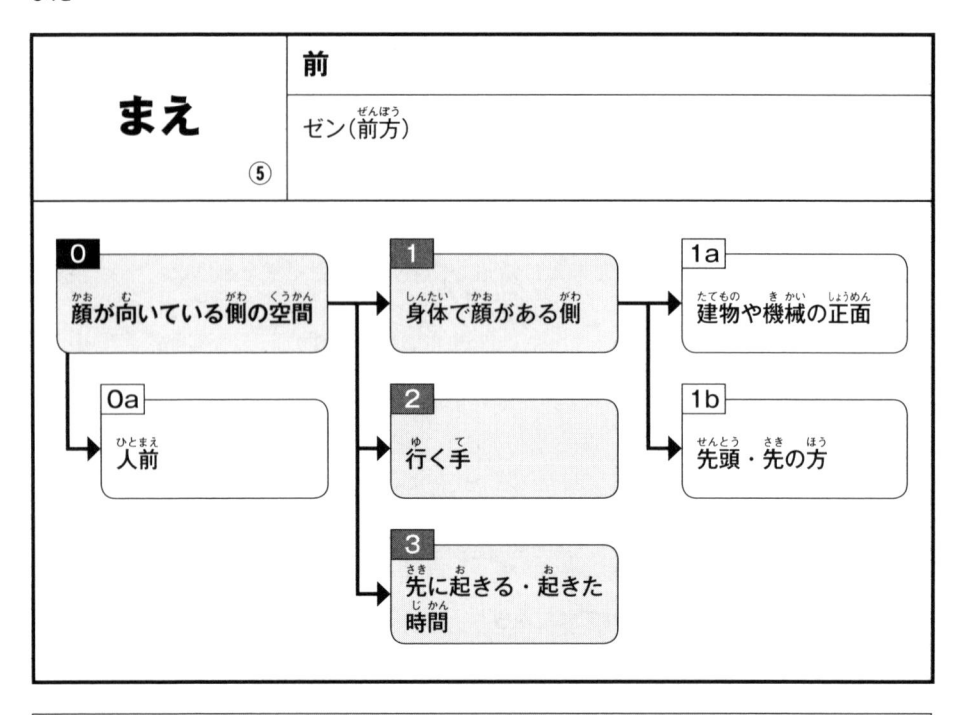

- **0** 顔が向いている側の空間
  - **0a** 人前
- **1** 身体で顔がある側
  - **1a** 建物や機械の正面
  - **1b** 先頭・先の方
- **2** 行く手
- **3** 先に起きる・起きた時間

0 顔が向いている側の空間

front／얼굴이 향하고 있는 쪽의 공간／面向一側的空間

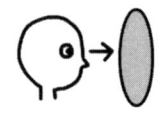

- 前をしっかり見て運転しないと危ないよ。
- 亡くなった夫の写真を前に置くと、彼女は静かに目を閉じた。

□ 後ろ前：後ろと前が逆になること
  例) そのセーター、後ろ前じゃない？

0a 人前

in front of (others/an audience)／남의 앞／面前

❓ 他人の顔が向いている方向に、見られている自分がいるから

- 大勢の前に立って話をするのは緊張する。
- 二人は子供の前では離婚のことは言わないことに決めた。
- 先生方の前とあって、さすがに大声では怒れなかった。

＊ 0a は、向かい合う相手への配慮を示す文脈で用いる。

まえ

1 身体で顔がある側

front (of the body) /신체에서 얼굴이 있는 쪽/身体面向的一側

❓ 前方に面している体の部分だから

- 服の前がはだけているよ。
- 銭湯で前を隠して歩く。　＊「前」＝陰部。ぼかした表現。

1a 建物や機械の正面

front (of a building/machine/etc.) /건물이나 기계의 정면/建筑及机器的正面

❓ 物を人間の身体に例えたときの前方だから

- 大学講堂の前で記念写真を撮った。
- その駅の前には特に何もない。
- 機械から変な音がしたら、前に付いているボタンを押してください。

☐ 手前：自分の体に近い方
　例）彼女はその箱を手前に引き寄せた。

1b 先頭・先の方

front (part), earlier /선두・앞쪽/前头、前方

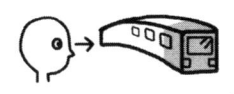

❓ 物体や一定の空間を動物や人間の身体に例えたとき、先の方に相当する所だから

- いつも一番前の車両に乗ります。
- 一番前に座って授業を聞く。
- 前のページに戻って読み返そう。

☐ 前半：一続きになったものを前後に分けたときの前の方
　⇔ 後半

2 行く手

ahead ／장래／去路、前途

❓ 未来は出来事の進行における前方だから

- 彼らの前には、多難な人生が待っているだろう。
- 本プロジェクトの前に、政府の規制という壁が立ちふさがっている。

3 先に起きる・起きた時間

previous, beforehand ／일이 먼저 일어남・일어난 시간／将要发生、已经发生的时间

❓ 人に訪れる、または訪れた時間の前方を表す

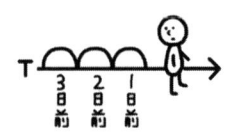

- 書類は三日前に郵送した。
- 彼女には前に会ったことがある。
- 寝る前に彼女のことを思い出さないではいられない。

☐ 前倒し：予定の時期を繰り上げて実施すること
☐ 前ぶれ：何かが起こる予兆
☐ 前もって 副：何かに先立って。事前に
☐ 前夜：あることの前の夜
　例）大戦前夜、町中はしんと静まり返っていた。
☐ 寸前：何かに先立つほんの少し前

まわり ③

回り、周り

カイ(回転)、エ(回向)、まわ(回る、回す)

- **0** 回転(かいてん)
  - **0a** 一回り(ひとまわ)
  - **0b** 順に進む動き(じゅんにすすむうごき)
- **1** ある空間の周囲(くうかんのしゅうい)
  - **1a** 周囲とその近辺(しゅういとそのきんぺん)

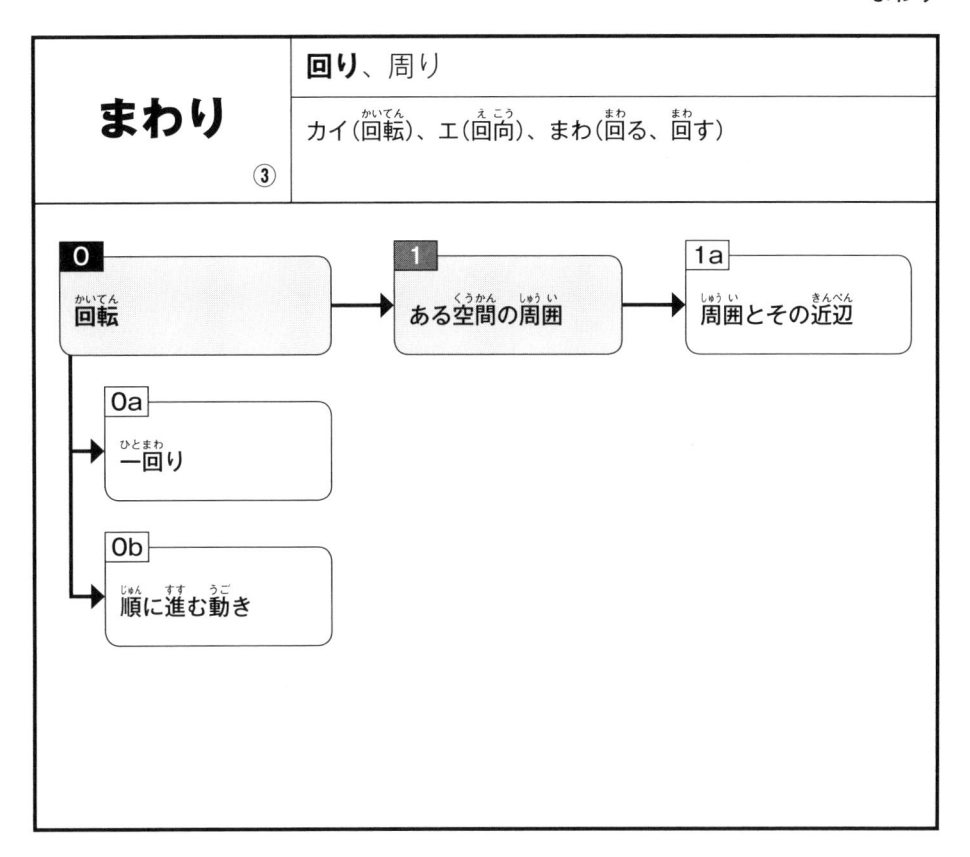

0 回転(かいてん)

rotation, moving in a circle／회전／旋转

- 鉄棒(てつぼう)で前回(まえまわ)りをした。
- 大回(おおまわ)りで校庭(こうてい)を三周(さんしゅう)も走(はし)った。

＊ **0** の用法(ようほう)では、「〜回(まわ)り」の形(かたち)で用(もち)いる。

まわり

0a 一回り(ひとまわり)

one lap/revolution/cycle／한 바퀴 돎／一圈、一轮、一周

❓ 回転した運動を一つと数えたから

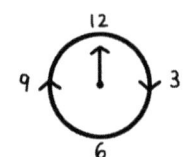

- 時計の短針は12時間で一回りする。
- 彼女は私より一回り下だ。　＊「一回り」＝ 12歳。

0b 順に進む動き

progression, spread／(일정 범위를) 점차적으로 움직임／按顺序运转、发作、蔓延

❓ 回るように進む出来事や思考の状態を表す

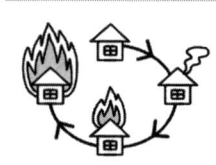

- 昨日の火事は火の回りが速かった。
- 朝早いから頭の回りが悪い。

☐ 回り道 スル：目的地に遠くなる道を行くこと
　例) 動物園に行く道が混んでいたので、回り道を余儀なくされた。

☐ 金回り：収入の状態
　例) あの店の主人は最近、金回りがいいらしい。

☐ 空回り スル：論理や行動がうまく進まないこと
　例) 彼女はいつも空回りして、みんなと仕事がうまく進められない。

☐ 得意先回り：営業を担当する顧客の所へ順に行くこと
☐ 遠回り スル：遠い方の道を通って行くこと
☐ 水回り：台所、洗面所など水を使う家の部分

まわり

1 ある空間の周囲

around, circumference ／어떤 공간의 주위／某个空间周围

❓ ある場所を中心にして、目で一回り追った結果を表す

- 池の周りを散歩した。
- 膝の周りが何となく痛い。

□ 胴回り：胴の周り。ウエスト
□ 周期：何かが一回りして元に戻るまでの期間
　例）地球の自転周期は24時間だ。
□ 一周 スル：周囲を一度、巡ること
□ 円周：円を形成する線。「π」は円周率

1a 周囲とその近辺

surroundings ／주위와 그 부근／周围以及其附近

❓ 何かの周囲は、その近辺も含めてそう見なされるから

- 学校の周りにはまだ豊かな自然がある。
- 周りの人に迷惑をかけてはいけない。

□ 身の回り：日常生活に必要なものごと
　例）身の回りの整理整頓なくして、きちんとした仕事はできない。
□ 周知 スル：世間に広く知らせる
□ 周辺：あるものの周りとその近く
　例）刑事たちは直ちに周辺の民家に聞き込みを行った。

みぎ

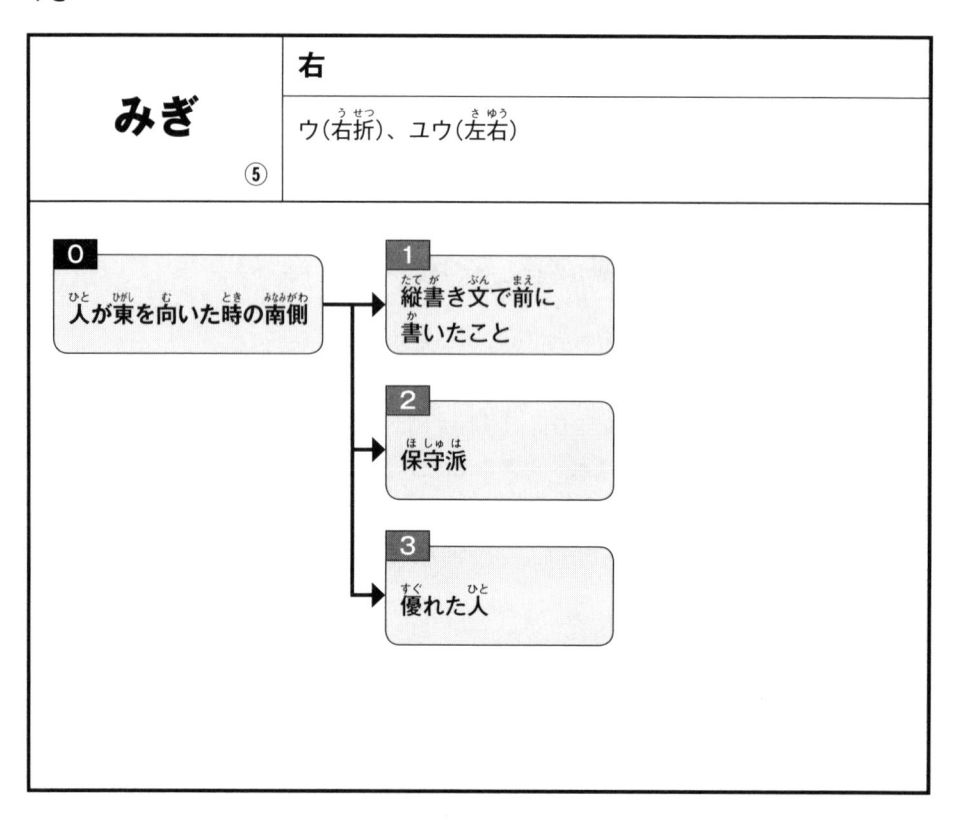

右
ウ(右折)、ユウ(左右)
⑤

- **0** 人が東を向いた時の南側
- **1** 縦書き文で前に書いたこと
- **2** 保守派
- **3** 優れた人

0 人が東を向いた時の南側
right (side) / 사람이 동쪽을 향하였을 때의 남쪽 / 面向东时的南側

- 郵便局の右に本屋があります。
- この道をまっすぐ行って、右に曲がってください。

- □ 右足：右側の足　⇔ 左足
- □ 右肩上がり：景気や売り上げがだんだんよくなること
- □ 右利き：右手のほうが左手より自由に使える人　⇔ 左利き
- □ 右手：右側の手　⇔ 左手
- □ 右折 スル：右に曲がること　⇔ 左折

＊右・左は、物に顔や正面など固有の基準がある場合にはそれを基準とし、ない場合は話し手からの見え方を基準にする。

みぎ

1 縦書き文で前に書いたこと

aforementioned (something stated earlier in vertical text)／세로쓰기한 글의 앞부분／竖写时的上文、前文

❓ 縦書きで先に書いた内容は右側に位置するから

- 右の者、本校の全ての課程を修了したことを認める。
  ＊イラストの中では、「右の者」は「山田太郎」を指す。
- 右の通り、間違いありません。

2 保守派

conservative／보수파／保守派

❓ 昔の議会で保守派が右に座ったから

- 彼は右に寄った考えを持っている。

  □ 右派：政治における保守的な考えのグループ　⇔ 左派
  □ 右翼：政治における保守的な考えの人。また、その考え
  　　　　⇔ 左翼

3 優れた人

person of superior skill, right-hand man／뛰어난 사람／优秀人才

❓ 昔の中国で優位者が右に座ったから

□ 右腕：最も信頼できる部下
　例）山田氏は長いこと、社長の右腕として活躍してきた。

句 右に出る者：その人より優れている人
　例）ゴルフにかけては高田部長の右に出る者はいない。

＊ 3 の用法は、合成語、慣用句で使われる。

☞ ひだり（p.273）

みず

水
スイ（水道）
⑤

0 無色透明の液体。H₂O

1 液状の物

2 進行や関係を妨げる物

3 冷たい水

4 洪水

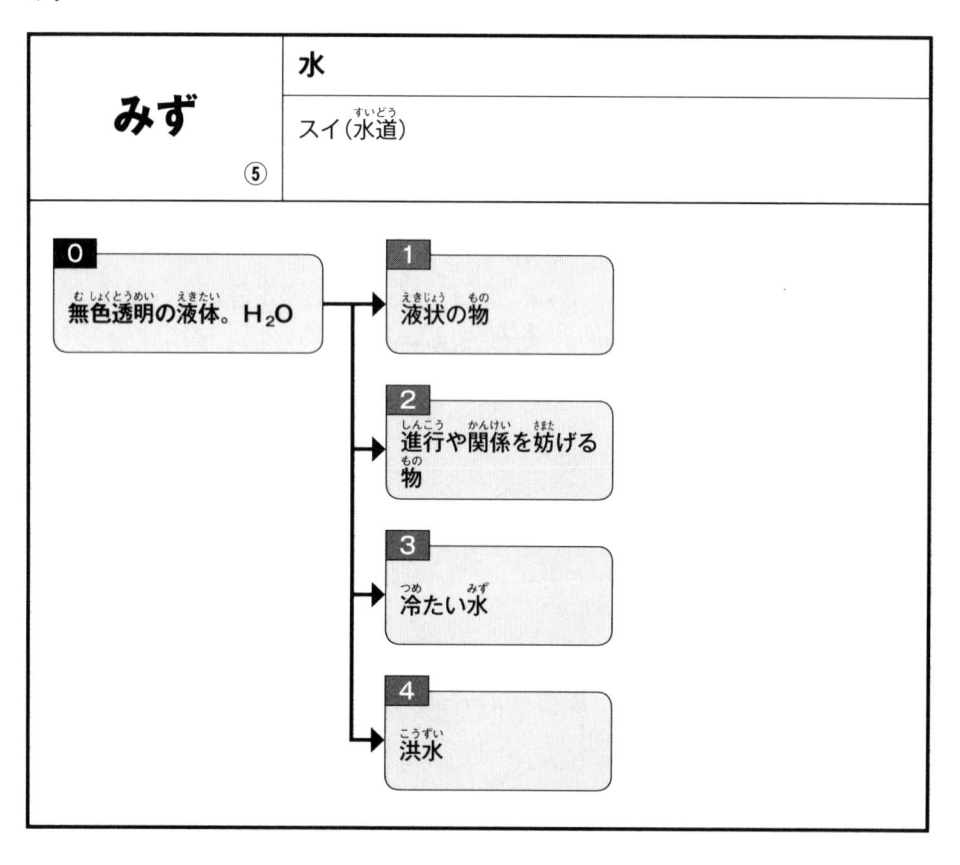

---

0 無色透明の液体。H₂O
　water／무색무취의 액체／无色透明的液体。H₂O

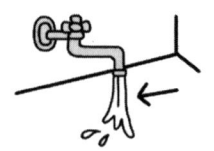

- その水は冷たくておいしかった。
- 水が足りなくて困っている地域が多い。

□ 水商売：客の人気によって収入が左右される仕事
□ 水増し スル：見かけだけを増やし、実質以上に見せること
　例）利益を水増しして発表するとは不正の極みだ。
□ 水漏れ スル：水道の水がパイプから外に出てしまうこと

句 水と油：正反対の性格
　例）あの二人は水と油でまったく合わない。

みず

句 水を打ったように：たくさんの人が静かになる様子
例）総理大臣が話を始めると、会場は水を打ったように静まり返った。

1 液状の物

liquid ／액상의 물질／液体物品、溶液

❓ 水に似た、流れるような物質を表す

- ひざに水がたまって痛い。
- やけどをして指に水ぶくれができた。

□ 水飴：透明で液状の飴
□ 水ようかん：寒天・餡・砂糖で作った夏向けの和菓子

2 進行や関係を妨げる物

hindrance ／진행이나 관계를 방해하는 것／妨碍进展及关系的物品

❓ 料理に余分な水を加えるとまずくなるように、進行や関係を邪魔してそれを駄目にするものを表す

句 水入らず：近親者だけで他人をまじえないこと
例）昨夜はひさびさに親子水入らずでゆっくり話をした。
句 水を差す：うまく行っている物事の邪魔をする
例）今回の件は、良好だった両国の関係に水を差さないではおかない。

＊ 2 の用法では、慣用句のみ。

3 冷たい水

cold water ／찬물／冷水

❓ 水の典型的なありようである冷たい水に意味を絞ったから

- すいかを水で冷やして食べた。
- 夏に入る水風呂は気持ちがいい。

みず

4 洪水

flood／홍수／洪水、大水

❓ 人間にとって恐ろしく、特別な存在である洪水に意味を絞ったから

- この辺りは土地が低く、しばしば水が出ます。
- 先日の台風で、私の車は水に漬かってしまった。

□ 水害：洪水など水によって受ける被害

文化ノート 神社の参拝時に水で手を清めるように、日本では水は塩と並んで、罪や心の穢れをきれいにする「清め」に用いられる。

みち

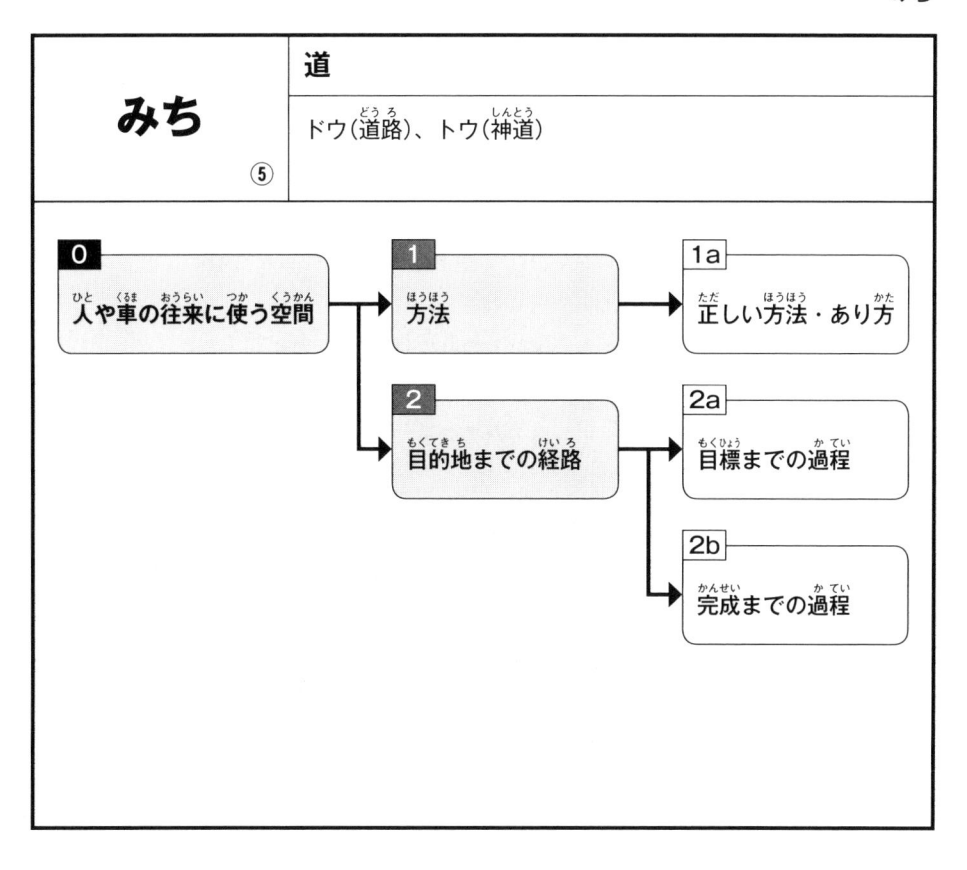

道
ドウ(道路)、トウ(神道)

⑤

- **0** 人や車の往来に使う空間
  - **1** 方法
    - **1a** 正しい方法・あり方
  - **2** 目的地までの経路
    - **2a** 目標までの過程
    - **2b** 完成までの過程

0 人や車の往来に使う空間

street, (foot)path, way ／사람이나 자동차의 왕래에 사용하는 공간／人来车往的空间

- この道はすこし狭い。
- あの道を左へ曲がると、市役所が見えます。

☐ 道のり：目的地までの距離
　例) その公園から大学までの道のりはどれくらいですか。
☐ 道端：道の端のあたり
　例) 弟ときたら、道端の一円玉を拾おうとして転ぶ始末だ。
☐ 裏道：本道ではない道　☞ **1**
☐ 坂道：坂になっている道
☐ 近道：①目的地に早く着く道　②手っ取り早い手段

303

みち

- □ 抜け道：目立たない近道　☞ **1**
- □ 脇道：☞「わき」**1**
- □ 道路：人や車が通れるように舗装された道
- □ 街道：古くからある重要な道
- □ 国道：市町村をつなぐ全国的に整備された道路
- □ 参道：寺や神社に参拝するために作られた道
- □ 車道：車のための道
- □ 水道：水を家庭や会社に供給する設備
- □ 鉄道：電車や汽車による輸送のシステム
- □ 歩道：歩行者のための道

1 方法

method／방법／方法

❓ 道を進んで目的地に着くように、ある方法を選んで目的を達成するから

- あの子供たちを何とか救う道はないものか。
- このメモ帳は小さすぎて使い道がない。

- □ 裏道：正当ではない生き方や方法　☞ **0**
- □ 地道 ナ：手堅く真面目に物事をすること。また、そのさま
- □ 生活の道：安定した生活を送るための方法
- □ どっちみち 副：どういう方法を取っても、結局
  例）これから頑張っても、どっちみち結果は知れている。
- □ 逃げ道：危険や責任を避けるための方法
- □ 抜け道：法を逃れる手立て　☞ **0**
- □ 道具：目的達成のために用いられる器具

1a 正しい方法・あり方

proper conduct, the right thing ／올바른 방법・자세／道理、道义、道德

❓ 方法のうち、特に正しい方法を取ることや正しい道を行くことに意味を絞ったから

- 老人をだましてお金を稼ぐなんて、人の道に外れている。
- 彼は人妻と道ならぬ恋に落ちてしまった。

☐ 道徳：人が正しく生きるための規範
☐ 道理：物事がそうあるべき筋道

2 目的地までの経路

route, way (to a destination) ／목적지까지의 경로／去目的地的路上

❓ 道の中で、話し手にとって最も関心がある道を表す

- 駅からの帰り道、田中さんに会った。
- 道を間違えたので交番で聞いた。

☐ 道草 スル：目的地へ行く途中で、他のことをすること
　　道草を食う／する
　例）コンビニで道草をしつつ、1時間かけて帰宅した。
☐ 道順：ある場所へ行くまでの道の順番
☐ 片道：行き・帰りのうち一方
☐ 寄り道 スル：目的地へ行く途中で、他の所へ立ち寄ること
☐ 道中：旅行の途中　例）道中、どうか気を付けて。

みち

2a 目標までの過程
path (to a goal) ／목표까지의 과정／完成目标的中途

❓ 目標を目的地に例えたときに、そこに行き着くまでの過程を表す

- 勝利への道は険しい。
- 弁護士になるまでの道は長かった。

2b 完成までの過程
the way of, the art of ／완성까지의 과정／完成之前的过程

❓ 芸事や専門の完成を目的地に例えたとき、そこへ行き着くまでの過程を表す

- 彼は70歳で陶芸の道を極めた。
- 茶の道とは、あなたが考えているより奥深いものなのです。

☐ 道楽：本業以外の楽しみや趣味
☐ 華道：草花や木の枝などを美しく生ける技術・作法
☐ 茶道：茶の湯によって礼儀作法を学ぶ術
☐ 書道：筆で字の美しさを表現する芸術
☐ 神道：日本古来の神の観念にもとづく宗教。また、その態度
☐ 武道：武士として身に付けるべき術や技
☐ 〜道：競技や芸事をよりよい人間になるための修練と見なしたもの　例) 合気道、弓道、剣道、柔道など

みな

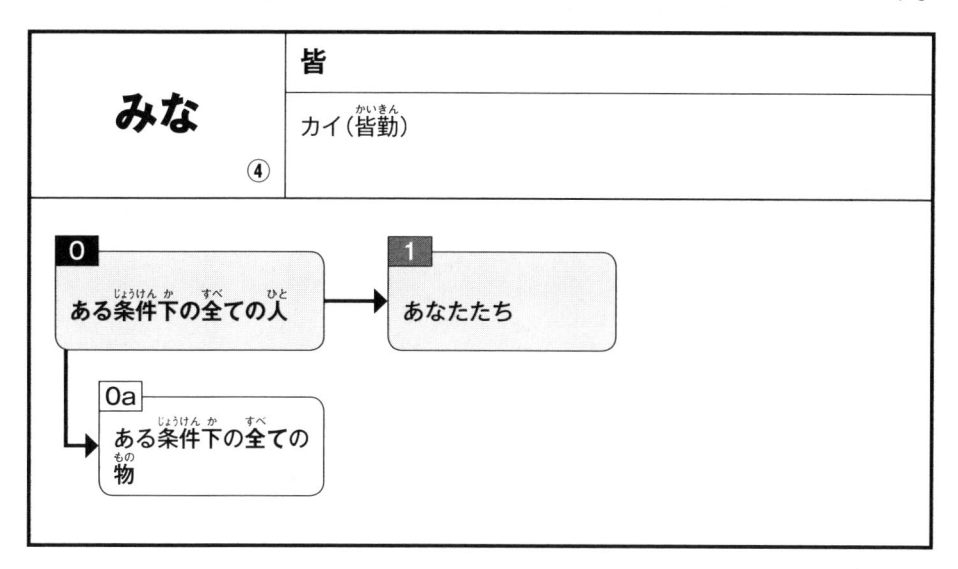

皆

カイ（皆勤）

④

- **0** ある条件下の全ての人 → **1** あなたたち
  - **0a** ある条件下の全ての物

---

0 ある条件下の全ての人
everyone, all ／어떤 조건하의 모든 사람／一定条件下的所有人

- この結論は皆で話し合って決めたものです。
- 家族の皆さんによろしくお伝えください。

0a ある条件下の全ての物
everything, all ／어떤 조건하의 모든 것／一定条件下的所有物品

❓ 全ての人から全ての物に意味を広げたから

- ここにあるものは皆、日本製だ。
- どれも皆、食用に適さないキノコばかりだ。

＊ 0a の用法では、副詞として用いる。

□ 皆勤賞：全ての授業に出席した者に与えられる賞
　例）あの留学生は皆勤賞をもらったばかりか、成績も一番だった。

みな

1 あなたたち

all of you／여러분들／你们

❓ その場の全ての人から自分を除いた部分を表す

- この件について、みんなはどう思いますか。
- みんな、私を信じてついてきてほしい。

用法ノート 会話の時は「みんな」となるのが一般的。ただし、「～さん」を付けるときは、「みんなさん」とは言わず「みなさん」と言う。

みみ

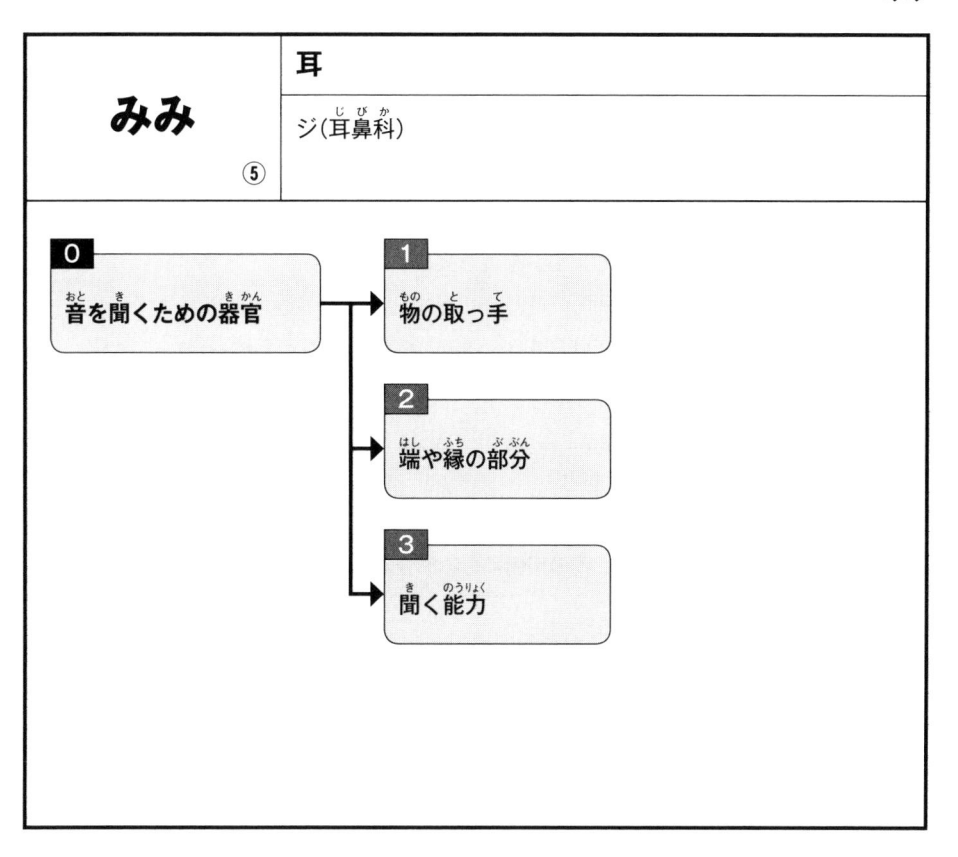

みみ ⑤	耳
	ジ(耳鼻科)

```
[0] 音を聞くための器官
    ├→ [1] 物の取っ手
    ├→ [2] 端や縁の部分
    └→ [3] 聞く能力
```

0 音を聞くための器官

ear (of a human/animal) ／소리를 듣기 위한 기관／辨別声音的器官

- 寒い日に外にいたら耳が冷たくなった。
- ウサギは耳が長い。

☐ 耳かき：耳の中を掃除する道具
☐ 耳鼻科：耳・鼻に関する医学分野。また、その治療をする病院

句 耳に入れる：話す。伝える
  例）この情報は、一応、部長の耳にも入れておこう。
句 耳につく：声や音が耳に留まって気になる

みみ

例) 時計の音が耳について、どうも落ち着かない。
句 耳に入る：聞こえる
例) あの会社について、変な噂が耳に入ってきた。
句 耳を貸す：話を聞こうとする
例) 僕の彼女はこうと決めたら、誰にも耳を貸さない。
句 耳を澄ます：意識を集中して聞く
例) 秋の夜は、耳を澄まして虫の鳴き声を聞こう。
句 耳をそばだてる：注意して聞きとろうとする
例) その男は耳をそばだてて、隣の席の話を聞いていた。

1 物の取っ手

handles, grips ／물건의 손잡이／器物的把手、把儿

❓ 顔の両側にある耳のように、物の両側にある部分だから

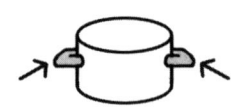

- 鍋の耳が熱くて持てません。
- この花瓶はずいぶん耳が大きい。

2 端や縁の部分

edge, crust (of bread) ／끝이나 가장자리 부분／边上和边缘部分

❓ 耳が顔の端にあるように、物の端に当たる部分だから

- このパンは耳が固い。
- 紙の耳を揃えてから切って下さい。

句 耳を揃えて返す：借りたものを一括で返す
例) あの時借りたお金なら、耳を揃えて返しました。

3 聞く能力

hearing／듣는 능력／听力

❓ 聞くことは耳が持つ働きだから

- キムさんはとても耳がいい。
- 祖父は耳が遠いので、いつも大声で話しかけなければいけない。

□ 空耳：声や音がしていないのに聞こえたように思うこと
例）誰もいない部屋からピアノの音がするなんて、空耳に過ぎないよ。

句 耳が早い：情報を早く手に入れる
例）彼女は社内一、耳が早いから人事のことなら聞いてみれば。

句 耳を疑う：聞き間違いではないかと驚く
例）毎日使うバス路線が廃止とのニュースに、自分の耳を疑った。

むかし

昔
セキ(昔日)、ジャク(今昔)

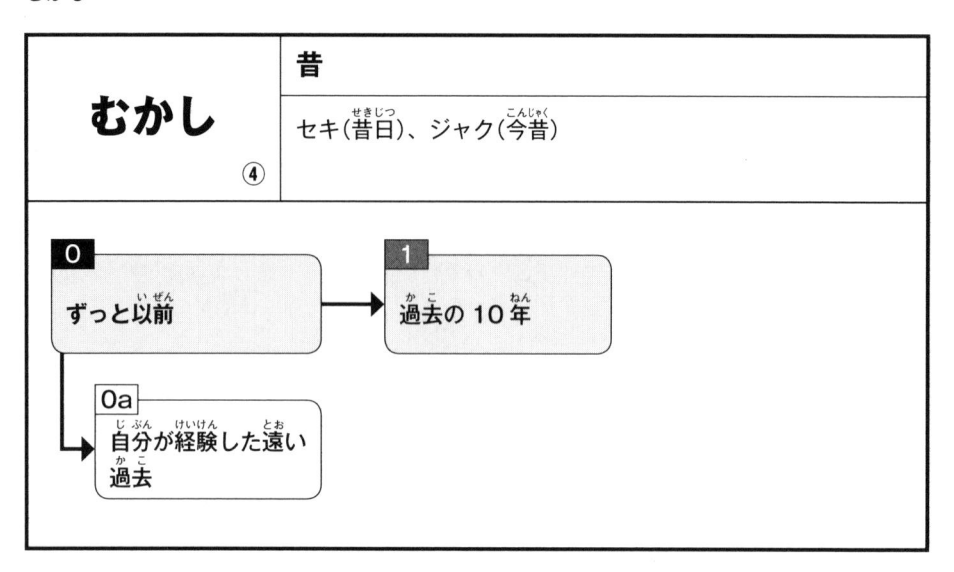

むかし ④

- ⓪ ずっと以前 → ① 過去の10年
  - ⓪a 自分が経験した遠い過去

⓪ ずっと以前

a long time ago／훨씬 이전／很久以前

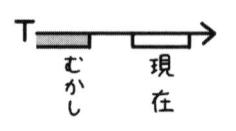

- 現在の日本人の平均寿命は、昔に比べると随分伸びている。
- 昔ではあるまいし、馬に乗って京都へ行くなんてどういうつもりだ。

□ 昔話：昔の思い出話や昔から口伝えされてきた話
□ 昔ながら 副：昔のままで変わっていない様子
　例) 京都のこのあたりは、昔ながらの町並みがまだ残っている。
□ 大昔：たいへん遠い昔

⓪a 自分が経験した遠い過去

one's younger days／자신이 경험한 먼 과거／自己经历过的很久的过去

❓ ずっと以前の時間のうち、特に話し手と関わりある時間を指す

- 昔はみんな家にいてよかったなあ。
- 休みに気軽に海外に行くなんて、昔じゃ考えられなかったよ。

□ とっくの昔：ずっと以前　＊事態がすでに完了していること

を強調

例）鈴木君なら君を待ちかねて、とっくの昔に帰ったよ。

> **1 過去の10年**
> ten years ago, the past ten years／과거 10 년／过去的 10 年
>
> ❓ 10年経つと、物事が大きく変わって昔のようになってしまうから

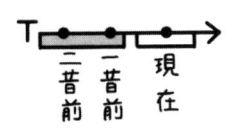

- それは一昔前にはやったゲームです。
- 私がポーランドに行ったのは、もう二昔も前の話です。

＊ **1** の用法では、10年を「一昔」として扱う。

☞ いま（p.45）

むし

虫
チュウ(害虫)

④

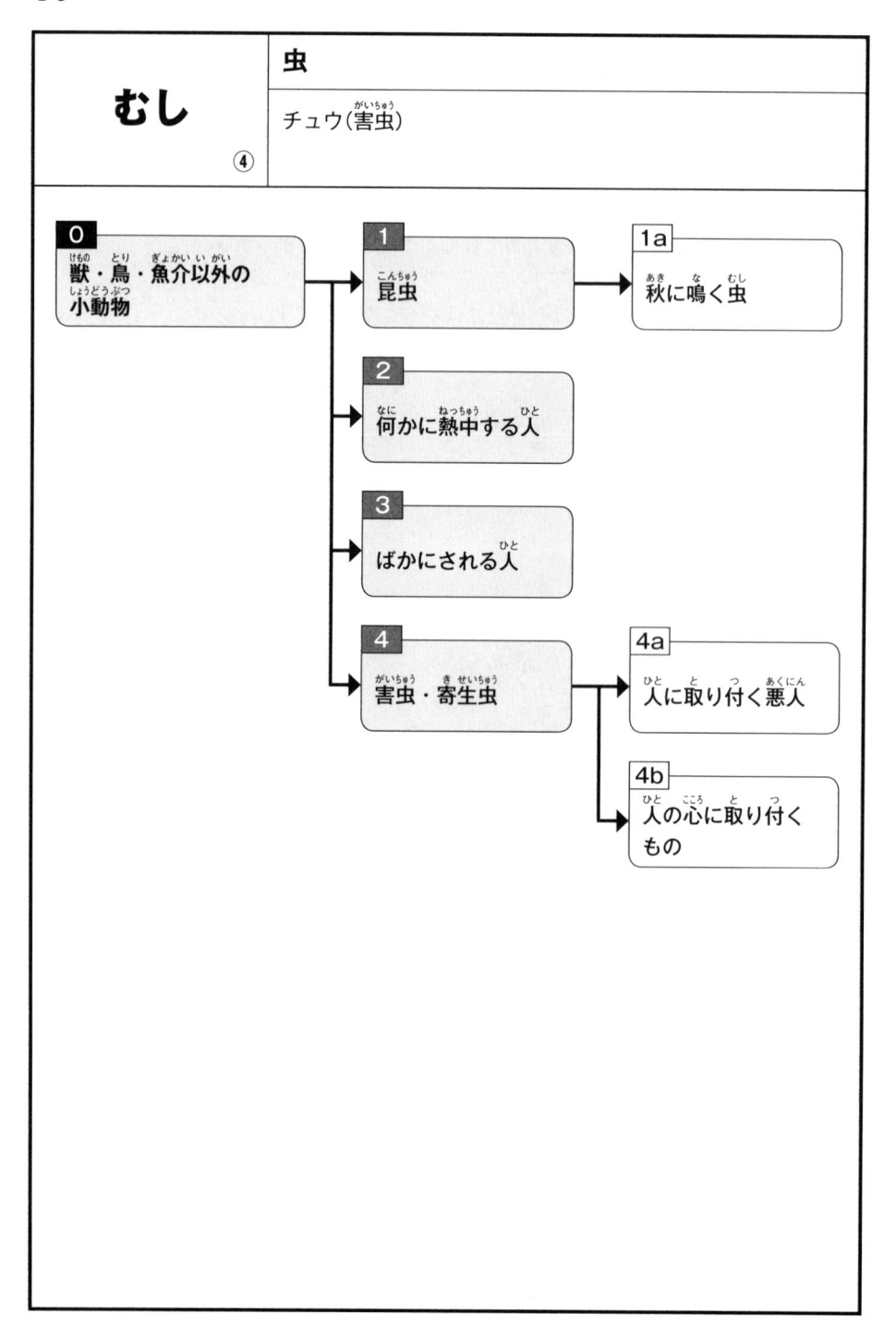

- **0** 獣・鳥・魚介以外の小動物
  - **1** 昆虫
    - **1a** 秋に鳴く虫
  - **2** 何かに熱中する人
  - **3** ばかにされる人
  - **4** 害虫・寄生虫
    - **4a** 人に取り付く悪人
    - **4b** 人の心に取り付くもの

むし

0 獣・鳥・魚介以外の小動物

bug ／짐승・새・물고기 이외의 작은 동물／兽类、鸟类、鱼贝以外的小动物

- たいていの女性は虫が苦手だ。
- 恐怖映画にはしばしば大量の虫が出てくる。

☐ 虫けら：虫や人を見下して言う語
　例）あの会社は従業員を虫けらのように扱うそうだ。
☐ 虫の息：今にも死にそうな呼吸
　例）病院に駆けつけたとき、彼はもう虫の息だった。
☐ 虫歯：細菌によって蝕まれた歯
☐ 虫眼鏡：拡大鏡。ルーペ
☐ 寄生虫：①他の生物の体の内外に寄生する虫　②他人に依存して暮らす人
☐ 殺虫剤：虫を殺す薬剤

句 飛んで火に入る夏の虫：自ら進んで災難に入ること
句 虫も殺さない：おとなしそうな。穏やかな

1 昆虫

insect／곤충／昆虫

? 虫の中ですぐ思い浮かぶ代表的、典型的な存在だから

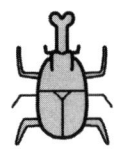

- 子供が好きな虫と言えば、まずカブトムシです。
- 同じ虫でありながら、蝶と蛾ではずいぶん印象が違う。

☐ 虫かご：昆虫を捕まえて入れておくかご
☐ 益虫：ミツバチなど人に利益をもたらす昆虫　⇔　害虫

むし

1a 秋に鳴く虫

insects that chirp in the fall ／가을에 우는 벌레／秋天鳴叫的虫子

❓ 昆虫の中で、特に日本人になじみがあるスズムシ、マツムシなどを表す

- 前の原っぱからリンリンと虫の声が聞こえる。
- 虫の音は、日本の秋の風物詩だ。

2 何かに熱中する人

maniac (about something), devotee ／무언가에 열중하는 사람／热衷于某事物的人、着迷

❓ 虫が限られた動作だけをするように、何かに熱中する人はそれしかできないから

- 子供時代から読書が大好きで、本の虫でした。
- 父は子供たちに「勉強の虫になるんじゃない」と諭しました。

3 ばかにされる人

object of ridicule ／무시당하는 사람／被看不起的人

❓ ばかにされる人は弱くて力がなく、その点が虫に似ているから

- ちょっと言われただけで涙ぐむなんて、泣き虫だね。
- 小さい頃は、いじめっ子にやられては泣いて家に帰る弱虫だった。

* 3 の用法では、「泣き虫」「弱虫」など、合成語として使われる。

むし

4 害虫・寄生虫

harmful insect, parasite ／해충・기생충／害虫、寄生虫

❓ 虫の中で特に、人間と関わりがある存在を表す

- 大切にしていたセーターが虫に食われた。
- 君はおなかに虫がいるから、薬で外に出さなければならない。

☐ 虫食い：害虫が布を蝕むこと。また、その跡
☐ 虫下し：回虫などを体外へ出す薬
☐ 虫よけ：衣服などに虫が付かないようにする薬品類

4a 人に取り付く悪人

person who is a bad influence ／사람에게 들러붙는 악인／纠缠人的坏人

❓ 相手に取り付く人を、寄生虫に例えた

- 大切な一人娘に悪い虫が付いた。

4b 人の心に取り付くもの

mood ／사람의 마음에 달라붙는 것／迷惑住人心的某种事物

❓ 昔は虫が人の心に取り付くと考えられたから

- あの社長は最近、ふさぎの虫にとりつかれたようだ。
- うちの主人にまた浮気の虫が起きたらしい。

句 疳の虫：幼児を不機嫌にさせる原因とされた架空の虫
句 腹の虫がおさまらない：怒りが解けず平静になれない
句 虫がいい：自分の利益ばかり考えて図々しい
句 虫唾が走る：とても不快な気持ちになる
句 虫の知らせ：悪いことが起こりそうな予感

むね

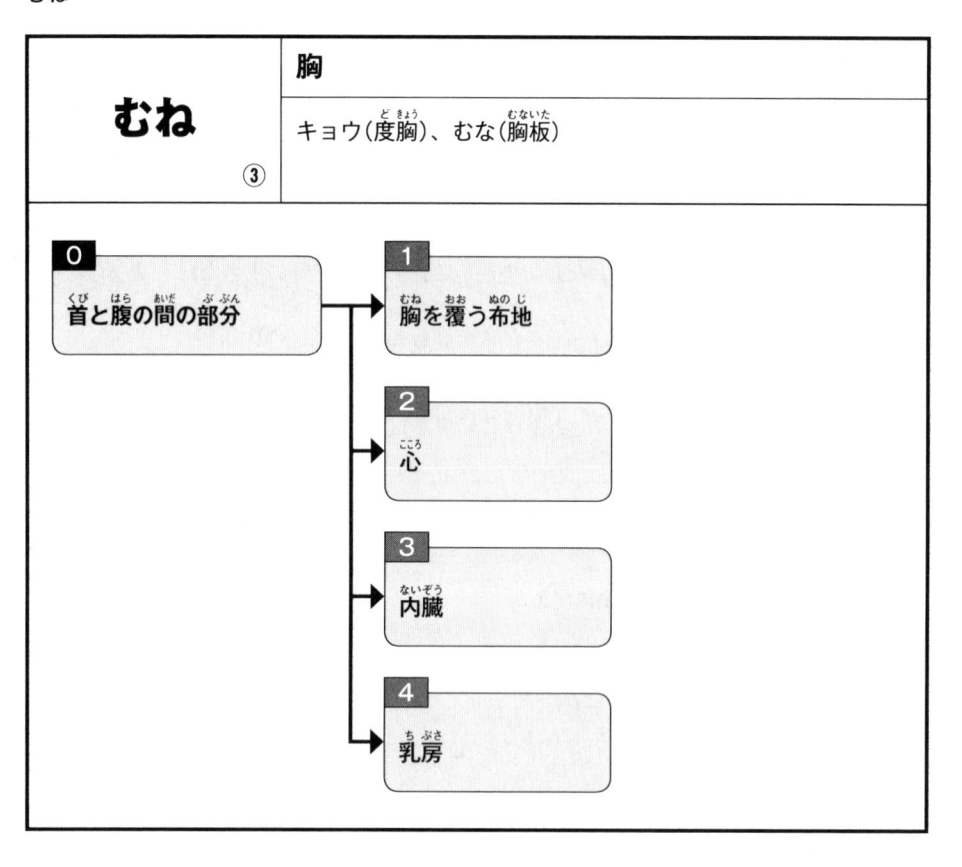

むね ③	胸
	キョウ(度胸)、むな(胸板)

```
┌─ 0 首と腹の間の部分 ─┬─→ 1 胸を覆う布地
                      │
                      ├─→ 2 心
                      │
                      ├─→ 3 内臓
                      │
                      └─→ 4 乳房
```

0 首と腹の間の部分

chest (of the body)／목과 배 사이의 부분／脖子和腹部之间的部分

- サッカーボールを胸で受けたらとても痛かった。
- 胸を張って堂々と歩きなさい。

☐ 胸毛：胸に生えている毛
☐ 胸囲：胸の回りの寸法

むね

1 胸を覆う布地

front/chest (of clothing) ／가슴을 덮는 천／被布料遮盖的胸部

❓ 衣服で人の胸に当たる部分だから

- そのセーター、胸のデザインが面白いですね。
- 彼はいつも胸のポケットにペンを指している。

2 心

heart, mind ／마음／心、心脏

❓ 胸の中には心があると考えられているから

- 子供たちは胸をときめかせて、その物語に聞き入った。
- 他人には彼女の胸のうちなど分かるまい。

□ 胸算用 スル：心の中で損得の計算をすること
□ 度胸：物事に動じない強い心

句 胸が痛む：心が苦しい
句 胸がいっぱいになる：ある感情で心が満たされる
句 胸が躍る：わくわくする
句 胸が騒ぐ：心配になる　cf. 胸騒ぎ　コ 胸騒ぎがする
句 胸に描く：想像する
句 胸に刻む：しっかりと覚えておく
句 胸に迫る：感動する
句 胸を膨らます：期待や喜びで心がいっぱいになる

むね

3 内臓

chest, lungs, stomach ／내장／内脏

❓ 内臓は胸の内側にあるから

- 最近、なんだかいつも胸焼けがする。
- その作家は若くして胸をやられて入院した。

4 乳房

breasts ／유방／乳房

❓ 乳房は胸にあるから

- 昔は胸の大小が知能に関わりがあると言われた。
- 胸の豊かな人が太っているとは限らない。

＊「胸」＝乳房。ぼかした表現。

め ⑤

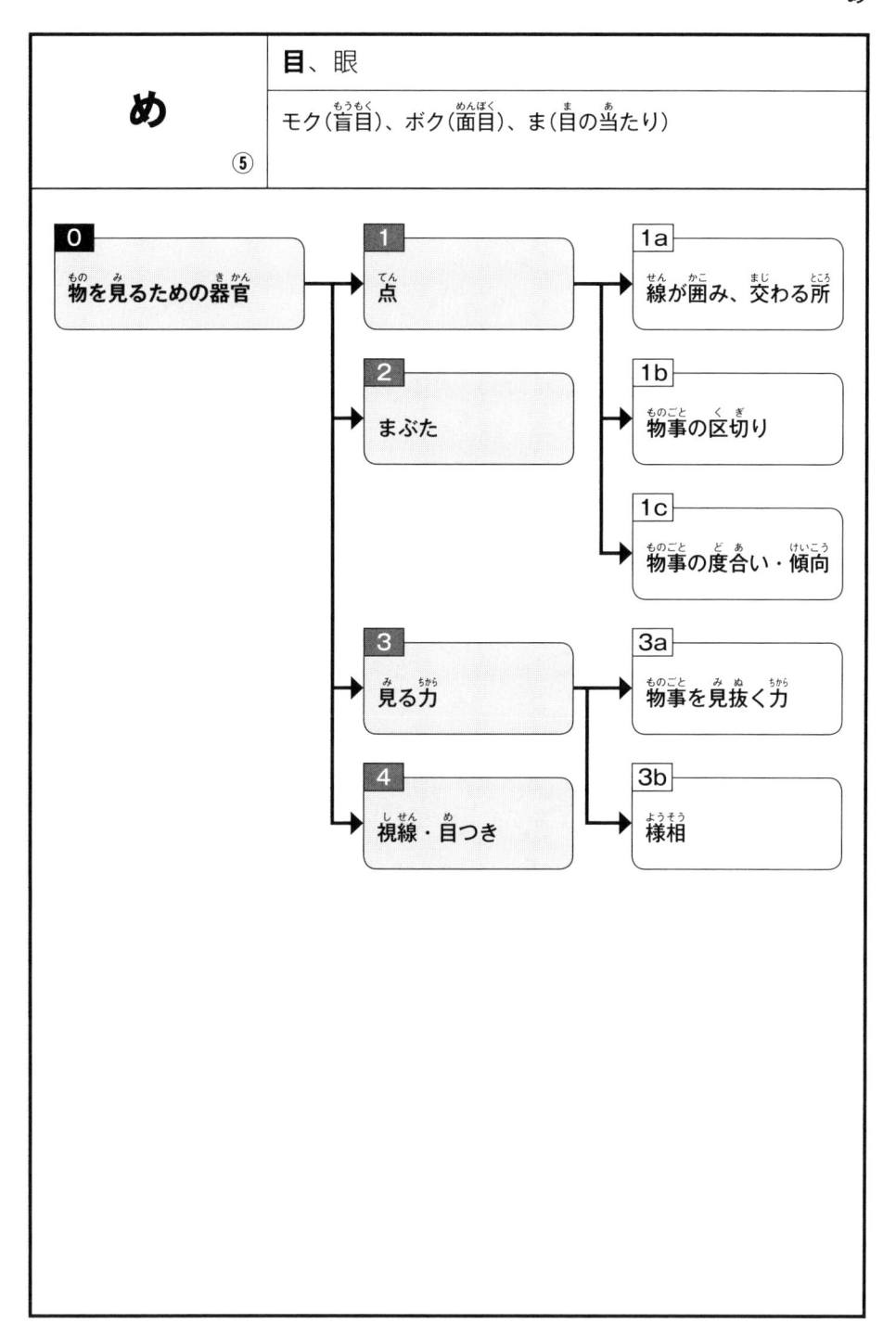

目、眼

モク(盲目)、ボク(面目)、ま(目の当たり)

- **0** 物を見るための器官
  - **1** 点
    - **1a** 線が囲み、交わる所
    - **1b** 物事の区切り
    - **1c** 物事の度合い・傾向
  - **2** まぶた
  - **3** 見る力
    - **3a** 物事を見抜く力
    - **3b** 様相
  - **4** 視線・目つき

め

0 物を見るための器官

eye (of a human/animal) ／물체를 보기 위한 기관／观看事物的器官

- あの人は目が大きい。
- 話すときは、相手の目を見なさい。

☐ 目医者：眼科の医師
☐ 目力：目元が力強いこと。また、そのためのメーキャップ
 ＊新語
 例）このマスカラで目力を強調しましょう。
☐ 目の前：①その人の前
 例）その事故は二人の目の前で起こった。
 ②近い将来
 例）全ての車が電気で走る時代が、もう目の前まで来ている。
☐ 目まい：見えるものがゆらゆらして、倒れそうになること
 例）仕事を終えて立ち上がったとたんに、目まいがした。
☐ 疲れ目：目が疲れて、かすんで見える状態
☐ 涙目：涙ぐんだ目
 例）冗談のつもりで言ったのだが、彼女は涙目になってしまった。
☐ 眼科：目に関する医学分野、またはその病院

句 目が合う：互いに見合う
句 目が離せない：いつも注意する必要がある
 例）うちの子は落ち着きがなくて、ほんのわずかでも目が離せない。
句 目をつぶる：問題や不正を実際に見たのに、見ないふりをする
 例）このようなお金のやりとりに、目をつぶるわけにはいかない。

1 点

dot, eye (of a storm) ／점/小圆点、眼

❓ 点も目と同様に小さい丸だから

- さいころの目は6を示している。
- あれが台風の目です。

□ いい目：①待ち望んでいたさいころの目　②望ましい経験
　⇔ ひどい目　▫ いい目を見る

1a 線が囲み、交わる所

mesh, openings, intersection (of lines) ／선이 둘러싸거나 교차하는 곳/线条编织、交叉的网眼

❓ 線が囲んだり交わったりした空間は、点に見えるから

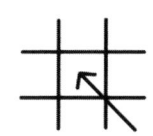

- この網の目は細かいですね。
- 目の粗いざるで米を洗ったら、みんな流れてしまった。

□ 合わせ目：物をつなぎ合わせたときの、そのつないだ部分
□ 折り目：①紙や服を畳んだときにできる筋　②けじめや行儀
　例）婚約者の両親の前で、彼は折り目正しく挨拶した。

1b 物事の区切り

juncture, graduation (of a scale), ordinal number ／사물의 구분/区分、转换处

❓ 物や時間の線に点を付けると区切りを表すから

- 季節の変わり目にかぜを引いてしまった。
- はかりの目をよく見なさい。
- 鈴木さんは2番目の列に座っている。

□ 二枚目：ハンサムな男性
□ 三枚目：コミカルなキャラクターの男性

め

1c 物事の度合い・傾向
degree, tendency／사물의 정도・경향／程度、傾向、

❓ 度合いを線に例えて、点を打った辺りを表す

- あの歌手は最近、落ち目だ。
- 明日はいつもより少し早目に来てくださいね。

2 まぶた
eyelid／눈꺼풀／眼皮

❓ 目を閉じたり、つぶったりしたときに目立つ部分だから

- 目を閉じなさい。
- 太陽がまぶしくて、思わず目をつぶった。

3 見る力
eyesight／보는 능력／视力

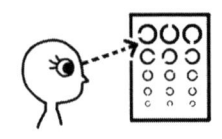

❓ 見る力は目が持つ働きだから

- 私は目が悪いので、コンタクトレンズを付けている。
- このマッサージをしてからというもの、どんどん目がよくなっている。

3a 物事を見抜く力
discernment／사물을 간파하는 능력／眼力、眼光、识别力

❓ 目に見える物を見る力から、目に見えない本質を知る力に意味を広げたから

- 幸せな結婚をしたいのなら、男を見る目を養いなさい。
- 2回もだまされたなんて、人を見る目がない。

□ 鑑賞眼：芸術などの価値を明らかにできる能力
　例）一目見て製作年代を見抜くとは、柴田先生ならではの鑑賞

眼です。

句 目が高い：いい物を判断する能力がある。目が利く
例）その絵が気になるとは、目が高いですね。

3b 様相

appearance ／양상／样子、看上去

❓ 見た結果、目に映っていることだから

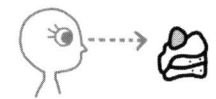

- このケーキは、見た目は悪いが味はいいです。
- □ 傍目：当人以外の人が見た様子
  例）彼女の落ち込んだ様子は、傍目にも気の毒なほどだった。

4 視線・目つき

look (in one's eyes) ／시선・눈빛／视线、眼神、目光

❓ 特に目を使うときの様子に注目している

- 何も言わないが、目が怒っている。
- 一度くらいの失敗で怒らず、温かい目で見てあげてください。

もの

もの ⑤	物
	ブツ(好物)、モツ(食物)

- **0** 見たり触ったりできる物体
  - **0a** 所有物
- **1** 物事の筋道・道理
- **2** 行為の対象
- **3** 思考の対象
- **4** 幽霊・魔物

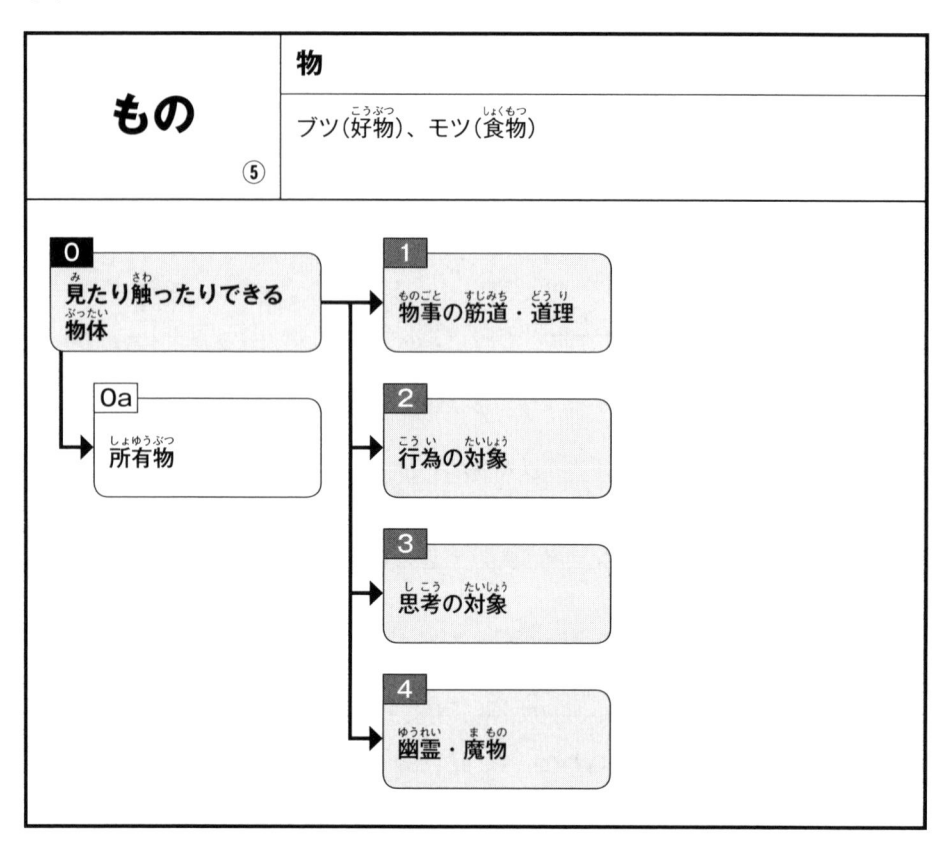

0 見たり触ったりできる物体

thing (tangible) ／보거나 만질 수 있는 물체／看得见摸得到的物体

- この部屋には色々な物が置いてある。
- あの丸い物は何ですか。

☐ 物置：普段使わない物などを入れておく場所
☐ 偽物：本物ではない物。本物に似せて作った物　⇔ 本物
☐ 本物：本当の物　⇔ 偽物
☐ 物理[学]：物の動きを研究する学問
☐ 海産物：海でとれる魚介や海藻
☐ 植物：草、木、花などの総称　⇔ 動物
☐ 動物：犬、猫、馬、牛など主として人間以外の生き物　⇔ 植

物
- □ 農産物：農業によって収穫できる物
- □ 荷物：運んだり送ったりする物

0a 所有物

belongings ／소유물／所有物

❓ 自分の持ち物は、物の中で特に関心がある大切なものだから

- 他人の物を盗むのはいけないことだ。
- 自分の物には名前を書きましょう。

＊ 0a の用法では、「〜の物」という形で用いる。

- □ 私物：その人の個人的な持ち物

1 物事の筋道・道理

things (intangible) ／사물의 조리・도리／事情的条理、道理

❓ 出来事を物に例えたときの本質である順番や筋道を指す

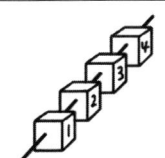

- 物には順番がある。
- あの人は物の分かった人だ。

2 行為の対象

thing/something (object of an action) ／행위의 대상／行为的对象

❓ 物の中で、特に行為の対象という意味に絞ったから

- 外は寒いから、暖かいものを着て行きなさい。
  ＊「もの」＝衣類
- ものを口に入れたまましゃべってはいけない。
  ＊「もの」＝食べ物
- 彼女は怒っていてものも言わない。　＊「もの」＝ことば
- 彼はものを書くのが仕事だ。　＊「もの」＝文章

＊ 2 の用法では、ひらがなで表記することが多い。

もの

- □ 物語：あるまとまった内容のことを話すこと。また、その話
- □ ～物：（～する＋物）食べ物、飲み物、読み物
  - ：（～した＋物）落とし物、借り物、揚げ物、煮物
  - ：（～ている＋物）持ち物、催し物
  - ：（その様子・状態の物）安物

句 物になる：①物事が完成する　②一人前の人物になる
例）毎日練習すれば1年ほどで物になる。

3 思考の対象

concept／사고의 대상／思考的対象

思考の対象を、形のある物に例えたから

- 幸せというものは日々の生活の中にある。
- 仕事が成功しても失敗しても部下をねぎらうのが、上司のあるべき姿というものだ。

* 3 の用法では、ひらがなで表記することが多い。

句 ものともせず：問題にしないで
例）子供たちは雨などものともせず遊んでいる。

4 幽霊・魔物

ghost, evil spirit ／유령・마물／幽灵、魔鬼

❓ 物の中で、特に興味を引く不思議な存在に意味が狭まったから

- 彼女はものに憑かれたように叫びだした。

  □ 化け物：異様な姿・形に化けて現れたもの
  例）その映画に出てきた化け物はとても気持ち悪かった。

用法ノート その他の用法を挙げる。
- 名詞に付いて、そのカテゴリーに入る作品や物品を示す。
  例）あの作家はＳＦ物が得意だ。
- 名詞に付いて、それに該当することであることを示す。
  例）思い出してもあの体験は冷や汗ものだった。
- 当然を示す。　例）年寄りには親切にするものだ。
- 回顧を示す。　例）若い頃はよく山登りをしたものだ。
- いかにもそのようだという様態を示す。
  例）彼女はいつでも物静かなたたずまいだ。

☞ こと（p.132）、ところ（p.227）

もん

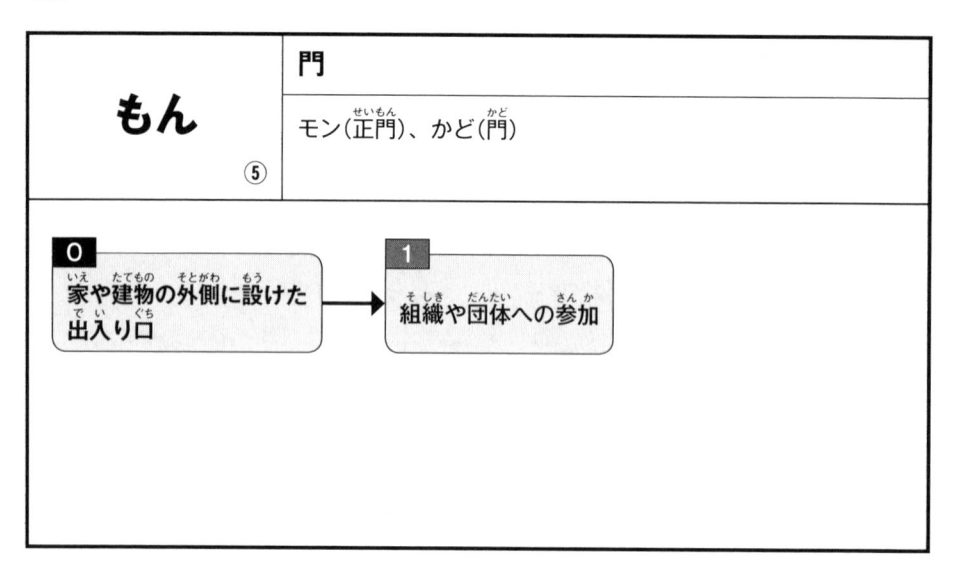

もん ⑤	門
	モン(正門)、かど(門)

0 家や建物の外側に設けた出入り口

1 組織や団体への参加

0 家や建物の外側に設けた出入り口

gate ／집이나 건물의 바깥쪽에 설치한 출입구／设置在屋子及建筑物外侧的出入口

- 家の門を開けたり、閉めたりする。
- 裏の門から入るべからず。

□ 門限：夜、門を閉める時間、つまり帰宅しなければならない時間
　例）彼女の家は厳しく、門限は10時だ。

□ 門前払い：自分に会いに来た人に会わず、何もしないで帰らせること
　例）先生はせっかくやってきた出版社の人を門前払いにした。

□ 門出：新しい生活に向けて出発すること
　例）皆さんの門出に際して、ひとことご挨拶申し上げます。

もん

1 組織や団体への参加

door/gateway (to an opportunity, etc.) ／조직이나 단체에 참가하는 것／参加组织和团体

❓ 組織や団体を一軒の家と考えて、そこへ入ることを表した

- この日本語コースは、誰にでも門が開かれています。
- 最近は景気が悪く、就職の門がだんだん狭くなっています。

句 門戸を開く：誰でも入れるようにする
例）この日本語コースは、一般の人にも門戸を開いています。

文化ノート　正月、日本では門のところに「門松」という松で作った飾り（イラスト参照）を置く習慣があったが、今ではあまり見られなくなった。

もんだい

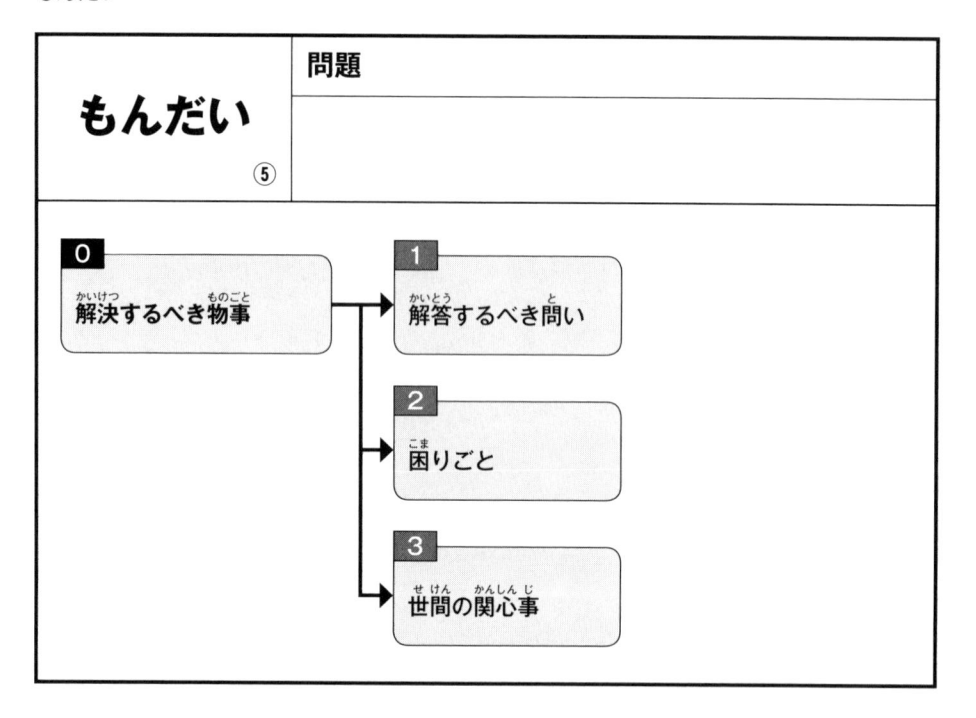

もんだい ⑤	問題

```
0 解決するべき物事
 ├→ 1 解答するべき問い
 ├→ 2 困りごと
 └→ 3 世間の関心事
```

0 解決するべき物事

problem, issue ／해결해야 하는 일／需要解决的事项

- 新しい販売計画には、コストが掛かるという大きな問題がある。
- あの国では今、深刻な食糧問題が起こっている。
- 必要なお金は私が出すから、費用の問題は気にしなくていい。

☐ 問題意識：ある問題に積極的に関わろうとする心の持ち方
　例）うちの会社は何にもまして環境に対する問題意識が高い。

☐ 問題外：議論・検討する価値がない
　例）連絡もせず会社に2時間も遅刻するなんて、問題外だ。

☐ 問題視 スル：改善するべきと捉える
　例）顧客の文句を問題視するべきではなく、その中身を問題視するべきだ。

☐ 問題点：解決・改善するべきこと

もんだい

例）この問題点に関して、三つの対策が提示されています。

1 解答するべき問い

problem/question (in a test, etc.)／해답해야 하는 물음／需要解答的问题、题目

❓ 問いに答えることは、問題を解決することに似ているから

問1
$5 + \frac{2}{3} \times 2 =$

- 算数の問題を解く。
- 昨日のテストの問題は、難しくて全然分からなかった。

□ 問題集：科目・レベル別などに問題を集めて本にしたもの

2 困りごと

trouble／난감한 일／难题、难事、纠纷

❓ 問題も困りごとも、大変で厄介だと感じられるから

- 社長の花瓶を割ったなんて、これは大きな問題だ。
- 職場で上司を殴るという問題を起こして、彼は会社を辞めた。
- 会社の金を横領して逮捕されるなんて大問題だ。

□ 問題児：学校などで素行が悪く、特別な対処が必要な子供

例）問題児だからといって、学校へ来させないわけには行かないだろう。

3 世間の関心事

thing in question, subject of controversy／세간의 관심사／公众关心的问题

❓ 問題と関心事のどちらにも人々の注目が集まるから

- 10歳の少年の心理を描いた問題作に文学賞が与えられた。
- ただいま羽田空港に、問題の女性が降り立ちました。

文化ノート　現代の代表的な社会問題には、人口問題（人口過多、高齢化、少子化）、環境問題（地球温暖化、公害、砂漠化）、食糧問題、格差問題、教育問題などがある。

やすみ

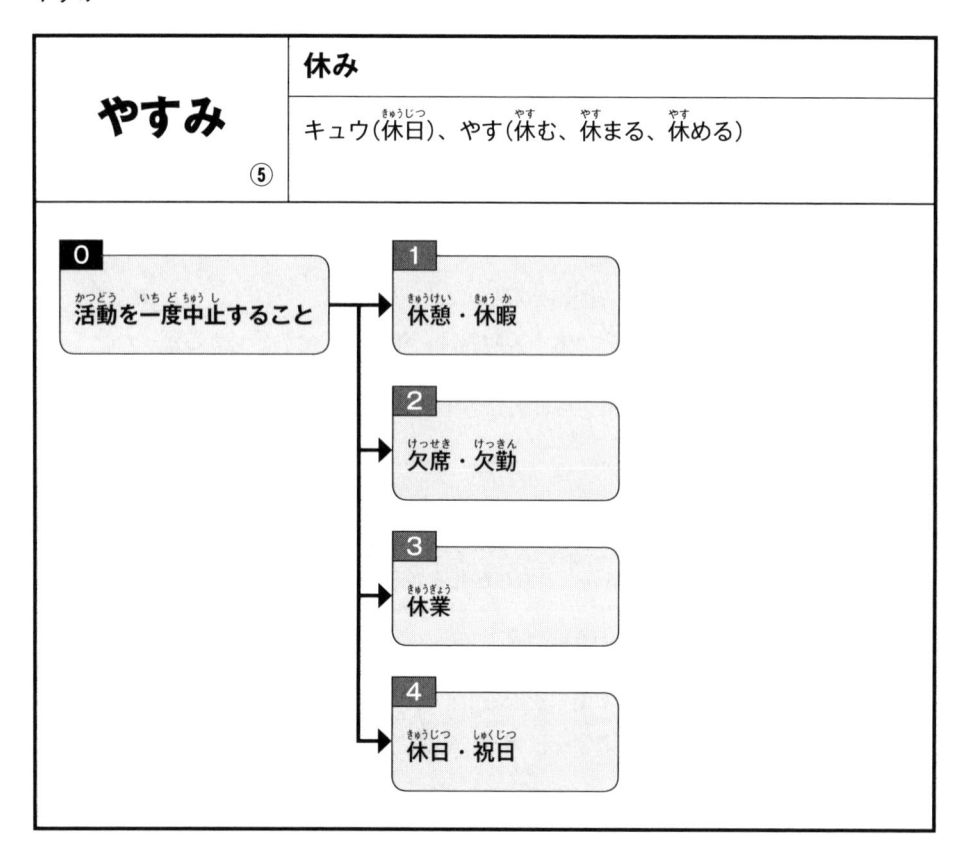

やすみ ⑤	休み
	キュウ(休日)、やす(休む、休まる、休める)

- **0** 活動を一度中止すること
  - **1** 休憩・休暇
  - **2** 欠席・欠勤
  - **3** 休業
  - **4** 休日・祝日

0 活動を一度中止すること
pause, break (in action) ／활동을 잠시 멈춤／活动一度中止

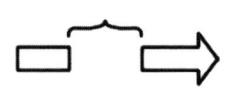

- 文と文の間に休みを置いて、朗読してください。
- 心臓は休みなく動いて、常に体中に血液を送り続けている。

□ 休み休み 副：続けず、定期的に時間をおいて
例）さっき来た山道を、今度は休み休み戻った。

やすみ

1 休憩・休暇

break, recess, rest ／휴식・휴가／休息 休假

❓ 休みの中で、特に仕事・勉強の一時的な中断を表す

- 勉強はちょっと休みにして、コーヒーでも飲もう。
- 9月に休みを取って、旅行に出かけるつもりだ。

□ 昼休み：昼食を取るための休憩時間

2 欠席・欠勤

absence ／결석・결근／缺席 缺勤、不上班

❓ 休みの中で、特に職場や学校に来ていない場合を表す

- 河田さんはおととい早退したきりずっと休みだが、大丈夫だろうか。
- 李さんは大使館に行く用事があるので、休みです。

句 ずる休み：正当な理由がなく、会社や学校を休むこと

3 休業

temporary closure (businesses, etc.) ／휴업／停业、关门

❓ 人の休みによって、その人が関係する会社や店はやらなくなるから

- 今日は祝日ですから、図書館は休みです。
- お盆の時期は、商店がほとんど休みになる。

4 休日・祝日

holiday, day off ／휴일・국경일／休息天、节日

❓ 多くの人が仕事や学業を休むことが決まっている日のことを表す

- 今日は休みだから、遊園地は混むだろうな。
- 月曜日の代休を入れると、明日から三日間も休みだ。

☞ じかん（p.151）

やま

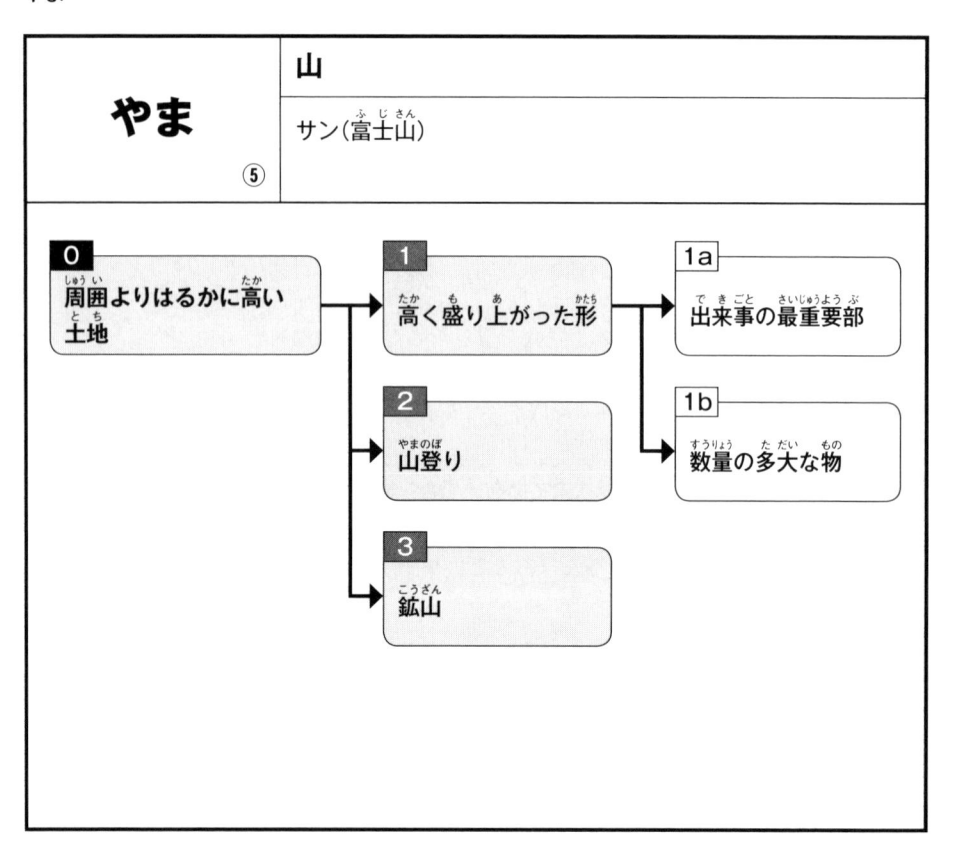

やま ⑤	山
	サン(富士山)

- **0** 周囲よりはるかに高い土地
  - **1** 高く盛り上がった形
    - **1a** 出来事の最重要部
    - **1b** 数量の多大な物
  - **2** 山登り
  - **3** 鉱山

---

0 周囲よりはるかに高い土地

mountain ／주변보다 훨씬 높은 땅의 부분／高出周围很多的土地

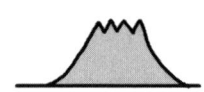

- あの高い山を見てください。
- その山なら、三回登ったことがあります。

☐ 山歩き スル：山を歩いて楽しむこと
☐ 山小屋：登山者や観光客のための宿泊施設
☐ 山間部：山に挟まれた地帯
☐ 山菜：山や野原で採れる食用の植物
☐ 山脈：高い山が連なって伸びている地帯

やま

1 高く盛り上がった形

pile, mound ／높이 솟아오른 모양／高高隆起的堆状物

❓ 山の形に似ている物だから

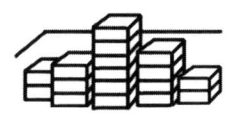

- あの人の机の上は本の山だ。
- ねじの山のところにプラスの切れ目が入っている。
- みかんは一山、500円です。

□ 山盛り：山のように物やご飯を高く盛ること

1a 出来事の最重要部

climax, high point ／현상의 가장 중요한 부분／事情的紧要关头、内容的重要部分

❓ 出来事における重要度を高さに例えたときの、とても高い部分だから

- 二人がついに再会するところがこの映画の山だ。
- 今度の数学の試験はこのページが山に違いない。　＊この場合は、「山」は「出題される可能性が高い所」を意味する。

□ 山勘：勘で推測すること。あてずっぽう
□ 山場：劇や映画で最も盛り上がる場面
句 山を張る／山をかける：試験などで出題範囲を予想して、そこだけを準備する。

1b 数量の多大な物

large amount ／수량이 크거나 많은 것／数量极多的东西

❓ 乗り越えるべき山のように感じられるものだから

- 彼はギャンブルで借金の山を作ってしまった。
- 今週中にこの仕事の山に手をつけよう。

□ 山ほど 副：とてもたくさん
　例）部長、私たち下の者が言いたいことは、山ほどあるんです。
□ 山山 副：心から望んでいるが不可能な　＊ひらがな表記が多

やま

い。
例) 欲しいのはやまやまだが、とても買えない。

2 山登り

mountain climbing ／등산／爬山、登山

❓ 山という目標を目指しての行動だから

- 趣味は山です。
- 意外なことに、山は下りが大変です。

3 鉱山

mine ／광산／矿山

❓ 山の中で、特に人に利益をもたらす鉱山に意味を絞ったから

- 男たちは苦労の末、山を掘り当てた。
- 戦前、この山には 1,500 人もの鉱夫が働いていたものだ。

句 山を当てる：①山の鉱物を掘り当てる　②相場などで大儲けする

やみ

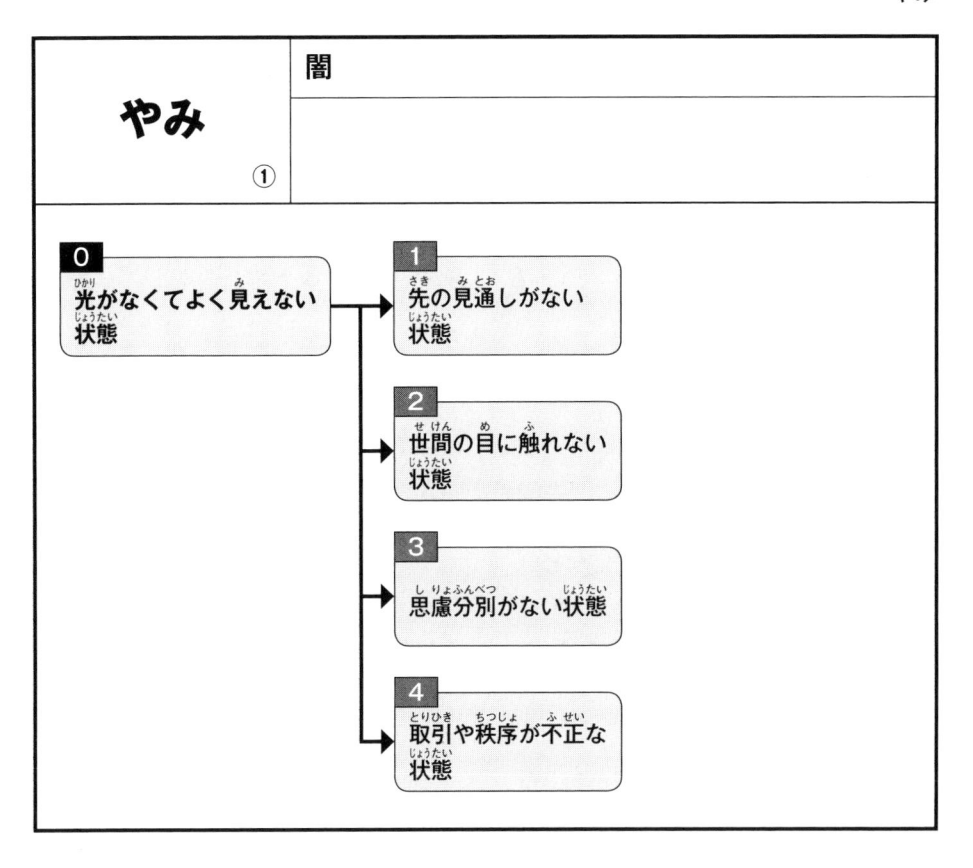

闇 ①

- **0** 光がなくてよく見えない状態
  - **1** 先の見通しがない状態
  - **2** 世間の目に触れない状態
  - **3** 思慮分別がない状態
  - **4** 取引や秩序が不正な状態

0 光がなくてよく見えない状態

darkness (absence of light) ／빛이 없어 잘 안 보이는 상태／没亮光看不清

- 泥棒は闇にまぎれて邸宅に忍び込んだ。
- やがて日が沈むと、あたりは闇に包まれた。

☐ 闇討ち スル：闇にまぎれて人を襲うこと
☐ 闇雲 ナ：前後の見境なく物事を行うこと
☐ 闇夜：暗い夜
☐ 暗闇：暗いこと。暗い所

やみ

1 先の見通しがない状態
dismal prospects ／전망이 없는 상태／前途不知所措

? 希望を光に例えたときに、それがない状態だから

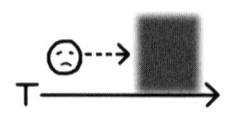

- 世の中、一寸先は闇と言われるが本当ですね。
- 会社が倒産した上、家のローンもあるので前途は闇だ。

2 世間の目に触れない状態
unknown to the world ／세간의 눈이 닿지 않는 상태／不为世人所知

? 物事を見るための光がないと、人はそれを見ることができないから

- その事件は闇に葬られて、真相を知る人はいない。
- 大臣が自殺した本当の理由は、いまだに闇の中である。

3 思慮分別がない状態
darkness (in one's mind) ／사려 분별이 없는 상태／缺乏思考辨別，摸不着头脑

? 理性を光に例えたときに、それがない状態だから

- その犯罪者の心の闇は計り知れない。
- こうして彼女は悩みの闇を打ち破ったのです。

4 取引や秩序が不正な状態
shady (business), black (market) ／거래나 질서가 부정한 상태／不正规的交易及秩序

? 正しさを光に例えたときに、それがない状態だから

- 終戦後、ほとんどの人は闇市で物を買った。
- こんなうそがまかり通るなんて、この世の中は闇だ。

ゆめ

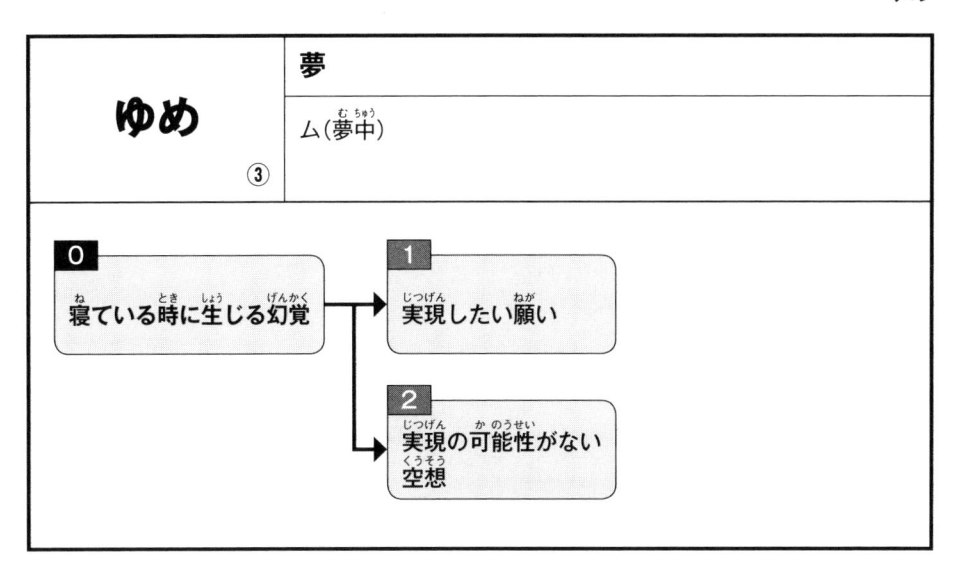

ゆめ ③	夢
	ム(夢中)

- **0** 寝ている時に生じる幻覚
- **1** 実現したい願い
- **2** 実現の可能性がない／空想

0 寝ている時に生じる幻覚

dream (images seen when sleeping) ／잠자는 동안에 일어나는 환각／睡觉时产生的幻觉

- 明日の試合の夢を見た。
- 怖い夢を見ないようにするには、体を締めつけない服を着るほうがよい。
- いろいろなことが起きて、長い夢のごとき生涯だったなあ。

□ 夢心地：夢の中にいるようなうっとりした気持ち
□ 初夢：その年最初に見る夢
□ 正夢：夢で見たことが実際に起こった、その夢
□ 夢中：物事にとても熱中すること　コ 夢中になる
□ 悪夢：悪い夢

句 夢にも～ない：少しも。全然　＊打ち消しの語が続く
例）誰もが小型コンピューターを持ち歩くなんて、昔は夢にも思わなかった。

ゆめ

1 実現したい願い

dream, hope ／실현하고 싶은 소망／想实现的愿望

❓ 現実でないことを頭の中で見る点が、夢と似ているから

- A：将来の夢はなんですか。
  B：夢はプロ野球選手になることです。
- ついに彼は宇宙飛行士になるという夢を叶えた。

2 実現の可能性がない空想

just a dream, vain hope ／실현될 가능성이 없는 공상／不可能实现的空想

❓ 実現しないという特徴が、夢と似ているから

- 彼女は映画スターとデートするなんて、夢のようなことを考えている。
- 宇宙旅行はもはや夢ではなくなった。
- この宝くじに当たれば、大金持ちも夢じゃないぞ。

文化ノート 初夢に見ると縁起のいいものは「一富士二鷹三なすび」と言われており、一番いいのは「富士山」、次にいいのは「鷹」、その次にいいのは「なすび（なす）」の夢とされる。

わき

脇 ②

- **0** 腕の付け根の下
  - **0a** 体と肘の間
- **1** すぐ近くの場所
  - **1a** 本筋からずれた場所
- **2** 服の脇の部分

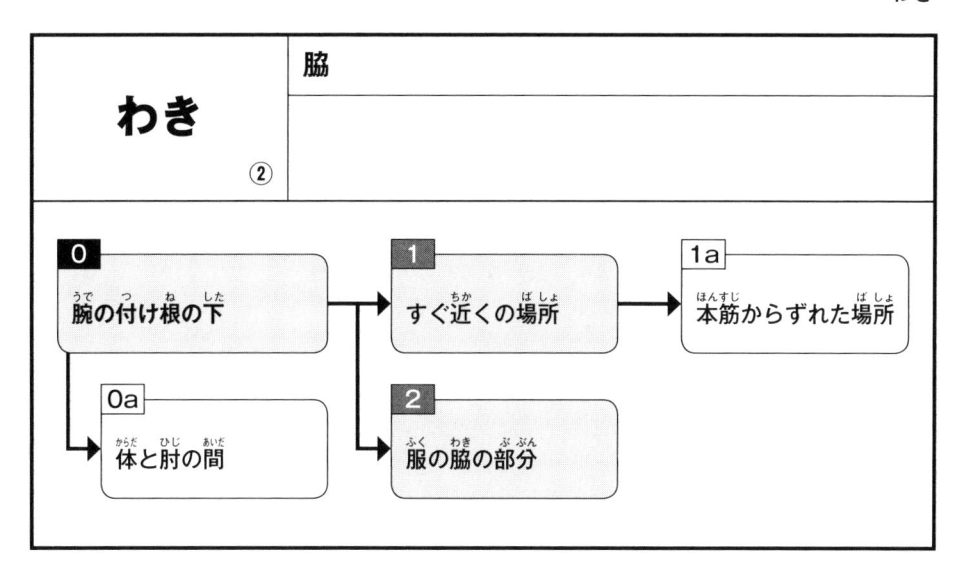

0 腕の付け根の下
underarm, one's side／팔 밑의 오목한 부분／手臂的根部下側

- 体温計はきちんと脇に挟んでください。
- 脇の汗がひどいのですが、どうしたらいいでしょうか。

□ 脇毛：脇に生える毛

0a 体と肘の間
armpit／몸통과 팔꿈치의 사이／身体和肘之間

❓ 脇の下は、脇に隣接する場所だから

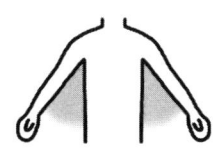

- 彼女は脇にドイツ語の本を抱えていた。
- 両方の脇を締めてバットを振り抜きなさい。

句 脇が甘い：油断をしていて防備が弱い

わき

1 すぐ近くの場所

next to, to the side ／바로 근처의 장소／旁边

❓ ある所とその付近との関係は、胴体と脇の関係に似ているから

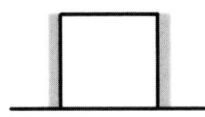

- ガレージの脇に自転車を止めた。
- みんな、自動車が来たから道の脇に寄って！

☐ 脇腹：腹の側面
☐ 脇道：本道から別れた細い道 ☞ 1a

1a 本筋からずれた場所

digression, sideline ／본래의 길에서 벗어난 장소／偏题、旁处

❓ 本筋とそこからずれた所との関係は、胴体と脇の関係に似ているから

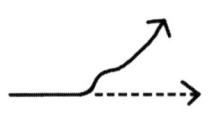

- 話が脇にそれたので、元に戻しましょう。
- 部長がまた脇から余計な口を出してきた。

☐ 脇見：本筋でないところに気を取られること
☐ 脇道：本筋からずれた方向 ☞ 1
☐ 脇役：①主人公を引き立てる役 ②補佐をする人

2 服の脇の部分

side (of clothing) ／옷의 겨드랑이 부분／(衣服的) 腰

❓ 服を着たときに、脇に接する所だから

- ワイシャツの脇がほころびてしまった。
- コートがだぶだぶなので、脇を詰めてもらおう。

イメージでわかる言葉の意味と使い方
日本語多義語学習辞典　名詞編

2011年11月29日（初版）

編著者	荒川洋平　東京外国語大学准教授
編集委員	森山　新（主幹）　お茶の水女子大学教授
	今井新悟　筑波大学教授
編　集	日本語書籍編集部
執筆者	清水淳、柳澤絵美、高森絵美、高野愛子、
	菊池富美子、日置陽子、鈴木綾乃、宮武かおり
校　閲	治山純子
英語翻訳	Jon McGovern
韓国語翻訳	曺 ナレ
中国語翻訳	孫 国震
日本語校正	岡田英夫
英語校正	田中晴美
韓国語校正	金 海美
中国語校正	石 暁宇

デザイン・DTP　有限会社ギルド
イラスト　　　秋本麻衣
印刷・製本　　萩原印刷株式会社

発行者　平本照麿
発行所　株式会社アルク
　　　　〒168-8611　東京都杉並区永福2-54-12
　　　　電話　03-3327-1101
　　　　ファクス　03-3327-1300
　　　　Email　csss@alc.co.jp
　　　　http://www.alc.co.jp

落丁本、乱丁本は、弊社にてお取り替えいたしております。弊社カスタマーサービス部（電話：03-3327-1101　受付時間：平日9時～17時）までご相談ください。本書の全部または一部の無断転載を禁じます。著作権法上で認められた場合を除いて、本書からのコピーを禁じます。

©2011　Yohey Arakawa/Mai Akimoto/Jon McGovern/Narae Cho/Guozhen Sun/
ALC Press Inc
Printed in Japan
PC：7011001
ISBN：978-4-7574-2047-2